Tanja

Für meine Familie

Gott gebe mir die Gelassenheit,
Dinge hinzunehmen, die ich nicht ändern kann,
den Mut und die Kraft,
Dinge zu ändern, die ich ändern kann –
und die Weisheit,
das eine vom andern zu unterscheiden!

Gisa Rausch

Tanja

das ist die, die wieder lacht

Bibliografische Information der Deutschen Nationalbibliohek:
Die Deutsche Nationalbibliothek verzeichnet diese Publikation in der
Deutschen Nationalbibliografie; detaillierte bibliografische Daten sind im
Internet über http://dnb.dnb.de abrufbar.
© 2013 Name des Autors/Rechteinhabers: **Gisa Rausch**

Illustration: **Gisa Rausch (Gisa.Rausch@web.de)**

Herstellung und Verlag: BoD-Books on Demand, Norderstedt

Neuauflage Dezember 2018

ISBN: 978-3-7448-3559-6

Inhaltsverzeichnis

Prolog	S. 7
Der Zusammenbruch	S. 9
Erste Reaktionen	S. 21
Frühreha in Bonn	S. 26
Neue Umgebung	S. 54
Weihnachtszeit	S. 64
Neues Jahr 2013	S. 79
Frühling.... und ganz viel Eis	S. 99
Wieder in Bonn	S. 111
Sommerzeit	S. 128
Zurück in Rheydt	S. 132
Weinen und Lachen	S. 141
Herr Berger setzt sich durch	S. 153
Das Jahr der Abschiede	S. 156
Zum dritten Mal in Bonn	S. 172
Zwischenstation Altenheim	S. 187
Der letzte Schlauch muss weg	S. 210
Ausblicke	S. 222

Prolog

Eigentlich dachte ich im Sommer 2011, dass es nun wieder bergauf gehe. Hatte ich doch im letzten Herbst nach langen Jahren des Alleinseins, des Suchens, Rolf kennengelernt.... und mit ihm zusammen sollte es nun in die Zukunft gehen. Auch wenn wir unsere Macken haben, alleine wollten wir nicht mehr sein und es zusammen versuchen. Nichts sollte überstürzt werden, aber wir wollten noch ganz viel gemeinsam unternehmen. Wir wollten reisen, wollten etwas von der Welt sehen....

Doch dann kam alles ganz anders. Und das betraf nicht nur Rolf und mich, sondern vor allem meine Tochter Tanja, damals 39 Jahre alt, und ihre Kinder Clara, 17, und Ramon, 15 Jahre alt. Natürlich waren auch meine Söhne Max und Tom mit ihren Freundinnen Hanna und Reni betroffen. Genauso wie meine Schwestern Christa, Gerda und Petra sowie mein Bruder Gregor mit ihren Familien. Und nicht zu vergessen meine Freundinnen Anna, Fine, Karin, Hannelore, um nur ein paar zu nennen. Alle haben mir geholfen, durch diese schwere Zeit zu kommen.

Dieses Buch habe ich hauptsächlich für Tanja und ihre Kinder geschrieben, für unsere Familie – um noch einmal nachlesen zu können, an welch dünnem Faden damals Tanjas Leben hing und wie alle mit mir und den Kindern gebangt und gehofft haben.

Da ich das Buch anhand meiner Tagebuchaufzeichnungen geschrieben habe, war auf einmal alles wieder ganz nah. Es ist ein sehr persönliches Buch geworden – nichts konnte ich vergessen oder beschönigen!

Mit ganz viel Mut, Kraft und Energie hat Tanja es mit unser aller Unterstützung geschafft, ins Leben zurückzukommen.

Ich habe dieses Buch aber auch für andere betroffene Menschen und ihre Angehörigen geschrieben, um Mut zu machen und zu zeigen, dass es sich lohnt, zu kämpfen, dass jedes Leben lebenswert sein kann – auch wenn man nicht wieder "ganz" gesund wird.

Das schreibe ich jetzt nicht nur aus meiner Sicht. Nein, meine Tochter hat ihr Leben, ihre Krankheit und die daraus resultierenden Behinderungen akzeptiert. Sie ist ein fröhlicher und trotz allem ein zufriedener Mensch.

Tanja klagt so gut wie nie. "Was soll ich machen? Es ist wie es ist – ich kann es nicht ändern. Da lache ich doch lieber als dass ich weine", sind ihre Worte, wenn sich jemand wundert, dass sie trotz ihrer Behinderungen so zufrieden und fröhlich ist. Und damit macht sie uns und allen in ihrer Umgebung den Umgang mit ihr so leicht!

Wir hoffen natürlich, dass es noch weiter geht mit den kleinen Schritten, dass Tanja vielleicht eines Tages noch deutlicher und klarer sprechen kann.... dass sie vielleicht alleine mit einem Rollator, mit einer Gehhilfe laufen kann, dass sie vielleicht irgendwann wieder relativ selbständig leben kann.... Ein Traum, der vielleicht in Erfüllung geht....

Es sollte Tanjas Geschichte über ihre schlimme Krankheit, ihren Zusammenbruch werden, aber es ist auch meine "Geschichte" während dieser Zeit geworden.

Der Zusammenbruch

Der 11. September 2001 veränderte das Leben der ganzen Welt, besonders das der Amerikaner. Der 7. Juli 2011 veränderte das Leben unserer Familie, insbesondere meins, das meines Freundes, meiner Enkelkinder und das meiner Tochter, obwohl die zunächst nichts von diesen Veränderungen mitbekam.

Dabei fängt der 7. Juli – ein Donnerstag – ganz normal an: aufstehen, frühstücken, ins Büro, halt das Übliche.... Gegen zehn Uhr der Anruf von Clara, meiner Enkeltochter, die total aufgeregt ist: "Mama liegt in E. im Krankenhaus auf der Intensivstation." Dann ein Schluchzen: "Die wissen nicht, ob sie durchkommt." In mir fängt es an zu rauschen, ein Zittern geht durch meinen Körper. Was soll das? Was ist denn passiert? Ich war doch gestern noch bei meiner Tochter und den Kindern. Da war soweit alles in Ordnung! Na ja, in Ordnung?!?

Tanja hatte eine Lungenentzündung, es ging ihr nicht besonders gut, aber das Fieber war weg. Ich hatte ein paar Sachen eingekauft und Tanja hatte auch ein bisschen gegessen. "Wäre es nicht besser, du gingst ins Krankenhaus?" "Aber nein, mir geht es schon wieder gut. Auf keinen Fall gehe ich ins Krankenhaus. Ja, wenn es mir schlechter ginge, aber es geht mir schon viel besser – wirklich!" Gestern ließ ich mich beruhigen, und jetzt dieser Anruf von Clara.

Ihre Lehrerin kommt ans Telefon: "Es tut mir furchtbar leid, aber es sieht wirklich nicht gut aus. Ihre Tochter liegt im Koma, sie ist lange reanimiert worden." Koma – reanimiert – meine Gedanken rasen. Die Lehrerin weiter: "Clara kam heute Morgen zur normalen Zeit in die Schule. Sie war aber ganz verstört, weil sie wohl mehrmals in der Nacht und auch am Morgen versucht hatte, ihre

Mutter auf dem Mobiltelefon zu erreichen - erfolglos! Das Handy war aus, der Teilnehmer nicht zu erreichen. Dann habe ich im Krankenhaus angerufen. Ja, Ihre Tochter ist da - aber man konnte mir keine Auskunft geben. Ich bin dann mit Clara ins Krankenhaus gefahren."

Ich muss auch zu ihr - vielleicht ist es ja nicht so schlimm - das kann doch gar nicht sein.

Tanja war laut den aufgeregten Erzählungen meiner Enkeltochter mit dem Notarztwagen ins Krankenhaus gefahren worden. Sie wollte sich melden, wenn sie dort bleiben musste. Mir sollten die Kinder nichts sagen. Sie sollten mich erst informieren, wenn man wüsste, was los ist und wie es weitergeht. Vielleicht war es auch nicht so schlimm - aber Vorsicht ist besser. Die Kinder hatten darauf bestanden, dass der Notarztwagen meine Tochter mitnimmt. Sanitäter und Notarzt wollten das nämlich zunächst nicht, meinten sie hyperventiliere, obwohl Tanja schlimm hustete, keine Luft bekam....

Mein Sohn Max und seine Freundin Hanna holen mich im Büro ab und fahren mit mir ins Krankenhaus. Mein Chef will mich nicht selbst fahren lassen, was sicher richtig ist: Ich kann keinen klaren Gedanken fassen - mache mir schreckliche Vorwürfe: Warum habe ich gestern Abend nicht darauf bestanden, Tanja ins Krankenhaus zu bringen? Warum habe ich mich von ihr beruhigen lassen - obwohl sie doch so schlecht aussah?

Es ist furchtbar, mein Kind so da liegen zu sehen, an den tausend Schläuchen und Apparaten - aber sie atmet. "Man muss abwarten", sagt die Ärztin - sie ist ruhig und nett, ihr Gesicht ist sehr ernst. "Ihre Tochter musste lange reanimiert werden."

Tanja hatte wohl zu Hause schon mehrere kleine Embolien und ist dann in der Notfallambulanz während der Aufnahme plötzlich zusammengebrochen - akutes totales Organversagen - und auch jetzt stehe sie bei der hohen Medikation praktisch unter Dauerreanimation, sagt die Ärztin. "Wir versuchen alles – die nächsten 24 Stunden werden entscheiden, ob Ihre Tochter durchkommt. Sie liegt im künstlichen Koma – der ganze Körper wird gekühlt, damit sich der Kreislauf erholt. Wir hoffen!"

Diese Situation kenne ich nur zu gut – ich will das nicht noch einmal erleben. Auch Micha, mein Mann, hatte so auf der Intensivstation gelegen – vor sieben Jahren.... und jetzt das Ganze noch einmal? Warum? NEIN NEIN NEIN!

Max und Hanna haben die Kinder geholt – beide sind fix und fertig – natürlich. Sie sind jetzt 15 und fast 17 Jahre alt – trotzdem können sie nicht verstehen, was mit ihrer Mutter passiert ist.

Freitag, 8.7.2011:

Bei mir herrscht Ausnahmesituation – ebenso bei Tanjas Kindern! Rolf, mein Freund, den ich jetzt seit neun Monaten kenne, ist im Krankenhaus – eine Knie-OP. Eigentlich sollte ich ihn abholen und wollte dann übers Wochenende bei ihm bleiben! Ich habe in meiner Aufregung gerade noch daran gedacht, ihm telefonisch Bescheid zu sagen. Heute Morgen der Anruf einer Schwester aus dem Krankenhaus: Tanja ist in der Nacht wieder zweimal reanimiert worden, man rechnet jetzt mit dem Schlimmsten....

NEIN NEIN! Ich fahre mit Ramon, Max und Hanna sofort nach E. Der Blutdruck ist etwas gestiegen – Gott sei Dank! Es gibt wieder ein Fünkchen Hoffnung.

Wir halten Tanjas Hand – immer wieder der Blick auf den Monitor – und dann steht Rolf auf einmal im Zimmer. Endlich ein Arm, an den ich mich lehnen kann, jemand der meine Hand hält – obwohl er an zwei Krücken hereinkommt und bestimmt nicht Auto fahren darf. Aber Rolf will jetzt bei mir sein – das tut trotz der schrecklichen Situation unheimlich gut.

Und dann kommt auch noch Olaf, Tanjas Mann, von dem sie sich vor einer Woche räumlich getrennt hatte. - D.h. er war aus der Wohnung ausgezogen - nach schlimmen Krächen - wie die Kinder mir sagten. Natürlich habe ich ihn angerufen. Alles ist jetzt zweitrangig - Tanja muss wieder gesund werden!

Die Ärzte machen ein sehr ernstes Gesicht: "Wir müssen abwarten, erst mal ist die schlimmste Krise überwunden - aber??...." Tausend Fragezeichen! Wir hoffen! Es wiederholt sich wirklich: Auch im Juli vor sieben Jahren hatte ich gehofft..., obwohl die Ärzte mir damals nur einen winzigen Funken Hoffnung ließen. Das darf nicht wieder passieren - Tanja muss leben! Sie ist stark, sie ist noch jung - erst 39, sie kann kämpfen!

Samstag, 9.7.2011:

Anruf im Krankenhaus: Tanja hat hohes Fieber - der Puls rast. Wir fahren sofort hin und bleiben den ganzen Tag bei ihr. Als wir am Abend gehen, steht das Fieberthermometer auf 40,7 und der Puls auf 180! "Wir können nichts tun", sagen die Ärzte. "Abwarten, hoffen und beten!" Das mache ich - ich weiß nicht, wie viele Kerzen für Tanja brennen. Die ganze Familie, meine Schwestern, mein Bruder, meine Freunde - alle beten, hoffen mit uns auf eine bessere Nachricht aus dem Krankenhaus.

Sonntag, 10.7.2011:

Die Nachricht aus dem Krankenhaus ist heute besser: Der Kreislauf hat sich stabilisiert, das Fieber ist gesunken, der Puls hat sich etwas beruhigt. Aber die Schwester sagt auch, das bedeute nicht, dass Tanja über den Berg sei. Aber nur das will ich hören!

Max und Hanna sind in diesen Tagen für uns da: Die Kinder haben mehrmals bei den beiden in Köln übernachtet – auch Carlo, den Hund, haben sie mitgenommen. Und ich bin bei all dem Schrecklichen, das gerade passiert, so froh und dankbar, dass Rolf jetzt zu mir gehört und für mich da ist, dass ich so viele Freunde habe, so einen tollen Chef und Kollegen, die alle Anteil nehmen und mit uns hoffen.

Montag, 11.7.2011:

Wieder bin ich den ganzen Tag im Krankenhaus, ich streichele meine Tochter, halte ihre Hand. Die Kinder halten es fast nicht aus, sie wollen wieder mit ihrer Mutter sprechen, sie soll die Augen aufmachen. Abends fahre ich mit Clara und Ramon in Tanjas Wohnung – ich schlafe in dem Bett meiner Tochter, während sie in E. auf der Intensivstation liegt.

Dienstag, 12.7.2011:

Tanjas Zustand ist unverändert. Sie scheidet nur viel zu wenig Urin aus – das ist jetzt die größte Sorge der Mediziner. Die Ärzte verstehen zwar unseren gedämpften Optimismus und unsere Zuversicht – schließlich hat Tanja jetzt schon vier Tage überlebt. Aber die Freude darüber wird von ihnen nicht unbedingt geteilt – sie sind sehr vorsichtig in ihren Aussagen.

Mittwoch, 13.7.2011:

Tanja ist jetzt in Köln! In E. gibt es keine Dialyse – und Tanjas Körper wurde immer dicker und aufgedunsener, die Nieren arbeiten nicht. Es muss etwas geschehen, wenn sie noch eine Chance haben soll. Die Ärzte haben abgewogen: In E. können sie nichts für Tanja tun. Sie muss in eine andere Klinik – also wird ein Hubschrauber angefordert, auch wenn man nicht weiß, wie sie den Transport überstehen wird.

Als wir in E. im Krankenhaus ankommen, ist Tanja schon auf dem Weg in den Helikopter. Gott sei Dank! In der Klinik in Köln wird man ihr bestimmt besser helfen können. Die Ärzte und auch die Schwestern hier sind zwar unheimlich nett und fürsorglich zu Tanja und zu uns allen, aber die medizinischen Möglichkeiten sind eben begrenzt. Nun steigt meine Hoffnung wieder: Jetzt wird man mehr für meine Tochter tun können, schließlich ist es eine neurologische Spezialklinik.

Die Ärzte dort sind auch zufrieden: Tanjas Zustand bleibt zunächst stabil. Laut Aussage des Stationsarztes haben sie Tanja in einem noch schlechteren Zustand erwartet. Allerdings ist die Lage weiter sehr ernst....

wieder Donnerstag – jetzt der 14.7.2011:

Im Nachhinein weiß ich gar nicht, wie wir alle diese Zeit überstanden haben: dieses ewige Auf und Ab, das ständige Bangen. Meine engste Freundin und meine Schwestern rufen jeden Abend an, um dann die anderen Freunde und Angehörigen zu informieren, die alle Anteil nehmen und weiter mit uns hoffen, dass es Tanja bald besser geht.

Freitag, 15.7.2011:

Am Morgen mein Anruf in der Klinik: Leider ist das Gegenteil eingetreten – Tanjas Kreislauf ist in der Nacht zusammengebrochen. Ein CT – das erste nach dem Zusammenbruch vor einer Woche – zeigt mehrere Schlaganfälle und fast den Komplettausfall aller Organe an. Es ist furchtbar. Ich will meine Tochter in den Arm nehmen, möchte ihr so gerne sagen, dass es gut wird, wenn sie das alles überstanden hat. Ich will ihr helfen, ein schöneres, leichteres Leben zu organisieren.

Wir sind uns alle einig, dass Tanja total überlastet war mit Arbeit, Geldsorgen, ihrem cholerischen Mann, den Sorgen um die halbwüchsigen Kinder. Und keinem hatte sie etwas gesagt: Tanja ist unter all dem zusammengebrochen – ihr Körper konnte nicht mehr.

Rolf und ich hatten am Dienstag, dem Tag als Tanja nach Köln verlegt wurde, noch eine schlimme Begegnung mit Olaf im Aufzug des Krankenhauses in E. Wir waren schon auf dem Weg zum Auto, um nach Köln zu fahren, als Olaf kam, der zu Tanja auf die Intensivstation wollte. "Tanja ist wahrscheinlich schon im Hubschrauber und auf dem Weg nach Köln", erklärte ich ihm. "Das wurde auch Zeit, sonst hätte ich hier Randale gemacht", war Olafs Antwort. Er fing an, auf die Ärzte zu schimpfen, und dann entwickelte sich ein schrecklicher Streit: Er beschimpfte Rolf und mich aufs Fürchterlichste, wollte Rolf verprügeln. Er rannte herum wie ein wild gewordenes Tier und hörte nicht auf, rumzubrüllen.

Ich hatte schreckliche Angst – bat um Hilfe. An der Pforte hat man die Polizei angerufen. Die Beamten kamen auch bald. Wir saßen in der Cafeteria, um uns etwas zu beruhigen. Ich weiß gar nicht mehr, wo Olaf abgeblieben ist. Jedenfalls haben wir ihn angezeigt. Die Polizisten rieten uns, nicht in dem Haus in Much zu bleiben, da er wohl auch früher schon öfter gegen Kollegen handgreiflich geworden ist und kaum zu bändigen war.

Wir sind natürlich in Much geblieben – wo sollten wir auch hin mit den Kindern und Hund und Katzen! Irgendwie muss es ja weitergehen, zumindest bis zu den Sommerferien. Ramon muss noch zur Schule – Clara nicht mehr: Sie hatte ja schon ihre Schulentlassung, am 8.7., Tag Eins nach Tanjas Zusammenbruch. Und alles ging irgendwie weiter. In der Kirche hatte der Pfarrer mit allen

Eltern und Kindern für Tanja gebetet. Ich war dabei – hatte Clara begleitet – in ihrem schicken Kleid, das ich ihr zur Entlassung gekauft hatte. Sie sah so süß aus – und war doch so verwirrt in Trauer und Sorge um ihre Mutter. Als der Pfarrer sprach, hielt sie es nicht mehr aus und lief weinend aus der Kirche....

Wir sind alle durcheinander – hatten auch viel Verständnis für Olaf. So schlimm wie er ist – so ist er doch mit Tanja verheiratet und hat genauso erschüttert an ihrem Bett gestanden – und wir haben gedacht, in der Situation zusammenhalten zu müssen. Aber das ist jetzt vorbei – und zwar für immer!

Inzwischen ist Tanja geschieden, sie hat ihren Mädchennamen wieder angenommen. Aber bis dahin war es ein weiter und sehr steiniger Weg!

Es regnet, es ist kalt, dabei ist doch Sommer! Aber das Wetter ist wie unsere Stimmung: Unsere Freude ist weg – aber immer noch haben wir etwas Hoffnung. Tanja liegt noch im Koma – wie wird sie sein, wenn sie aufwacht? Die Ärzte sagen nichts! Was auch? Sie können nichts sagen – und erst recht nichts, was uns Hoffnung machen könnte.

Samstag/Sonntag, 16./17.7.2011:

Das Wochenende bringt Höhen und Tiefen – Angst und Hoffnung sind ständig da. Ich habe Angst! Angst um Tanja, Angst um die Kinder, Angst vor der Zukunft! Alles ist durcheinander! Aber ich habe so einen tollen Mann – der zu mir steht, auch wenn er sich das Leben mit mir doch ganz anders vorgestellt hatte.

Jeden Tag bin ich in der Klinik, meistens mit Rolf, sehr oft mit den Kindern. Ab und zu gibt es aber eine Auszeit für sie – dann holen Max und Hanna die beiden ab – Hund Carlo ist auch ganz oft dort....

Irgendwann, als Clara nach den Ferien ins Internat ging, ist er ganz dort geblieben.

Dienstag, 19.7.2011:

Tanjas Zustand ist unverändert – mehr oder weniger stabil! Unbeweglich liegt sie da an den Schläuchen, die Monitore schreiben die Zahlen: Blutdruck, Puls, Blutsättigung etc.... Mein Blick wechselt ständig von Tanja auf die sich immer verändernden Zahlen. Wann muss ich die Schwester oder den Arzt rufen? Aber wenn die Werte zu sehr aus der Norm fallen, piepst es sowieso – und dann kommt sofort jemand.

Wenn es bei Tanja ruhig ist, piepst es nebenan. Hinter dem Schirm neben Tanjas Bett liegt ein Mann – ungefähr so alt wie ich – auch Schlaganfall! Seine alten Eltern kommen jeden Tag, halten seine Hand. Manchmal sprechen wir miteinander, vergleichen die beiden Patienten, achten auf jede Regung, auf jedes Zeichen, aber eigentlich passiert gar nichts.

Dabei warten wir jetzt so sehr darauf, dass Tanja wach wird. Die Medikamente, die Tanja in ihrem Dauerschlaf hielten, sind abgesetzt. Sie muss doch jetzt endlich aufwachen! Aber nichts geschieht! Tanja schläft weiter.

Wir haben ein langes Gespräch mit dem Oberarzt. Aber er will und kann keine Prognose abgeben! Es ist so schlimm! Ich will endlich etwas Positives hören – oder ein Zeichen sehen, eine Bewegung, irgendetwas, das uns zeigt, dass Tanja uns hört, dass sie uns spürt! Ich möchte mit ihr überlegen und ihr helfen, von vorne anzufangen....

Freitag, 22.7.2011:

Es sollte Sommer sein, aber es ist so kalt – so kalt wie es meistens in mir aussieht. Ist mir auch eigentlich egal!
Eine Woche ist es nun her, dass die Schlafmittel abgesetzt wurden. Eine Woche! Aber es tut sich nichts.... Doch, so gaaanz kleine winzige Schritte aufwärts: Gestern hat Tanja den Mund bewegt – fast wie ein Gähnen, und die Zunge hat sie bewegt....
Die Kinder waren nicht dabei. Sie kommen zwar sehr oft mit, aber sie haben nicht die Ausdauer, lange am Bett zu sitzen und sind auch mal unterwegs, aber sie hoffen wie ich bei jeder kleinen Bewegung.
Gestern Abend haben wir Doppelkopf gespielt – Rolf war in Gladbach – meine Dokofrauen waren bei mir in Much. So ein Stück Normalität tut gut – bei all dem Chaos rundherum.
Nachts bin ich oft sehr unruhig – dann wieder schlafe ich wie ein Stein. Doch heute Nacht werde ich von Clara geweckt: Nikita, Claras Findelkatze, hat ein Baby bekommen. Wie süß! Ich finde Tiere, besonders so kleine, total niedlich. Also jetzt eine Katzengeburt – mitten in der Nacht. Wäschekorb, saubere Handtücher – das erste Kätzchen ist ganz schwarz. Aber es geht weiter: Katzen bekommen ja nun mal meistens mehr als nur ein Junges. Das nächste ist schwarz-weiß, dann kommen zwei hellbeige! Vier Katzenkinder – was nun? Zum Schluss zähle ich sogar fünf – eine dreifarbige Glückskatze ist auch dabei! Ich könnte heulen! In dem Haushalt meiner Tochter gibt es bereits zwei Katzen (ohne Nikita) und den großen Hund! Auch wenn es nicht ganz leicht ist, kann ich Clara überzeugen, dass es in der Situation am besten ist, die Katzenmutter und ihre Kleinen im Tierheim abzugeben.

Das machen wir auch. Ich habe unsere Situation erklärt, und man hat dort Verständnis und hat uns die Katzenmutter plus Jungen abgenommen.
Am Nachmittag im Krankenhaus erfahre ich, dass man bei Tanja

einen Luftröhrenschnitt gemacht hat, damit sie es, ohne den Tubus im Hals, einfacher beim Atmen hat. Das macht sie jetzt meistens alleine oder nur mit geringer Unterstützung der Maschine. Auf jeden Fall soll Tanja nun baldmöglichst in die Frühreha der Neurologie verlegt werden. Der Arzt erklärt uns, dass das sehr wichtig sei – es gebe ein paar Reflexe und damit müsse man anfangen zu arbeiten! Also geht's doch aufwärts!

Ich bin jetzt oft sehr traurig, aber nie ohne Hoffnung. Irgendwie hab ich es hingekriegt, ein wenig den Alltag aufrechtzuerhalten. Es ist nicht einfach. Alles ist so unwirklich: Dieses Pendeln zwischen den Wohnungen in Gladbach und Much, jeden Tag nach Köln ins Krankenhaus. Aber hier nichts Neues: Meine Tochter schläft und schläft und schläft....

Samstag, 23.7.2011:

Abends Kegeln – komisch, was doch alles möglich ist – auch in solch einer Ausnahmesituation. Mit Ramon müssen wir vorher noch ins Krankenhaus. Wie sich beim Röntgen herausstellt, ist Ramons linker Arm gebrochen. Er war gestern bei einer Freundin und ist dort mit dem Rad gestürzt.

Die Mutter der Freundin war mit Ramon am Morgen schon in S. im Krankenhaus gewesen. Aber man hatte sich dort geweigert, den Jungen zu röntgen, weil die Mutter nicht zum Unterschreiben da war. Obwohl die Lage erklärt wurde, dass das wegen der schlimmen Erkrankung gar nicht möglich sei, wurden das Röntgen und eine weitere Behandlung abgelehnt. Eine Unverschämtheit und eigentlich ein Fall von unterlassener Hilfeleistung! So fahren wir also mit Ramon nach E. ins Krankenhaus. Hier sind wir seit dem schlimmen Streit mit Olaf nicht mehr gewesen....

Gekegelt haben wir an dem Abend nicht mehr – aber mit den Freunden zu reden, tut auch gut. Als wir wieder in Much an–

kommen, schüttet es wie aus Eimern.

Vierte Woche:

Ich weiß nicht wohin mit meinen Gefühlen, mit meiner Trauer, meiner Wut, meinem Selbstmitleid! Tanja atmet zwar alleine, sie war auch jetzt schon seit einer Woche nicht mehr an der Dialyse – aber sie wird nicht wach. Wir hoffen weiterhin. Vielleicht nimmt sie sich ja nur eine Auszeit, bis ihr Körper wieder genug Kräfte gesammelt hat – und bis wir alles geregelt haben! Das Warten ist furchtbar.

Es ist schlimm, sie immer nur schlafend zu sehen, aber wir geben die Hoffnung nicht auf. Manchmal bin ich alleine mit Tanja im Krankenzimmer und höre dann zusammen mit ihr Musik. Rolf hat den MP3-Player mit Tanjas Lieblingsinterpreten bespielt. Musik, die sie gerne gehört hat, Musik, die sie aufbauen und trösten, die ihr Mut machen soll, spielen wir ihr über den Kopfhörer – einer steckt in ihrem Ohr und einer in meinem...., aber Tanjas Augen bleiben geschlossen, sie schläft weiter.

Später habe ich mit Tanja öfter über diese Zeit gesprochen. Hat sie irgendwelche Erinnerungen an ihre Schlafperiode? Hat sie die Musik gehört? Hat sie uns gespürt, unser Hoffen? Hat sie unser Streicheln gespürt? Hat sie uns gehört? Nein, Tanja kann sich an nichts aus dieser Zeit erinnern – bei ihr bleibt alles dunkel!

Erste Reaktionen

Donnerstag, 4.8.2011:

Doch soweit ist es noch lange nicht! Im Moment ist alles durcheinander: der ganze Sommer und wir auch. Dabei ist heute – genau vier Wochen nach dem Zusammenbruch etwas Tolles passiert: Tanja hat Reaktionen gezeigt – richtige Reaktionen: Sie wird wach, ja sie wird wach!!

Die Augen bleiben zwar zu, und es ist traurig, wie sie reagiert: Sie weint – aber sie weiß, dass sie lebt! Die Tränen laufen, ihre Tränen, meine Tränen! Aber Tanja weiß auch, dass sie sonst nichts kann – noch nicht einmal ihre Augen kann sie öffnen. Sie weint, wenn ich von ihren Kindern erzähle. Sie weint, wenn ich die Grüße ihrer Chefin und ihrer Arbeitskollegen ausrichte. Aber sie versteht mich und das ist schon ein kleines Wunder.

Jetzt soll Tanja bald nach Bonn in die Frühreha verlegt werden. Nach vier Wochen Koma sind wir glücklich und hoffen, dass es dann weitergeht.

Auch die Kinder freuen sich, doch wir haben auch heftige Kämpfe miteinander auszutragen. Ja, es ist für uns alle nicht einfach – und für die Kinder, die ihre Mutter so sehen, nicht wissen, wie es weitergeht, ist es schrecklich. Aber für mich auch. Ich sehne mich so sehr nach Ruhe, nach Frieden und Ausgeglichenheit – aber das scheint unmöglich. Im Gegenteil!

Meine Söhne, meine Geschwister, unsere Freunde, meine Arbeitskollegen – alle möchten helfen, uns unterstützen. Aber aushalten müssen wir das alles.

Da ist es ein wirklicher Trost für mich, dass ich Rolf habe! Ich wiederhole mich, aber es ist so. Wie sollte ich das alleine aushalten und bewerkstelligen? Es steht so viel an – auch so viel an Bürokratie.

Anträge für die Betreuung der Kinder und die Betreuung meiner Tochter habe ich gestellt – die laufen.

Samstag, 6.8.2011:

Wir sind wieder im Krankenhaus – voller Erwartungen – es ist Tag Zwei nach den ersten "wachen" Reaktionen. Die Kinder sind mit – wir sind ganz aufgeregt. Was wird sie heute machen? Aber unsere Erwartungen werden gedämpft: Tanja liegt wieder ganz ruhig da und schläft. Keine Regung! Clara und Ramon stehen rechts und links vom Bett, halten die Hand ihrer Mutter, reden mit ihr – nichts! Wir müssen so unendlich viel Geduld aufbringen, und das ist so schwer bei alledem! Wir haben heute viel von früher erzählt: Was alles an Schönem, aber auch an schlimmen Dingen passiert ist. Tanja reagiert ein wenig – bei bestimmten Musiktiteln laufen ihr Tränen über die Wangen. – Hoffentlich kommt sie bald in die Reha. Dann geht's bestimmt aufwärts!

Montag, 8.8.2011:

Nun geht es fast jeden Tag so: Z.B. weint Tanja wieder, als ich ihr von dem Anruf einer Arbeitskollegin erzähle, mit der Tanja oft gescrabbelt hat oder als ich die Geschichte von Carlo erzähle. Der Hund ist ja jetzt bei Max. Er und Hanna kümmern sich um ihn, und die Kinder und ich sind so entlastet.

Max ging also mit Carlo spazieren. Der Hund lief ganz brav neben ihm – bis auf der anderen Straßenseite eine Frau auftauchte. Diese Frau ähnelte Tanja sehr. Der Hund reagierte ziemlich wild, riss sich los und ab ging's auf die andere Straßenseite.... Max hatte alle Mühe, Carlo wieder einzufangen, der wahrscheinlich auch ganz enttäuscht darüber war, dass es nicht Frauchen war, die ihnen entgegenkam. Ja, so traurig Tanjas Tränen sind, so glücklich bin ich doch über die Reaktion – es ist wenigstens eine!

So zählen wir jeden noch so kleinen Erfolg. Heute komme ich ins Krankenzimmer – und Tanja hat das linke Auge auf. Sie guckt mich an – mit ihrem linken Auge. Ob sie mich wirklich sieht, kann ich nicht feststellen.

Dienstag, 9.8.2011:

Die Kinder sind mit – Tanja schläft noch, als wir ins Zimmer kommen. Ich wecke sie sanft – und tatsächlich: Wieder öffnet Tanja das linke Auge. Aber ansonsten ist sie ziemlich teilnahmslos. Erst als wir uns verabschieden – insbesondere als Clara ihre Mama zum Abschied küsst, reagiert sie – wieder mit Tränen.

Auch wir weinen viel. Überhaupt ist es eine schlimme Zeit – mit viel Unruhe, Streitereien mit den Kindern. Es ist so schwer, sie zu lenken, besonders Ramon ist oft so unbeherrscht und wütend.

Aber wer will es dem Jungen verübeln in der Situation? Er ist in der Pubertät, er bräuchte jetzt Stabilität und es bricht ihm gerade alles weg, was ihm vielleicht Halt geben könnte.

Mittwoch, 10.8.2011:

Heute können wir wieder feststellen, dass Tanja uns versteht, dass sie wach ist: Iris, eine frühere Kollegin und Freundin von Tanja, ist mit ihrem Sohn gekommen. Wir hatten vor ein paar Tagen telefoniert und sie kam so schnell wie möglich. Die beiden Jungs sind in Much geblieben, während wir nach Köln zu Tanja fahren. Die ist halbwegs wach – das linke Auge ist auf und als Iris sich zu ihr beugt und sie begrüßt: "Hallo, Tanja, was machst du denn für Sachen?", fängt Tanja wieder an zu weinen.... Und nun stehen wir alle drei heulend am Bett. Aber Tanja reagiert die ganze Zeit auf uns, besonders auf Iris. Sie lacht sogar – zum ersten Mal! Toll, das zu sehen!

Sechste Woche:

Tanja hat endlich einen Reha-Platz: Am Montag soll sie nach Bonn verlegt werden – heute Morgen kam der erlösende Anruf von der Sozialstation.

Tanjas Zustand ist unverändert. Sie sitzt im Bett, als wir kommen, d.h. das Rückenteil des Bettes ist hochgestellt, und so sitzt sie ganz aufrecht. Tanjas Augen sind heute geschlossen. Aber sie reagiert: Ich erzähle vom gestrigen Tag, von Inas Besuch – und bei Tanja laufen wieder die Tränen. Das ist auch später noch mal so. Ich weiß gar nicht mehr, was ich gesagt habe: Jedenfalls ist Tanja ganz klar, sie versteht uns, sie reagiert.... nicht immer, aber sehr oft.

Das linke Auge geht wieder auf. Tanja guckt mich mit diesem linken Auge an und sie drückt meine Hand, als ich sie frage, ob sie mich sieht, ob sie mich versteht. Auch mit den Schwestern kommuniziert sie über dieses linke Auge. Ist doch Wahnsinn!

Die Kinder sind soweit o.k., aber sie müssen doch oft zum Mithelfen oder zum Lernen motiviert und angehalten werden. Die Lust fehlt. Ist ja auch irgendwie zu verstehen, bei dem was sie gerade durchmachen.

Wir brauchen alle viel Geduld – auch wenn es bei Tanja mit kleinen Schrittchen vorwärts geht. Aber diese sind so klitzeklein, dass man sie kaum wahrnimmt. Und sie ist sooo dünn, so schrecklich dünn, meine Tochter.

Heute haben wir Hörspiele der "Drei Fragezeichen" auf den MP3-Player gezogen, mit ins Krankenhaus genommen und bei Tanja abgespielt. Clara sagt, dass ihre Mutter diese Kassetten oft zum

Entspannen oder zum Einschlafen gehört habe. Also würde sie sich doch bestimmt darüber freuen. Schaden kann es auf keinen Fall!

Manchmal bekommt Tanja Besuch von ihren Brüdern, die Kinder fahren oft mit mir hin, wenn auch nicht jeden Tag.

Für mich ist alles sehr anstrengend: die Angst und Sorge um meine Tochter, jeden Tag die Fahrt ins Krankenhaus – angespannt, bis ich Tanja dann sehe. So oft Streitereien mit den Kindern. Der Haushalt muss auch erledigt werden, die Kinder brauchen etwas zum Essen. Wenn Rolf bei sich zu Hause in Gladbach ist, bin ich noch trauriger, dann fühle ich mich sehr alleine, obwohl ich weiß, dass er immer für mich da ist und ja auch ganz schnell zu mir zurückkommt ins Chaos!

Da ist der schöne Blumenstrauß meiner Kollegen mit einer netten Karte ein wirkliches Trostpflaster, über das ich mich riesig freue. Überhaupt versuchen alle Freunde, meine Geschwister, meine Kinder und besonders Rolf, mir zu helfen, mich zu unterstützen und aufzubauen. Dazu gehört auch eine gewisse Normalität, obwohl ja nichts mehr normal ist!

So sind wir z.B. heute (Samstag, 12.8.) auf dem Sommerfest einer Kollegin. Es tut so gut, mal rauszukommen und etwas anderes zu sehen und zu hören.

Vorher der Besuch bei Tanja – ihr Zustand unverändert. Die Ärzte sagen allerdings, dass sie sich gut mache. Ich höre so etwas gerne, aber sie so elend da liegen zu sehen, nur das linke Auge auf.... es tut so weh und wir brauchen schon sehr viel Geduld.

Es regnet viel in diesem Sommer 2011 – auch der Himmel weint.... und drückt auf die Stimmung. Heute war Ramon mit im Krankenhaus – nachher waren wir noch in meiner Wohnung in Köln. Hier müssen noch ein paar Schränke leergeräumt werden. Ich habe die Wohnung gekündigt, bin ja sowieso nur noch in Much oder bei Rolf in Gladbach. Nächste Woche wollen wir dann alles rausholen.

Frühreha in Bonn

Es ist wieder Montag (15.8.): Tanja ist in Bonn – aber bei unserem Besuch scheint sie ganz verstört zu sein – noch nicht mal geweint hat sie. Ganz teilnahmslos liegt sie da.

Hoffentlich gibt sie jetzt nicht auf! Irgendwie reagiert sie ganz seltsam. Sie tut mir so leid! In Tanjas Zimmer auf der Station F1 der Rehaklinik liegt noch eine ältere Frau, die auch heute angekommen ist.

Ich fühle mich mal wieder total geschlaucht. Eigentlich möchte ich noch laufen – das tut mir nämlich immer gut – aber ich bin einfach zu kaputt! Gehe nur noch mit Clara einkaufen.

Der Entlassungsbericht des Arztes aus der Kölner Klinik muss noch ans Familiengericht geschickt werden. Die Richterin braucht den zu meinem Antrag auf Vormundschaft für die Kinder.... Alles muss erledigt werden!

Heute schläft Claras Freund hier. Rolf ist auch wieder hier – er ist mit dem Roller gekommen. Endlich scheint mal die Sonne – das schöne Wetter muss ja ausgenutzt werden. Wir fahren mit einem Blumenstrauß zu Tanja. Ramon ist auch dabei.

Ich glaube, für Tanja ist das alles unheimlich schwer. Sie bekommt ja viel mit, kann sich aber nicht bewegen, nicht sprechen, nicht schlucken.... und dann sag ich ihr, dass sie nicht aufgeben darf, dass sie kämpfen muss. Aber sie kann nur weinen!

Die Physiotherapeutin sagt mir, sie kommuniziere mit Tanja über die Augen: Ja heißt Augen zu, bei Nein soll sie die Augen aufhalten. Aber so ganz klappt das heute nicht.

Dienstag, 16.8.2011:

Meine Schwestern haben mich heute besucht – und es gibt eine hitzige Auseinandersetzung wegen meiner Kindererziehung. Immer sei ich zu weich, sagen sie, zu nachsichtig, entschuldige stets die Fehler der anderen – besonders die meiner Kinder und Enkel.

Wahrscheinlich haben sie recht – aber wer kann schon raus aus seiner Haut! Und in der jetzigen Situation fehlt mir oft einfach die Kraft, um mich mitnmeinen Kindern und Enkeln auseinander-zusetzen. Ja, vielleicht ist viel falsch gelaufen, hätte ich oft anders reagieren müssen....

Im Nachhinein muss ich mir eingestehen und meinen Schwestern recht geben: Ich hab's nicht geschafft, meinen Enkelkin-dern das Elternhaus zu erhalten und hab's auch nicht wirklich geschafft, sie auf den richtigen Weg zu führen, obwohl ich mir alle Mühe gegeben und mir die größtmögliche Unterstützung von Seiten des Jugendamtes geholt habe – leider hat es nicht geklappt.

Mittwoch, 17.8.2011:

Tanja ist total kaputt heute. Als wir kommen, sitzt sie im Bett und wirkt sehr angespannt. Die Physiotherapeutin hatte mit Tanja das Sitzen auf der Bettkante geübt – das war wohl sehr anstrengend. Ich bin mit Rolf und Clara in der Klinik und während unseres Besuchs kommen auch noch Olaf und seine Tochter aus erster Ehe.

Es ist für mich furchtbar, diesen Menschen hier bei meiner Tochter zu sehen. Aber ich merke auch, wie sehr Tanja sich freut. Sie weint zwar, als ihr Mann hereinkommt, aber das macht sie ja jetzt, wo sie langsam wach wird, immer, wenn sie jemanden erkennt oder wenn man mit ihr spricht. Und das macht Olaf: Er spricht ganz leise und ist sehr liebevoll zu seiner Frau. Trotz alledem: Mir dreht sich der Magen um und auch Rolf muss das Zimmer verlassen. Für uns ist es kaum auszuhalten.

Wir gehen dann bald. Clara kommt auch nur schwer mit der Situation klar. Aber am wichtigsten ist für sie Tanja – und für uns natürlich auch – alles andere ist Nebensache.

Donnerstag, 18.8.2011:

Heute ist wieder alles anders: Tanja wirkt total abwesend als wir ins Zimmer kommen. Ich nehme sie in den Arm, versuche mit ihr über die Augen zu kommunizieren, warte auf das "Ja" oder das "Nein". Aber Tanja bleibt abwesend. Es ist, als ob sie gar nichts mehr verstehe.

Ja, wir müssen Geduld haben. Vielleicht hat Olafs Besuch gestern sie durcheinander gebracht. Aber war es nicht oft so in den letzten Tagen? Jedes Mal wenn wir dachten, jetzt ist sie wirklich wach, sie versteht uns – war sie am nächsten Tag wieder ganz müde und abwesend.

Ich habe allerdings auch einen ziemlich schlechten Tag. Bin zwar abends noch bei einer Freundin zum Doppelkopf spielen – aber mir geht's gar nicht gut, nicht nur wegen der Karten hab ich verloren!

Achte Woche:

Wirklich – sind es jetzt schon sieben lange Wochen, in denen unser Leben so durcheinander gewirbelt wird? Heute fahre ich mit Rolf nach Brück. Max und zwei seiner Freunde sind auch da – wir wollen meine Möbel und sonstigen Sachen abholen und nach Much bringen. Dort ist jetzt mein Zuhause! Hoffentlich geht alles gut!

Aber der "Umzug" klappt ganz gut. Tom ist auch zum Helfen da. Er ist mit der Bahn gekommen. Mittags hole ich für alle Pizzen. Wir können auf dem Balkon essen, denn inzwischen ist es richtig heiß geworden – eigentlich ist das Wetter schon die ganze Woche gut. Aber das interessiert uns ja nur noch am Rande. Nur Tanja macht die Hitze sehr zu schaffen. Sie schwitzt ziemlich stark.

Am Freitag kommen Max und Hanna nach dem Besuch bei Tanja zu uns. Leider gibt es unschöne Diskussionen mit Ramon und Clara. Das fängt schon beim Essen an. Da geht es ums Nachhausekommen. Ich versuche ruhig zu bleiben und die Kinder mit Argumenten zu überzeugen. Aber beide sind so uneinsichtig. Rolf versucht sich rauszuhalten – was aber auch nicht immer klappt. Wenn's zu heftig wird, mischt er sich doch ein – aber auch ohne Erfolg! Gerade heute ist Clara dermaßen frech!

Ich hoffe weiter auf die Einsicht der Kinder, vergleiche sie mit dem Sohn einer Freundin. Da ist es im Moment auch etwas besser geworden nach ganz schlimmen Eskapaden. Was hat der Junge seiner Mutter nicht alles an den Kopf geworfen. Nur uns Müttern oder Großmüttern fehlt oft die Kraft, das Durchsetzungsvermögen, um konsequenter zu sein. Und das hätte ich so sehr gebraucht.

Samstag/Sonntag, 20./21.8.2011:

Zu Tanja sind die Kinder heute mitgefahren: Sie sitzt im Rollstuhl – aber es ist kein Sitzen: Sie hängt ziemlich schief in diesem Gefährt, als wir kommen.... und sie reagiert gar nicht auf uns.

Oh Mann – es geht wieder abwärts mit ihr. Das kann doch nicht wahr sein! Ich spreche mit der Stationsärztin. Aber die beruhigt mich wieder: "Das ist ganz normal bei so einer schlimmen Erkrankung. Es geht immer mal wieder runter – das ist bei den meisten Patienten so." Ich hoffe aber, dass es weiter aufwärts geht....

Und ich hoffe, dass ich mit den Kindern besser reden kann – dass sich da bald etwas ändert.

Aber es ist eher das Gegenteil: Es eskaliert! Auf dem Heimweg vom Krankenhaus rastet Ramon total aus und eben zu Hause auch noch Clara. Sie kommen mit mir nicht klar, sie kommen mit der Situation nicht klar – und ich schaffe es auch nicht.

Beide wollen heute – es ist Sonntag – nicht mit ins Krankenhaus. Auch Rolf ist nicht da. Tanjas Zustand ist unverändert. Mir geht's gar nicht gut – ich bin ziemlich fertig und fahre jetzt erst mal zu Max und Hanna nach Köln. Ich brauche ein wenig Zuspruch und Trost. Was mache ich nur mit den Kindern? Ich muss mir Unterstützung vom Jugendamt holen. Ich schaffe das alleine nicht.

Montag, 22.8.2011:

Trost kommt dann von Tanja: Heute sieht sie viel besser aus, obwohl es sehr heiß ist. Heute ist auch das rechte Auge richtig auf. Das ist schon toll. Und verstehen tut sie mich auch die meiste Zeit. Ich habe ihr ein Buch von meiner Schwester mitgebracht, das die, als sie im Krankenhaus lag, doppelt bekommen hatte.

Daraus lese ich vor – die Tränen laufen. Tanja kann mich verstehen! Auch wenn sie sich noch sehr schlecht mitteilen kann – ich merke an ihren Tränen, dass sie mich versteht. Die Kommunikation über die Augen geht bei uns leider sehr schlecht.

Aber dann passiert wieder etwas Tolles: Meine Schwester Christa kommt ins Krankenzimmer.... und Tanja freut sich riesig. Das merken wir – und was das Tollste ist: Sie lacht, ja sie lacht richtig – wieder eine neue Reaktion. Dabei sollte man als Leser vielleicht wissen, dass meine Schwester durch ihr herzhaftes Lachen überall hervorsticht und dafür bekannt ist – Christa Ha-Ha-Ha!!

Christa hat Tanja auch ein kleines Genesungsbuch mitgebracht. Dazu hat sie einen Text geschrieben, den sie Tanja jetzt vorliest: Da laufen dann wieder die Tränen – und nicht nur bei Tanja! All diese Reaktionen sind ganz real und zeigen, dass Tanja wach ist und uns versteht.

Aber es ist dadurch natürlich für sie auch wahnsinnig schwer, diesen Zustand zu begreifen, zu akzeptieren und damit umzugehen.

Die Ärztin will mich noch sprechen: Der Katheter soll verlegt werden, und zwar direkt durch die Bauchdecke in die Blase. So sollen Infektionen vermieden werden. Aber es ist wieder ein Eingriff – und ich als Betreuerin meiner Tochter muss diesem Eingriff zustimmen und das unterschreiben.

Mittwoch, 24.8.2011:

Ich hab' mir eine Auszeit genommen und bin für zwei Tage zu Rolf nach Gladbach gefahren – natürlich über Bonn! Tanja geht es ganz gut, allerdings ist die Physiotherapeutin bei ihr und das strengt sie doch immer sehr an.

Ich spreche aber heute länger mit ihr – es geht um uns, um "unser" Thema und ich hoffe, dass sie mich versteht. Ich stelle mir die Situation ganz schwer für Tanja vor: Zum einen ihren Zustand und diese schwere Krankheit zu akzeptieren und zu kämpfen und zum zweiten, anzunehmen, dass ich wieder alles regele, regeln muss. Das wird ihr sicher nicht wirklich passen.

Ramon ist mit dem Jugendzentrum für drei Tage zur Aggertalsperre zum Zelten gefahren. Er hat seine Sachen selbst gepackt und morgens sogar gespült! Ich habe noch wegen der Vormundschaft für die Kinder mit dem Jugendamt telefoniert. Die zuständige Mitarbeiterin kommt nächste Woche zu uns.

Jetzt bin ich bei Rolf – er hat lecker gekocht und den Tisch superschön gedeckt. Das Wetter ist auch sehr schön, so dass wir eine kleine Radtour zu einem Ausflugslokal in der Nähe machen können. Abends sitzen wir noch lange auf der Terrasse, trinken Wein und reden. Ach tut das gut!

Freitag, 26.8.2011 – Tanjas 39. Geburtstag:

Gestern Abend auf dem Heimweg von Gladbach bin ich noch nach Bonn zu Tanja gefahren – Max und Hanna sind da. Tanja schläft. Wir sind fast zwei Stunden bei ihr, aber ich glaube, sie bekommt gar nicht mit, dass ihr Bruder mit seiner Freundin da ist. Sie schläft – es gibt keine Reaktion.

Am nächsten Tag dann Tanjas Geburtstag – es ist schon sehr, sehr traurig. Wir sind zu viert bei ihr. Rolf hat einen Bilderrahmen mit Fotos von den Kindern und von Carlo gemacht – ich habe ihr ein rosa Stoff-Glücksschwein geholt.

Dieses Schwein liegt heute immer noch neben Tanja im Bett.

Wir haben ihm einen Body angezogen, auf dem steht hinten: "Du schaffst das" und vorne "Alles Gute". Und dieses "Du schaffst das" sagen wir ihr immer und immer wieder, flüstern diese Worte in ihr Ohr.

Wir streicheln Tanja und wir singen für sie – heute ganz besonders! Es gibt auch einen Muffin mit einer Kerze. Aber essen ist ja ganz unmöglich – obwohl es wirklich immer ein kleines bisschen aufwärts geht. Ich will daran glauben – auch wenn ich oft sehr verzweifelt bin und mir große Sorgen mache.

Tanja tut mir so leid! Oft sind ihre Blicke ganz wirr! Der Kopf wackelt – die Beine zucken. Aber ich weiß, dass sie wach ist, dass sie alles mitbekommt, auch wenn es oft nicht so aussieht, weil sie so wenig kommunizieren kann. Aber sie hört zu und manchmal kommen auch Reaktionen – meistens eben in Form von Tränen!

Am Abend google ich im Internet "Schlaganfall". Ich lande in einem Forum. Ich lese und lese, ziehe mir von dieser Seite alles rein. Ganz unterschiedliche Fälle werden dort von Beteiligten und Angehörigen beschrieben. Aber das gibt Mut und Hoffnung.

Dass Tanja oft so komisch guckt, könnten Sehstörungen sein. Die Kinder müssten ihr vielleicht noch öfter sagen, dass sie gebraucht wird – das wäre sooo wichtig. Tanja muss kämpfen, an sich glauben. Das hab ich ihr heute wieder gesagt – und dass ich daran glaube, dass da etwas geht.

Ich hab ihr von Toms Freundin erzählt, die auch sehr lange krank war und die dann nach acht Monaten aus dem Krankenhaus entlassen wurde – nicht ganz gesund, aber es geht! Da weint Tanja, wieder ein Zeichen des Verstehens.

Dienstag, 30.8.2011 – fast zwei Monate....

Als ich heute nach Bonn komme, sitzt Tanja im Rollstuhl – beide Augen offen (das rechte nicht ganz), den Kopf hält sie einigermaßen gerade in der dafür vorgesehenen Halterung. Ich behandele ihre Haare mit Trockenshampoo – das bringt zwar nicht viel, aber ein bisschen hilft es doch.

Die Pflege in der Reha lässt schon manchmal zu wünschen übrig – es ist halt so viel zu tun und es gibt viel zu wenig Personal, wie fast überall auf den Pflegestationen. Eigentlich müssten die Haare richtig gewaschen werden, aber das trau ich mich nicht!

Ich habe noch ein Gespräch mit dem netten Oberarzt. Er will zwar keine Prognose abgeben, aber er meint, dass er mit dem Verlauf bisher zufrieden ist. "Es kann zwar immer wieder Rückschläge wegen möglicher Infekte geben, aber bisher geht es doch ganz gut!"

Aber wie meint er das, wenn er mir gleichzeitig sagt, dass Tanja auch in den "wachen" Phasen oft nicht wirklich wach ist? Sondern man das eher als Wachkoma bezeichnen muss – aber es gehe doch ganz gut! Wie soll ich das denn jetzt verstehen? Nach dem Gespräch finde ich den Oberarzt nicht mehr so nett!

Mittwoch, 31.8.2011:

Ich will die Wochen nicht mehr zählen.... nur noch die guten Tage. Ich will nur noch zählen, ab wann es besser geht! Aber der heutige Tag gehört leider nicht dazu: Es ist ein schlechter Tag. Tanja sieht ganz mitgenommen, verstört und unglücklich aus. Sie reagiert auch nicht wirklich. Das war doch alles schon viel, viel besser! Und heute sind die Kinder mit – Tanja nimmt sie gar nicht wahr! Für die beiden ist es heute wirklich furchtbar. Dabei gibt Clara sich so viel Mühe: Sie liest ihrer Mutter vor, sie redet mit ihr, aber ich glaube, heute kommt gar nichts an – Tanja wirkt total verwirrt. Auch Max und Hanna kommen noch, aber auch auf ihren Besuch kommt keine wirkliche Reaktion. Ich bin so enttäuscht!

Donnerstag, 1.9.2011:

Heute fahre ich mit einem ganz mulmigen Gefühl nach Bonn. Ich gehe wie immer zur Station, will mir gerade Kittel und Handschuhe anziehen, als die Logopädin kommt und fragt, ob ich denn nicht Bescheid wisse?: Tanja sei verlegt worden. Der Schreck fährt mir in die Glieder! Ich denke an den gestrigen Tag. Was hat das jetzt zu bedeuten? Man hat Tanja aber "nur" auf eine "normale" Station verlegt, weil man das Intensiv-Bett für jemand noch Kränkeren benötigt.

Ich muss nun in ein anderes Gebäude, um auf die Station C4 zu kommen. Dort zeigt mir eine sehr nette Schwester Tanjas neues Zimmer. Und Tanja lacht sogar, als wir beide hereinkommen. Ich glaube, sie versteht mich. Dann ist sie allerdings wieder in sich gekehrt. Da ist wieder dieses komische Gefühl: Hoffentlich können wir uns bald mal richtig aussprechen!

34

Freitagabend, 2.9.2011:

Ich bin ganz alleine in Tanjas Wohnung – Rolf ist bei seiner Tochter in Bremen, die Kinder sind bei Freunden – ein wirklich komisches Gefühl. Ich sitze auf dem Balkon in einer sternenklaren und milden Nacht. So viele Gedanken gehen mir durch den Kopf. Wie soll das alles weitergehen?

Bei Tanja war es allerdings heute sehr schön: Meine Freundin Anna war zum ersten Mal mit in der Klinik. Es ist immer schlimm für Freunde und Verwandte, wenn sie Tanja zum ersten Mal nach ihrem schrecklichen Zusammenbruch besuchen – und auch für Tanja, wenn sie denn einigermaßen wach und klar ist!

Heute kommen wir also zu dritt auf die Station C4 – Clara ist auch dabei. Als der Aufzug aufgeht, sehen wir Tanja sofort: Sie sitzt – oder vielmehr sie hängt – in ihrem Rollstuhl vorne im Flur – mit mehreren Mitpatienten, die in einem ähnlichen Zustand wie Tanja sind. Das ist sicher nett gemeint, aber ich finde es furchtbar, Tanja so hilflos in diesem Rollstuhl zu sehen. Auch Anna muss heftig schlucken.

Die Haare sind auch schon wieder fettig – die werden heute aber mit "richtigem" Shampoo gewaschen. Clara macht das sehr gut und ich glaube, Tanja gefällt's auch und vor allem tut es ihr gut!

Als sie dann von den Schwestern wieder ins Bett gebracht wird, kommt noch mehr Besuch: Der sehr sympathische Mann stellt sich als katholischer Seelsorger der Rehaklinik vor. Und den strahlt meine Tochter förmlich an – da ist ein Funkeln in ihren Augen – sie flirtet geradezu mit ihm. Das hört sich zwar komisch an, aber sie ist wohl total angetan von dem auch wirklich gut aussehenden Mann – das kann man sehen: Sie lacht und strahlt. Wir sind alle begeistert! Ich bitte den netten Seelsorger, meine Tochter doch öfter zu besuchen, da er ihr anscheinend so gut tut.

Als wir auf den Parkplatz kommen, ist doch tatsächlich Tanjas Ehemann dort! Clara geht zu ihm und sagt ihm, wo und in welchem Zimmer Tanja jetzt liegt. Ob das gut ist für Tanja, wenn er bei ihr auftaucht? Keine Ahnung! Ist eh selten genug – vielleicht wäre es besser für sie, wenn er gar nicht mehr käme! Vielleicht tut es ihr aber auch gut!

Samstag, 3.9.2011:

So ist es wirklich ein ständiges Auf und Ab mit Tanja! Heute ist zur Abwechslung Ramon mit zu seiner Mutter gefahren. Er hat es tatsächlich geschafft, trotz Verschlafen und verpasstem Bus, fast pünktlich zu Hause zu sein. Er ist den ganzen Weg von seiner Freundin bis hierher gelaufen. Gut so, ich hätte ihn zwar auch abgeholt, aber das war ja nicht abgemacht.

Bei Tanja ist es dann so la-la. Sie liegt im Bett, als wir ins Zimmer kommen. Am Wochenende ist ja noch weniger Personal auf den Stationen: So können wohl nicht alle Patienten aus dem Bett geholt und auf den Flur geschoben werden. Ich finde es o.k. – mir gefällt das sowieso nicht, wenn sie so teilnahmslos in ihren Rollstühlen hängen.

Tanjas Reaktion ist heute auch sehr minimal – die meiste Zeit träumt sie mit offenen Augen. Von einer Schwester höre ich später, dass sie wohl schon Besuch von einer Arbeitskollegin hatte. Die ruft mich auch abends an und erzählt mir, dass Tanja mit sehr heftigem Weinen auf ihren Besuch reagiert hat. Das Erkennen war da, aber auch die Traurigkeit, weil sie eben so da lag, wie sie da lag! Aber schließlich hat sie doch überlebt. Und die Frühreha hat auch gerade erst angefangen. So liefen die Tränen bei beiden!

Tanja hat sich dann wieder beruhigt und wahrscheinlich ist sie jetzt einfach zu platt und zu müde! Ich darf da nicht so enttäuscht sein. Ich muss mir immer wieder vor Augen führen, dass sie so gut wie tot war – t o t – und jetzt so langsam wieder ins Leben zurückkommt.

Aber wie sieht sie das selbst? Wie war es im Koma? Wie war es in der anderen Welt? Wäre sie lieber dort geblieben, als in diesen Körper, in dieses Leben zurückzukommen? Aber es liegt nicht in unserer Macht, darüber zu entscheiden! Gott sei Dank brauche ich das nicht zu tun.

Als ich mit Ramon nach Hause komme, wartet Rolf schon. Ramon fährt wieder zu seiner Freundin und ich fahre mit Rolf nach Gladbach. Vorher halten wir noch an meiner alten Wohnung in Brück und laden ein paar Sachen ein. Langweilig wird mir im Moment wirklich nicht!

Es ist schön, etwas anderes zu sehen. Wir gehen zu Fuß zu Wolfgangs Freunden, spielen dort Doppelkopf und haben einen schönen und für mich sehr entspannten Abend.

Sonntag, 4.9.2011:

Am nächsten Morgen um elf Uhr sind wir aber wieder in Much. Ramon ist schon zu Hause und Clara holen wir bei ihrem Freund ab. Zu viert fahren wir dann zu Tanja. Heute sitzt sie wieder im Rolli auf dem Flur.

Zum ersten Mal gehen wir mit Tanja nach draußen. Es ist bestimmt toll für sie, die frische Luft zu spüren – die Sonne, den Wind! Denke ich jedenfalls! Vielleicht fühlt sie sich aber auch ganz unwohl. Sie kann es uns ja nicht sagen.

Tanja guckt viel hin und her! Ja, das kann sie jetzt – die Augen sind eigentlich immer offen! Wir reden mit ihr und ich glaube, sie bekommt viel mit. Nach einer guten Stunde bringen wir sie wieder nach oben. Die Schwestern legen sie zu zweit ins Bett. Nun ist sie aber auch ziemlich k.o. Ich hoffe so sehr, dass es Tanja bald besser geht, vor allem, dass sie wieder schlucken und essen kann!

Montag, 5.9.2011:

Heute haben wir Clara ins Sauerland in ihr Internat gebracht. Die Entscheidung für dieses Internat und eine Ausbildung dort brauchte ich nicht zu treffen. Das hatte Tanja schon im Frühjahr mit Clara und den Lehrern ihrer Schule erledigt. Gott sei Dank! Und Clara will das auch durchziehen. Max und Hanna sind bei Tanja in Bonn – und laut einem Telefongespräch mit meinem Sohn ist sie auch gut drauf. Mit Claras "Einschulung" klappt alles gut – wir sind zusammen auf der Einführungsveranstaltung und lernen dort den Schulleiter und ein paar der Betreuer kennen. Es sind auch noch andere Schülerinnen aus Claras ehemaliger Schule dort.

Drei Jahre war Clara in Olpe und ich denke, es war für sie eine gute Entscheidung. – Sie hat dort viel Positives erfahren und sich auch die meiste Zeit wohl gefühlt.

Ich bin nun erst mal mit Ramon alleine – Clara fehlt uns beiden, mit Ramon wird es immer schwieriger. Ich hätte mir sehr gewünscht, auch für ihn so eine Schule zu finden. Aber das war nicht möglich. So richten wir uns mit mehr oder weniger großen Streitereien und Versöhnungen in Much ein. Rolf ist natürlich auch oft da. Auch für ihn ist es nicht einfach. Immer wieder gibt es hässliche Szenen zwischen Ramon und mir bzw. zwischen Ramon und Rolf. Das ist so schade, es nimmt uns allen so viel Kraft.

Mittwoch, 7.9.2011:

Rolf kenne ich heute genau ein Jahr! Trotz allem feiern wir diesen Jahrestag ein bisschen. Wir hatten uns ja alles so viel anders vorgestellt! Aber das sind halt diese Schläge, mit denen man nicht rechnet.

Es ist so toll, dass ich diesen Mann kennengelernt habe, dass wir uns lieben und dass er zu mir, zu meinen Kindern und Enkelkindern steht – und es ist so schade, dass die Kinder das so selten sehen. Vielleicht ist es zu viel verlangt, bei dem was sie im Moment durchmachen müssen und was sie bisher schon erlebt und durchgemacht haben, aber wir hätten zusammen trotz allem eine Chance....

Jedenfalls gehen wir – wie im letzten Jahr – vom Kölner Hauptbahnhof aus in die Altstadt. Dort essen wir dann lecker bei Kai in der "Ständigen Vertretung" – auch wie im letzten Jahr. Und dann machen wir uns auf den Weg zur Hohenzollernbrücke. Hier befestigen wir ein Schloss am Brückengeländer – Rolf hat eins in Lila besorgt, und wie es Brauch ist, werfen wir den Schlüssel in den Rhein.

Donnerstag, 8.9.2011:

Als ich heute zu Tanja komme, ist ein junger Physiotherapeut bei ihr. Ich glaube, junge Männer tun es ihr im Moment an! Tanja strahlt diesen Mann an. Sie versteht ihn scheinbar auch und macht, was er sagt: Hand auf und zu, versuchen den Arm zu heben etc. – alles kleine Schritte, aber es sind welche!

Das Gespräch mit der betreuenden Oberärztin besagt allerdings eher das Gegenteil. Das lasse ich aber so überhaupt nicht stehen! Die meint doch tatsächlich, dass es bei Tanja überhaupt keine Fortschritte gebe! Wir sollten überlegen, was wir machen, wenn die Krankenkasse die Reha beendet. Und das werde bestimmt bald der Fall sein! Ich bin entsetzt und enttäuscht! Zumal es doch bisher – auch von Seiten der Ärzte – immer hieß, man müsse in so einem Fall wie bei Tanja unendlich viel Zeit und Geduld aufbringen. Wo ist die Zeit denn jetzt?

Ich widerspreche auch heftig und berichte von unseren Erfolgen: Wie Tanja mir mit Augen und Ohren folgt, wenn ich etwas erzähle.

Wie sie mit Weinen reagiert, je nachdem was ich ihr erzähle und wie sie auf die unterschiedlichen Besucher reagiert. Die Ärztin beruhigt mich dann wieder etwas: "Ich rede ja nicht von den nächsten zwei Tagen – aber ich muss Sie eben darauf vorbereiten. Was soll mit Ihrer Tochter geschehen, wenn sie aus der Rehe entlassen wird?"

Dabei habe ich doch in den Foren von Reha-Aufenthalten von einem halben Jahr, ja bis zu zwei Jahren gelesen. Die Ärztin erklärt mir, dass es sich dann meist um Menschen handele, die nach Unfällen gelähmt seien oder lange im Koma gelegen hätten oder eben um Prominente oder ganz junge Menschen! Was soll das denn? Jung ist Tanja mit ihren 39 ja wohl allemal, viel zu jung, um so da zu liegen! Zum Ende des Gesprächs meint die Frau Doktor dann aber, sie werde bei der Krankenkasse eine Verlängerung der Reha beantragen.

Tanja hat dann noch einmal Grund zum Strahlen: Der nette Herr Pfarrer, den sie so toll findet, kommt noch zu ihr rein. Die Reaktion ist eindeutig: Ein freudiges Lachen übers ganze Gesicht!

Montag, 12.9.2011:

Ja, so war es am Donnerstag! Doch alles wendet sich wieder. Heute ist Montag – und ich bin so richtig kaputt, ich hab irgendwie das Gefühl, ich kann nicht mehr! Ich habe solche Angst, dass die Ärztin vielleicht recht hat, dass Stillstand ist, dass es Tanja nicht mehr besser geht, dass sie selbst resigniert. Es zerreißt mich fast, wenn ich sehe, wie elend meine Tochter oft daliegt, wie sie weint, wenn – wie heute – meine Freundinnen mit mir zu Besuch kommen. Tanja ist so schlapp, so dünn!

Am Freitag – ich hatte nach etlichen Wochen meinen ersten Arbeitstag im Büro – war es auch richtig schlecht! Ramon hatte mich im Büro abgeholt und ist mit mir in die Klinik gefahren. Ich glaube, Tanja resigniert jetzt wirklich, denn sie reagiert gar nicht auf uns!

Am nächsten Tag kommen auch Clara, die ihren ersten Wochen-endbesuch zu Hause hat, mit in die Klinik und Tina, meine Schwägerin! Wir gehen mit Tanja nach draußen.

Aber ich glaube, es ist sehr anstrengend für sie. Denn die Prozedur mit Anziehen und in den Rolli setzen muss wiederholt werden, weil der Katheterschlauch abgegangen ist: Tanja ist total nass. Also alles wieder von vorn, bevor wir dann endlich raus können. Und Tanjas Haare sind auch wieder so fettig!

So versuchen wir später noch, die Haare zu waschen, allerdings nur mit mäßigem Erfolg, denn es wären wohl mehrere Wäschen nötig gewesen. Aber ich möchte doch, dass meine Tochter wenigstens sauber und frisch aussieht und nicht mit so strähnigen, fettigen Haaren im Bett liegt oder im Rollstuhl sitzt! Aber für sie ist vielleicht alles Quälerei, denn am Ende wirkt sie doch wieder ziemlich geschafft.

Gestern und heute ist es dann umgekehrt: Als wir kommen, guckt Tanja mit großen offenen Augen an die Decke, aber durch unsere Ansprache wird sie immer wacher. Rolf und ich lassen Tanja und Clara dann mal für eine halbe Stunde alleine. Später quatschen und lachen wir dann alle zusammen – auch Tanja!

Clara haben wir gestern Abend zum Bus nach Olpe gebracht – Ramon macht weiter seine Zicken! Im Moment entspannt sich leider gar nichts. Ich hab' das Gefühl, es wird immer schlimmer!

Dienstag, 13.9.2011:

Wird es auch! Bei Tanja verbessert sich meine Stimmung dann allerdings leicht. Die Logopädin ist bei ihr, als ich mit Ramon ins Zimmer komme. Tanja lächelt sogar ein wenig und wirkt ganz entspannt. Die Logopädin versucht, Zungen- und Schluckübungen mit ihr zu machen.

Von Ramons Lehrer hab ich dann später am Telefon gehört, dass er in den letzten beiden Tagen nicht im Unterricht war – dabei hatte ich ihn selbst morgens bis zur Schule mitgenommen, als ich zur Arbeit gefahren bin. Jedenfalls ist er heute wohl vor dem Unterricht mit zwei Schulkameraden wieder gegangen und die drei haben irgendwo einen nicht angemeldeten Motorroller entwendet und sind damit herumgefahren!

Oh nein, ich will solche Sachen nicht mehr! Natürlich muss ich mich darum kümmern, es ist ja sonst niemand da!

Mittwoch – Freitag, 14. – 16.9.2011:

Gespräche mit Ramon, Gespräche in der Schule mit Lehrern, mit dem Jugendamt. Es ist alles sehr kompliziert. So kann es nicht weitergehen!

Aber bis sich für Ramon etwas ändert, ist es noch ein weiter Weg!

Bei Tanja ist es eigentlich ganz gut heute. Durch die Therapien ist sie aber ziemlich kaputt, die Kommunikation steht nicht zum Besten. Aber sie sieht ganz gut aus! Wenn sie nur nicht so oft diesen starren Blick zur Decke hätte.

Ich bin auch müde und wünsche mir nur noch, dass Tanja wieder gesund wird und Ramon ein wenig einsichtiger und vernünftiger!

Tja, ich wünsche mir viel in dieser Zeit und die Hoffnung ist eigentlich auch immer da. Tanja ist in den letzten Tagen ziemlich ausgeglichen und auch relativ wach.

Aber mit Ramon geht gar nichts mehr. Ich muss das Jugendamt wieder einschalten, ich komme gar nicht mehr an ihn ran. So weh mir das auch alles tut, ich muss Ramon gehen lassen – ihm scheint das alles egal zu sein, jedenfalls äußerlich!

Wie es in Ramon wirklich aussieht, wird vielleicht viel später mal rauskommen. Ich lasse mich von Rolf telefonisch trösten und fahre dann zur Arbeit – ziemlich durcheinander und traurig!

Nach dem Besuch bei Tanja überlege ich, zu Rolf nach Gladbach zu fahren. Aber ich fahre dann doch nach Much – und dort wartet Rolf schon auf mich! Er weiß, wie schlimm das alles für mich ist und ist einfach nur da. Ich freue mich riesig darüber!

Am nächsten Tag fahre ich ganz normal zur Arbeit – dabei ist ja für mich gar nichts mehr normal! Meine Freundin Hanne begleitet mich später zu Tanja. Die reagiert wieder: mit Lachen und Weinen. Wir lassen sie in den Rolli setzen und gehen mit ihr spazieren. Leider ist es zu kühl, um draußen zu sitzen, so gehen wir in die Cafeteria und trinken dort einen Kaffee.

Wochenende, 17./18.9.2011:

Zu Hause erwartet mich Clara schon. Rolf hat sie vom Bus abgeholt. Wir versuchen, ihr schonend beizubringen, dass Ramon jetzt bei einer Pflegefamilie in Schladern wohnt. Aber Clara reagiert ziemlich gelassen. Sie ruft sofort dort an, um mit ihm zu sprechen.

Wir treffen Ramon dann am nächsten Tag bei Tanja in der Reha-Klinik. Wir reden ganz "normal" mit ihm. Nach dem Besuch nehme ich ihn mit dem Auto nach Siegburg zum Bahnhof mit. Für mich ist es ganz schlimm, ihn dort abzusetzen – aber was soll ich machen? Ich schwanke schon die ganze Woche immer hin und her zwischen Gewissensbissen, Mitleid und Wut auf Ramon. Das Ganze wäre wirklich nicht nötig gewesen.

Freitag, 23.9.2011:

Die Zeit vergeht. Auch die schwierigsten und schlimmsten Tage gehen irgendwie rum, meistens sogar sehr schnell – es ist schon wieder fast Mitternacht. Ich bin kaputt und müde und kann trotzdem nicht schlafen. Meine Gedanken sind bei Tanja, dann wieder bei Ramon.

Zwischendurch bin ich immer wieder bereit, ihn nach Hause zu holen, es noch einmal zu versuchen, denn ich habe schreckliche Angst, dass er total untergeht, weil ja keiner so richtig auf ihn achtet! Er ist doch erst 15! Mitten in der Pubertät und dann so ein Schicksalsschlag für den Jungen! Aber ich kann es nicht stemmen, ich schaffe es nicht!

Tanja geht's so einigermaßen. Sie hat ganz gute Stunden, vielleicht auch Tage, an denen sie richtig wach ist. Und dann sind da wieder solche, an denen sie total verwirrt scheint!

Im Forum hab ich aber gelesen, dass das bei Schlaganfall-Patienten ganz normal sein kann. Meine Schwester Petra und meine Freundin Hanne waren jedenfalls bei ihren Besuchen in dieser Woche ganz angetan von den Fortschritten, die Tanja gemacht hat.

Heute liegt sie im Bett, als ich komme. Ich würde gerne mit ihr rausgehen, da das Wetter so schön ist. Aber die Schwester sagt, Tanja sei total k.o. Sie habe im Rollstuhl stark geschwitzt und es sei zu viel für sie, wenn sie jetzt noch mal in den Rolli gesetzt werde.

Außerdem kommt jetzt noch die Logopädin zur Schlucktherapie. Das geht auch immer besser. Bald soll Tanja einen Sprechaufsatz auf die Kanüle bekommen. Damit soll sie wieder Töne hervorbringen - und atmen würde sie dann auch ganz anders, meint die Logopädin. Es geht wirklich alles voran, natürlich immer in ganz kleinen Schritten. Schon Tanjas Aussehen ist jetzt ganz anders - meistens sieht sie richtig gut aus.

Auch mein Sohn Max, der heute bei seiner Schwester war, ist ganz angetan. "Ich hab mit ihr geredet - hab ihr gesagt, wie lieb ich sie habe und dass das alles Scheiße sei, dass sie aber kämpfen muss, damit sie wieder gesund wird. Da hat sie heftig geweint".

Bei mir reagiert Tanja ähnlich, als ich ihr von Clara erzähle: dass die an diesem Wochenende nicht nach Hause kommt, sondern im Internat bleibt, dass es ihr aber dort gefällt und dass sie eine sehr gute Bewertung bekommen hat.

Es ist zwar sehr traurig, Tanja wieder weinen zu sehen – da laufen auch bei mir immer die Tränen – aber es ist auch toll zu sehen, dass sie uns versteht!

Heute fahre ich noch mal mit dem Zug nach Gladbach, wie früher so oft freitags, als die Welt noch in Ordnung war.

Es ist halb acht und es wird schon dunkel. Ich habe mein Fahrrad dabei, Rolf holt mich gleich mit dem Rad ab. Ich freue mich auf das Wochenende bei Rolf! Morgen werde ich nicht zu Tanja fahren, da eine frühere Kollegin sie besuchen möchte.

Sonntag, 25.9.2011:

Das Wochenende in Gladbach war sehr schön. Ich fühle mich dort sehr wohl. Nun bin ich wieder in Much – eigentlich soll das ja hier mein neues Zuhause werden, wegen der Kinder. Aber mir wird immer klarer, dass ich hier nicht hin gehöre – und ohne die Kinder schon gar nicht.

Von Tanjas Kollegin habe ich gestern Abend eine SMS bekommen: "Ich hatte zwei sehr schöne Stunden mit Tanja. Wir haben zusammen geweint und zusammen gelacht. Sie hat wirklich große Fortschritte gemacht – und jetzt sind wir beide ziemlich erschöpft."

Auch von Ramon hab ich eine SMS bekommen: Er will am Nachmittag zu seiner Mutter ins Krankenhaus fahren. Ich war dort so gegen 16.00 Uhr, aber von Ramon keine Spur! Am Abend dann nochmal eine SMS, dass er es nicht geschafft habe und morgen hin fahre.

Er schafft das im Moment alles nicht – wer weiß warum? Ich hoffe nur, dass Ramon bald eine Gruppe, einen Betreuer oder Menschen findet, zu denen er Vertrauen aufbauen kann – und natürlich umgekehrt auch, so dass er wieder in die Spur kommt und seinen Weg findet!

Das wird leider ein sehr langer und steiniger Weg für ihn und teilweise auch für uns werden – wie wir inzwischen wissen!

Bei Tanja ist es aber ganz gut – sie weint zwar zuerst, als sie mich sieht, aber nachher macht sie einen ganz zufriedenen Eindruck und sie lacht auch wieder!

Mittwoch, 28.9. – Claras 17. Geburtstag .... und der erste ohne ihre Mama:

Eigentlich ist ja schon Herbst, aber die ganze Zeit haben wir herrliche Spätsommertage. Meistens gehe ich mit Tanja raus in die Sonne. Es geht ihr eigentlich ganz gut, aber oft wirkt sie auch sehr verwirrt. Es ist schwer zu beschreiben, obwohl ich finde, dass sie im Großen und Ganzen gute Fortschritte macht.

Ja – meine Enkeltochter ist schon 17! Sie ist im Internat, ich habe ihr ein Päckchen geschickt. Wie es in diesem jungen Menschen aussieht, weiß ich auch nicht. Clara spricht so wenig darüber – tut, als ob alles in Ordnung sei.

Mit Tanja hab ich nicht über ihre Tochter gesprochen. Ich weiß ja auch nicht wirklich, was richtig oder gut für sie ist. Jedenfalls will ich sie nicht weinen sehen!

Heute ist die Reha-Verlängerung der Krankenkasse per Fax gekommen. Tanja kann jetzt vorerst noch bis zum 14. Oktober in Bonn bleiben. Ich werde auf jeden Fall darauf drängen, dass noch einmal eine Verlängerung beantragt wird. Denn wir wissen ja noch gar nicht, wie und wo es nach der Reha weitergehen kann und so gut gefördert wie hier in der Maßnahme wird sie wahrscheinlich woanders nicht. Hier gibt es ja sehr viele Therapie-Möglichkeiten – ob mit der Logopädin, mit den Ergo- oder den Physiotherapeuten. Die soll Tanja so lange wie möglich nutzen.

Ramon habe ich auch hier getroffen – aber es fällt ihm sichtlich schwer, seine Mutter in dem Zustand zu sehen. Vielleicht fehlt ihm ja auch Clara – leider spricht er nicht darüber – mit mir oder Rolf schon gar nicht.

Ich telefoniere fast jeden Tag wegen Ramon mit dem Jugendamt oder mit der Pflegefamilie, aber es geht nicht wirklich voran.

Freitag, 30.9.2011:

Der letzte Arbeitstag für mich, ab 1.10. gehe ich in den Vor-ruhestand. Das ist schon ein merkwürdiges Gefühl – nach mehr als 30 Jahren. Aber ich bin auch erleichtert, denn ich habe jetzt so viel anderes zu erledigen. In den letzten Tagen konnte mich kaum auf meine Arbeit konzentrieren. Aber der Chef und die Kollegen haben mir einen schönen Abschied bereitet.

Dienstag, 4.10.2011:

Versuche mir nun mein Leben ohne Arbeit, aber im Moment mit viel Stress und Autofahrerei zwischen Bonn, Mönchengladbach und Much einzurichten.

Tanja ist meistens gut drauf, wenn wir kommen. An den Wochenenden kommt Clara mit: Sie kümmert sich rührend um ihre Mutter. Auch Ramon ist schon mal da. Aber an den Werktagen bin ich meistens alleine oder mit Rolf bei ihr....

Tanja macht bei den Therapien mit so gut es geht. Be-wegungsmäßig ist halt alles sehr, sehr schwer. Sie verkrampft sehr stark und zittert oft am ganzen Körper.

Aber wir gehen regelmäßig raus, drehen eine Runde durch den Park – das Wetter ist in diesem Herbst besonders schön. Wir sitzen dann noch in der Sonne oder trinken einen Kaffee in der Cafeteria. Oft sitzt Tanja schon im Rollstuhl auf dem Flur, wenn wir kommen.

Freitag, 7.10.2011:

Heute liegt sie allerdings im Bett und darf nicht aufstehen. Bei Tanja hatte man am Vortag eine SPK-Anlage, einen Dauerkatheter durch die Bauchdecke, gelegt. Die Arme muss so viel über sich ergehen lassen. Aber sie macht das mit viel Geduld. Ich wünsche mir sehr, dass durch die Therapien bessere Erfolge erzielt werden.

Montag, 10.10.2011:

Das Wochenende haben wir mit Doppelkopf spielen und Kochen – Besuch von Rolfs Tochter mit Freund – verbracht. Dann der Besuch bei Tanja, der es wieder besser geht. Da das Wetter gut ist, können wir auch mit ihr spazieren gehen. Nun weiter nach Much – hier gibt es auch immer noch etwas zu tun.

Sonntag, 16.10.2011:

Ein ruhiges Herbstwochenende – dachte ich zunächst. Aber als wir gestern in Bonn ankamen, waren die Schwestern sehr besorgt um Tanja: Blut in der Blase, hieß es. Ich dachte an eine Blasenentzündung – aber die Schwestern verneinten dies. Man sei sehr besorgt! Was immer das hieß – ich bin es jetzt auch. Hab' große Angst um sie. Wieder hoffen und beten! Morgen früh wollen wir nach Istanbul fliegen – hoffentlich geht alles gut!

Diese Reise hatten wir schon im Frühjahr gebucht und nach

Rücksprache mit den Ärzten auch nicht abgesagt. Diese Auszeit würde uns gut tun! Hab' jetzt noch mal auf der Station angerufen: Es besteht n o c h keine akute Gefahr. Die Blutung muss zum Stillstand kommen – Macumar wurde schon abgesetzt!

Dabei war es in dieser Woche zunächst ganz gut. Ich hatte Tanja am Dienstag zusammen mit einer Schwester die Haare gewaschen und bin dann noch ein bisschen mit ihr im Haus rumgefahren. Nach draußen war mir zu gefährlich.

Eigentlich wollte ich mit meinen Schwestern unsere alljährliche "Sistertour" machen. Doch habe ich kurzfristig absagen müssen: Der Verlängerungsantrag für Tanjas Reha ist durch die Krankenkasse abgelehnt worden. Nun müssen wir Widerspruch einlegen. Die Stationsärztin wartet aber noch auf die schriftliche Ablehnung. Es wird viel telefoniert. Ein Hoffen und Bangen: Kann Tanja vielleicht doch noch bleiben oder muss sie verlegt werden. Wir hätten evtl. einen Platz in einer Intensiv-Wohngemeinschaft in Gladbach.

Nach dem Gespräch mit der Sozialarbeiterin der Reha-Klinik habe ich telefoniert und Termine gemacht. Wir sind in den letzten Tagen und Wochen viel herum gefahren, haben uns einige Heimplätze rund um Gladbach angeguckt und uns dann für diese Einrichtung entschieden. In unseren Augen ist das wirklich die beste, die wir gesehen haben – und dazu noch für uns bezahlbar. Aber auch hier ist noch kein Platz frei....

Natürlich habe ich auch darüber nachgedacht, ob ich meine Tochter überhaupt in ein Heim geben kann. Muss ich sie nicht nach Hause holen? Aber wie sollte das gehen? Ich selbst habe ja gar nicht die Möglichkeit. Ich wohne bei Rolf. Der tut alles für mich, aber dass ich Tanja mit in seine Wohnung nehme, ist schon platzmäßig gar nicht möglich. Unabhängig davon haben mir die Ärzte und auch die Sozialarbeiterin geraten, Tanja in einer Pflege-Einrichtung unterzubringen. Zu Hause könnten wir die Pflege, die sie braucht, unmöglich leisten, auch nicht mit einem ambulanten Pflegedienst.

Im Moment hoffe ich aber nur, dass die Blutung gestoppt wird und dass es durch das Absetzen vom Macumar keine Embolien oder Infarkte gibt.

Meine Schwestern sind in diesem Jahr alle nicht gefahren: Meine krebskranke Schwester Gerda hatte eine schlimme Entzündung im Fuß, die sofort stationär mit Antibiotika behandelt werden musste – so konnte sie auch auf keinen Fall mitfahren!

Gerda geht's aber wieder besser. Rolf und ich waren gestern bei ihr, haben einen Piccolo mitgenommen und zusammen getrunken, dann weiter zu Tanja:

Ich habe mir gar nicht so viel dabei gedacht, als ich von der Blutung hörte, aber nach dem Gespräch mit dem Stationsarzt mache ich mir doch sehr große Sorgen. Ich bete, dass die Blutung gestoppt wird und dass es Tanja bald wieder besser und dann wieder aufwärts geht: Es kann doch nicht sein, dass sich meine Tochter drei Monate lang zurück ins Leben gekämpft hat und dass jetzt so eine blöde Blutung nicht zu stoppen ist. Ich darf gar nicht daran denken: Es wäre soooo furchtbar – gar nicht auszudenken.... auch für die Kinder.... so schrecklich.

Ramon ist doch jetzt gut untergebracht – in einer Jugendeinrichtung bei Moers. Heute Nachmittag war ich bei ihm und hab ihm seine Sachen gebracht. Es war sogar eine Unterhaltung mit ihm möglich. Auch mit der Erzieherin hab ich lange gesprochen: Sie sieht Ramon positiv und denkt, dass alles gut gehen kann!

Mittwoch, 19.10.2011 – Istanbul:

Alles ist gut!! Die Blutung ist gestoppt – Tanja geht's wieder besser! Gestern war Hanna bei ihr und meine Schwester Petra. Dem Widerspruch wurde auch stattgegeben: Die erneute Verlängerung ist durch. Tanja kann noch bis zum 4. November in Bonn bleiben; und wir können unseren Urlaub genießen – so gut es geht!!

Freitag, 28.10.2011 – Alanya:

Es ist ein sehr schöner Urlaub, uns geht's gut, aber ich bin auch immer ein wenig unruhig. So ganz abschalten kann ich doch nicht – ein bisschen meldet sich immer mein "schlechtes Gewissen", wenn ich an Tanja und die Kinder denke, auch wenn ich weiß, dass das Quatsch ist und dass es richtig war, zu fahren!

Gestern hat Clara spät am Abend – wir schliefen schon – weinend angerufen: Weil ich nach Gladbach gezogen sei, müsse sie jetzt aus Olpe weg, da Gladbach nicht mehr in diesen Förderbereich gehöre. Ich konnte sie nur schwer beruhigen. Der Betreuer schaffte das dann wohl später, als ich dem versicherte, dass es bestimmt noch die Möglichkeiten gebe, Claras Wohnsitz entweder bei Max in Köln oder bei Petra im Oberbergischen anzumelden.

Das war aber alles nicht nötig, die Stadt MG hat sich dann doch sehr einvernehmlich gezeigt ....

Auch von Ramon haben wir in der Türkei telefonisch gehört: Es gehe ihm gut und er wollte mit seinem Betreuer am nächsten Tag zu Tanja fahren. Meine Freundinnen und meine Schwestern schickten jeweils eine SMS nach ihren Besuchen bei Tanja.

Tanja schluckt inzwischen ganz gut, aber ansonsten hat sich wohl nicht viel getan. Ich freue mich, wenn ich sie am Montag wieder mit eigenen Augen sehe und in die Arme schließen kann. Das fehlt mir schon.... und ich hoffe, dass es vielleicht noch weitere Fortschritte gibt.

Jetzt gehen Rolf und ich erst mal auf die Dachterrasse – von dort aus gibt es die tollsten Sonnenuntergänge zu sehen!

Dann noch ein Anruf von Ramon an unserem letzten Abend: Er ist ziemlich aufgeregt und fragt, ob ich schon von Tanja gehört hätte. Ich bekomme einen gehörigen Schrecken, aber dann sagt er: "Mama hat gesprochen"..... Olaf sei in der Klinik gewesen und sie habe wirklich gesprochen – er hatte Ramon angerufen. "Wahrscheinlich mit dem Sprechaufsatz", denke ich, "und das ist dann ein ganz großer Fortschritt."

Montag, 31.10.2011:

Wieder zu Hause – am Morgen um 9 Uhr 20 landet der Flieger in Düsseldorf. Am Nachmittag sind wir bei Tanja. Es ist schön, sie endlich wiederzusehen. Es scheint Tanja ganz gut zu gehen, sie sieht gut aus, sie lacht und freut sich! Toll! Hören können wir allerdings nichts – keinen Ton!

Abends sind wir beim alljährlichen Familientreffen bei meiner Schwester und ihrer Freundin im Oberbergischen in der Grillkota – vorher auf dem Friedhof!

Dienstag, 1.11.2011 – Allerheiligen:

Übernachtet haben wir in Much – dann nach dem Frühstück wieder zu Tanja. Das Wetter ist superschön. Wir gehen mit Tanja nach draußen. Es ist immer noch sehr beschwerlich, sie in den Rollstuhl zu setzen. Aber wir müssen ja die kleinen Schritte sehen – und die sind eindeutig da. Ich wasche Tanja noch die Haare, sie ist guter Dinge.

Dann fahren wir nach Gladbach – und besuchen die Pflegestation in dem Haus, wo Tanja ab Freitag wohnen und leben soll. Wir haben ihren Rollstuhl dabei. Den geben wir auf der Station ab, da der Krankenwagen, der Tanja nach Gladbach bringen soll, keine Rollstühle mitnimmt.

Ja, es ist sehr schön hier: die Flure, die Aufenthaltsräume, ihr Zimmer – alles ist hell und freundlich. Ich denke, wir haben das Richtige für Tanja ausgesucht.

Rolf hat inzwischen seinen Mietern oben im Haus gekündigt. Er ist wirklich ein Schatz. So haben wir Platz genug. Ich kann noch einen Teil meiner und Tanjas Möbel unterbringen und vor allem Tanjas Kinder hätten jeweils ihr eigenes Reich, falls alles klappt und sie auch zu uns kommen.

Mittwoch, 2.11.2011:

Zu Hause gibt's natürlich allerhand zu tun, vor allem mit der Wäsche, aber ich fahre trotzdem am Nachmittag nach Bonn zu Tanja. Hier wird mir dann mitgeteilt, dass sie schon am Donnerstag statt Freitag verlegt werden soll. Ich fahre noch schnell zu einem Supermarkt, besorge allerlei Süßes als "Dankeschön" für die Station. Zum Abschied trinken wir zusammen mit dem netten Pflegeteam an Tanjas Bett noch einen Schluck Sekt.

Neue Umgebung

Donnerstag, 3.11.2011:

Tanja ist jetzt hier in Gladbach. Sie ist gut angekommen und ich habe ein gutes Gefühl, was ihre Unterbringung in dieser Intensiv-Pflege-WG betrifft.

Sie ist heute Morgen schon um neun Uhr von Bonn weggefahren – lachend – wie mir Schwester Nadja am Telefon sagte!

Als ich gegen elf Uhr in Tanjas Wohngemeinschaft ankomme, ist sie seit zehn Minuten dort und macht einen ganz zufriedenen Eindruck. Der Fernseher läuft – seit dem 7. Juli das erste Mal für Tanja.

Schwester E. ist sehr nett – später kommt dann noch Schwester S., die ich schon kennengelernt habe, als wir den Rollstuhl gebracht haben. Auch Dr. H., den neuen Hausarzt meiner Tochter, kenne ich schon. Jetzt untersucht er Tanja kurz und will natürlich auch wissen, wie alles passiert ist. Tanja nimmt an allem teil – sie weint des Öfteren bei meinen Ausführungen.

Dr. H. hat seine Praxis hier im Haus, genauso wie die Physiotherapeuten, die Tanja jetzt betreuen werden. Ich glaube, Tanja fühlt sich ganz wohl in ihrer neuen Umgebung.

Ich fahre noch in den Siegkreis – hier habe ich ein Gespräch bei dem für die Kinder zuständigen Jugendamt: mit Clara und ihren Betreuern aus Olpe. Es war nicht ganz einfach – aber Clara und ich versöhnen uns nach dem schlimmen Krach, den wir vor kurzem hatten. Sie wird jetzt alle zwei Wochen zu uns kommen und bis zum Auszug der Mieter Ende Dezember dann bei uns auf der Couch schlafen. Mir fällt ein Stein vom Herzen: So kann sie ihre Mutter besuchen und vielleicht klappt das so ja auch bald mit Ramon!

Freitag, 4.11.2011:

Es ist Nachmittag. Das Wetter ist noch herrlich. Ich bin bei Tanja und möchte gerne mit ihr spazieren gehen. Aber die diensthabenden Schwestern wollen Tanja nicht aus dem Bett holen: Sie soll erst einmal in Ruhe in ihrer neuen Umgebung "ankommen". Nun gut – dann nicht! Ich muss allerdings auch sagen, dass Tanja sich anscheinend momentan im Bett sehr wohl fühlt. So ist es für sie halt am wenigsten anstrengend.... und wenn dann noch Witze darüber gemacht werden, lacht und strahlt sie!

Sonntag, 6.11.2011:

Clara war zu ihrem ersten Wochenend-Besuch bei uns. Sie ist Freitagabend gekommen. Am Samstag bin ich mit ihr zu Tanja gefahren. Der ging es ganz gut. Clara ist noch länger bei ihrer Mutter geblieben. Am Sonntag sind wir dann zu fünft bei Tanja. Tom ist da – er hat Ramon mitgebracht, der bis 17.00 Uhr Ausgang hat und sich anscheinend in seiner neuen Umgebung ganz wohl fühlt. Auch er ist sehr froh, seine Mutter wiederzusehen – und die erst, ihren Sohn zu sehen.

Überhaupt ist es sehr emotional. Clara ist mit Tanja schon nach draußen gegangen. Ich hatte vorher auf der Station Bescheid gesagt und gebeten, dass man Tanja anziehen und in den Rollstuhl setzen solle. Das Wetter ist immer noch wunderschön: Sonnenschein und fast 20 Grad warm – und das im November! Die frische Luft wird Tanja gut tun!

So wirklich kann sie das aber nicht genießen. Sie freut sich zwar über den Besuch ihrer Kinder und ihres Bruders, das kann man sehen, aber sie weint auch sehr viel – und im Rollstuhl fühlt sie sich anscheinend nicht wohl. Sie kann den Kopf nicht halten – die Stirn muss mit einem Band fixiert werden, das an dem verlängerten Kopfteil befestigt wird. Für Tanja kann das nicht sehr gemütlich sein. Deshalb bleiben wir nicht so lange draußen, vielleicht eine halbe Stunde, dann gehen wir wieder rein. Tom und Ramon müssen auch schon bald wieder fahren. Ich glaube, Tanja ist ziemlich fertig und froh, als sie dann im Bett liegt.

Und ich ärgere mich, weil die Schwestern Tanja nicht richtig angezogen haben: Sie trug keine Schuhe und die Jacke war nicht zugeknöpft. Das kann ich nicht verstehen! Tom hat ihr seine Fleecejacke umgelegt, damit sie nicht friert. Ich sage aber nichts – schließlich ist Tanja ja gerade erst hier angekommen, ein neuer Abschnitt fängt für sie an – und für mich auch. Das nächste Mal werde ich darauf achten.

November 2011:

So langsam lebe ich mich in meiner neuen Umgebung ein – es ist alles o.k. Ich fühle mich trotz allem wohl – und ich hoffe, dass es Tanja genauso geht, falls das überhaupt möglich ist! Im Moment ist für mich noch alles sehr viel.

Ich besuche Tanja in dieser Zeit jeden Tag – manchmal kommt Rolf mit. Jedes zweite Wochenende ist Clara da, und Ramon kommt auch ab und zu. Ich glaube, Tanja ist in dem Haus gut aufgehoben. Sie fühlt sich sichtlich wohl. Mit der Pflege bin ich sehr zufrieden. Wenn es nach draußen geht, ist Tanja jetzt auch immer entsprechend angezogen!

Dann kommen regelmäßig die Therapeuten. Am ersten Montag stellt Til, der Logopäde, sich vor: Er will versuchen, zweimal in der Woche mit Tanja zu üben. Auch die Krankengymnastin war schon da. So geht es zwar langsam weiter, aber es geht weiter.

Bei mir kehrt so allmählich der Alltag ein – es ist schon toll, nicht mehr arbeiten zu müssen. Wobei ich überhaupt nicht weiß, wie ich das hätte machen sollen, bei dem was alles noch geregelt werden muss.

Immer wieder versuche ich, mich in meine Tochter hinein zu versetzen. Wie geht es ihr wirklich? Kann sie das alles nachvollziehen, was passiert ist? Ich glaube zwar, dass Tanja dort in der Intensiv-Wohngemeinschaft gut aufgehoben ist, aber sagen kann sie mir nichts dazu. Allerdings haben wir den Eindruck, dass sie sich wohlfühlt.

Ich fahre ziemlich viel durch die Gegend in dieser Zeit, manchmal alleine, oft fährt auch Rolf mit: In Brück sind noch Sachen von mir im Keller, von denen ich immer etwas ins Auto lade, wenn noch Platz ist. Denn in Much muss ich auch aussortieren: Alles kann ich nicht mitnehmen. Wir müssen unbedingt einen Sperrmülltermin machen. Was soll mit dem ganzen Hausstand geschehen?

Wir sortieren aus. Vielleicht können die Kinder ja irgendwann mal Töpfe, Geschirr etc. gebrauchen. Die besten Sachen packen wir erst mal in Umzugskisten. Muss dann eben zu uns in den Keller. Alles können wir nicht mitnehmen. Von einigem müssen wir uns trennen. Es ist schlimm für mich: Das ist der Hausstand meiner Tochter! Hier hat sie gelebt.

Auch Clara hilft an einem ihrer "Heim-Wochenenden" mit. Sie ist dabei erstaunlich gefasst. Denn eigentlich wollen die Kinder ja hier nicht weg. Aber was hätte ich machen sollen? Die Entscheidung war in dem Moment gefallen, als mir klar wurde, dass ich, dass wir die Kinder (hauptsächlich Ramon) nicht so erziehen und begleiten können, wie sie es brauchen, dass ich in der Situation total überfordert war.

Heute wohnen wir alle in Gladbach! Auch die Kinder scheinen ganz zufrieden zu sein, nachdem sie sich damit abgefunden hatten, ihre gewohnte Umgebung zu verlassen. Clara und Ramon wohnen jetzt zusammen in einer Wohnung!

Erst im letzten Jahr, als ich in die Wohngemeinschaft nach Brück gezogen bin, musste ich meinen Hausstand aussortieren. Aber da war es mein Haushalt, jetzt ist es der meiner Tochter! Zum Ende des Jahres muss alles raus sein. Und dann sind da noch Tanjas Schuhe, ihre gesamte Kleidung! Wird sie die Sachen jemals wieder tragen können? Im Moment trägt Tanja nur bequeme Kleidung: weite T-Shirts, ganz weite Pullover und Jacken, die man knöpfen kann; denn sie kommt nur schwer in ihre Kleidung, weil sie ihre Arme kaum strecken kann. Daran arbeiten die Physiotherapeuten mit ihr.

Ich verbinde die "Räumarbeiten" oft mit kurzen Besuchen bei meiner Schwester Petra oder bei meiner Freundin Anna.

Dann gibt es ja auch noch unsere Doppelkopfrunden – allerdings werden wir die wohl nicht mehr lange aufrechterhalten können. Es ist einfach zu viel Fahrerei für mich – und wegen Doppelkopfspielen aus dem Oberbergischen nach Gladbach fahren, davon halten meine Freundinnen recht wenig, was ja auch verständlich ist!

Ungefähr zwei Wochen, nachdem Tanja hier angekommen ist, habe ich in der Einrichtung einen Termin mit der zuständigen Sachbearbeiterin der Krankenkasse. Sie möchte Tanja kennenlernen und sehen, wie es ihr geht. Wir füllen gemeinsam alle möglichen Anträge aus, damit Tanjas Versorgung gesichert ist und die Bezahlung aus dem Pflegebudget der Krankenkasse läuft. Mit ihrer Unterstützung ist das alles ganz problemlos. Einen Schwerbehindertenausweis beantragen wir auch.

Die Dame bestätigt mir dann auch, wie toll Tanja untergebracht ist und dass es hier wirklich optimal für sie ist, auch wegen des Hausarztes, der im Haus seine Praxis hat und der sich dafür einsetzt, dass sie alle nur möglichen Therapien bekommt. Das ist ein sehr gutes Gefühl für mich!

Vom Wetter her ist der November in diesem Jahr total schön. Man könnte denken, es sei noch Spätsommer, wenn nicht schon alles kahl wäre. Ich bin fast jeden Tag bei Tanja. Sie wird dann in Decken gepackt, und es geht nach draußen. Auch wenn es immer ein Kraftakt ist, sie in den Rolli zu setzen. Den müssen zwei Pflegekräfte auf sich nehmen, da Tanja überhaupt nicht mithelfen kann. Und wenn manchmal niemand da ist (weil alle beschäftigt sind) – was nur sehr selten vorkommt – dann kann meine Tochter ziemlich schadenfroh grinsen, weil sie im Bett bleiben kann und nicht in den Rollstuhl muss.

Clara kommt nun jedes zweite Wochenende; und es ist gar nicht schlimm, dass wir dann ein wenig beengt wohnen und sie neben unserem Bett auf der Couch schlafen muss. Sie kommt am Freitagabend mit der Bahn, ich hole sie vom Bahnhof ab und am nächsten Tag fahren wir zusammen zu ihrer Mama. Wir merken, dass Tanja sich besonders freut, wenn ihre Tochter kommt, auch wenn es jedes Mal herzzerreißend ist, weil die Tränenfließen.

Clara fallen die Fortschritte ihrer Mutter besonders auf, vor allem in der Kommunikation – wenn auch noch ohne Sprache. Aber Tanja versteht unsere Fragen und antwortet mit "Ja" – Niederschlagen der Augenlider – oder mit "Nein" – Kopfschütteln. Das klappt zwar nicht immer, aber immer öfter!

Am Sonntagabend fährt Clara wieder zurück. Von Tanjas WG bis zum Bahnhof sind es fünf Minuten zu Fuß, so dass sie am Sonntagnachmittag fast immer bei ihrer Mutter ist. Oft kommt auch Ramon, der dann meistens von einem Betreuer seiner Wohngruppe gebracht wird. Dort muss alles abgesprochen werden, aber momentan scheint es mit Ramon gut zu laufen – und Tanja ist glücklich, wenn sie ihre Kinder um sich hat.

Samstag/Sonntag, 19./20.11.2011:

An diesem Wochenende kommt Clara nicht nach Gladbach, dafür ist aber Max da, mit Carlo, Tanjas Hund. Ist das eine Begrüßung und Wiedersehensfreude! Und geweint wird diesmal auch nur ganz kurz. Max ist begeistert vom Aussehen seiner Schwester, über die Fortschritte, die deutlich erkennbar sind, von ihrem Zimmer und dass sie hier so gut untergebracht ist.

Leider ist es am nächsten Tag ganz anders: Tanja geht es gar nicht gut, sie weint viel und krampft sich immer wieder zusammen. Sie scheint heftige Bauchschmerzen zu haben. Durchfall plagt sie wohl schon ein paar Tage, wie mir eine Schwester sagt. Es sind schon Stuhlproben eingeschickt worden. Nach meinem Anruf am Abend bin ich wieder etwas beruhigt: Die Krämpfe haben nachgelassen und jetzt schläft sie.

Montag, 21.11.2011:

Til, der Logopäde ist bei Tanja, als ich komme. Sie ist aus dem Bett geholt worden und sitzt im Rolli mit Til im Aufenthaltsraum. Heute hat der Arzt "Grünes Licht" für Essen und Trinken gegeben! Das heißt, Til schiebt mit einem kleinen Löffel ein wenig Joghurt in Tanjas Mund – und sie schluckt den Joghurt herunter. Die ganze Prozedur wird ein paarmal wiederholt, mit Erfolg. Til ist zufrieden! Das geht schon ganz gut. Bei Flüssigkeit ist es schon schwieriger. Tanja soll sich möglichst nicht verschlucken.

Sie hat ja immer noch das Tracheostoma, das ist eine Öffnung in Tanjas Hals, in der eine Kanüle steckt, durch die sie atmet. So werden Aspirationen verhindert, durch die Infektionen in der Lunge entstehen könnten. Regelmäßig wird Tanja durch diese Kanüle abgesaugt und so vom Schleim, der in Kanüle und Luftröhre steckt, befreit. Auf die Kanüle kann man auch einen Sprechaufsatz setzen, bei dem sich ein Ventil schließt, so dass die Atemluft dann die Stimmbänder passiert und so Töne entstehen könnten. Ich kann das leider nur ziemlich laienhaft beschreiben.

Jedenfalls macht Til immer abwechselnd Stimm- und Schluckübungen - je nachdem wie fit Tanja ist. Für sie ist das alles sehr
anstrengend und die Töne, die ab und zu kommen, sind noch sehr
leise: Meistens hört es sich an wie ein a- oder o-ähnliches Knurren.
Aber es ist etwas!

An diesem Montag scheint mal wieder die Sonne und wir gehen
eine Runde im Theaterpark spazieren. Tanja hält heute den Kopf
sehr gut. Sie macht diese Sparziergänge ja nicht so gerne, aber
heute scheint es ihr zu gefallen.

Mir ist vorher noch ein blödes Missgeschick passiert: Hab' ich
doch beim Einparken an Rolfs Auto die ganze Seite zerkratzt, und
nicht nur das: Türe und Kotflügel sind ordentlich eingedrückt.
Schuld war ein alter VW-Bulli mit einer sehr stabilen Eisen-Stoß-
stange! Es war, als ob diese Stoßstange sich einen halben Meter auf
die Straße gedehnt hätte! Und an der ist gar nichts zu sehen! "Das
ist noch Qualität", hätte mein Vater gesagt! Wie soll ich das Rolf nur
beibringen?

Mir ist gar nicht gut! Zu Hause sag' ich erst mal nichts, aber
mein Schatz merkt wohl, dass etwas nicht stimmt – und nach
mehrmaligem Nachfragen, was denn los sei, muss ich natürlich
beichten, was geschehen ist. Begeistert ist er nicht gerade, aber es
gibt Schlimmeres.... Nun ist nur noch etwas mehr zu erledigen!
Aber ich habe ja einen Bruder, der eine Autowerkstatt besitzt - und
so ist alles halb so schlimm!

Donnerstag, 24.11.2011:

Heute habe ich ein langes Telefongespräch mit Ramons Betreuer. Der ist immer noch ziemlich entsetzt, weil Ramon in der
letzten Woche in eine Prügelei geraten und dabei wohl sehr
gedemütigt und verbal verletzt worden ist. Eine Therapie sei
dringend angebracht, meint René, auch damit der Junge alles was

mit seiner Mutter passiert ist, aufarbeiten könne, ebenso wie sein eigenes Verhalten. Aber das muss Ramon auch wollen und offen dafür sein. Es ist alles so verdammt schwierig! Ich wünschte, ich könnte mehr tun!

So ist es im Moment ein ständiges Auf und Ab, bei mir und auch bei meiner Tochter. Mal strahlt Tanja förmlich, wenn wir kommen und lässt sich dann auch ganz schnell zu einem Spaziergang überreden. Aber am nächsten Tag kann es sein, dass sie wieder unendlich traurig ist, viel weint und nicht aus dem Bett will.

Das Schlucken klappt jetzt schon ganz prima, auch das Trinken mit Strohhalm wird immer besser – nur die Stimme kommt noch ziemlich schlecht. Til meint, das liege an der Kanüle. Wahrscheinlich kann Tanja erst die Stimmübungen besser machen, wenn die Kanüle entfernt ist. Das ist allerdings ein Schritt, den der Arzt entscheiden muss. Dafür darf Tanja jetzt schon weiche Speisen, wie Pudding oder Joghurt essen. Die darf ich ihr sogar anreichen; und das mache ich jetzt auch fast jeden Mittag.

Das Anziehen und in den Rolli setzen ist jedes Mal eine richtige Tortur. Manchmal weint Tanja heftig. Dann tut sie mir so schrecklich leid. Es ist doch wirklich schlimm, wenn man so abhängig von anderen ist und gar nichts kann! Einfach alles geschehen lassen muss! Zur Belohnung gehen wir oft in ein Café und Tanja darf dann mit am Milchschaum schlecken oder ein wenig Eis essen. Dann geht's ihr auch wieder etwas besser.

Mittwoch, 30.11.2011:

Heute wäre der 61. Geburtstag meines verstorbenen Mannes gewesen. Da ich ja nun in Gladbach wohne, bin ich zum ersten Mal an diesem Tag nicht an seinem Grab. Das macht mich schon traurig. Ich denke viel an Micha heute. Und auch mit Tanja spreche ich über ihren Vater. Nach draußen möchte sie heute nicht, trotz des schönen

Wetters. Aber wir setzen Tanja ziemlich aufrecht ins Bett und sie versucht, den Kopf gerade zu halten, ohne ihn anzulehnen. Das fällt ihr sehr schwer.

Til kommt herein, und bei den Übungen mit dem Sprechaufsatz kommt Tanja ein richtig lautes "Mama" über die Lippen.... und "Papa" – laut und deutlich! Super! Als Til dann weg ist, versucht sie es weiter mit dem Sprechen, aber sie flüstert nur noch, wenn sie "Mama" versucht. Und dann weint sie heftig, vor allem, als ich von ihrem Vater spreche.

Weihnachtszeit

Samstag, 3.12.2011:

Die Adventszeit hat in diesem Jahr schon im November begonnen. Morgen ist schon der 2. Advent. Ich habe Tanjas Zimmer ein bisschen weihnachtlich geschmückt! Eine komische Zeit ist das für mich in diesem Jahr – irgendwie unrealistisch. Gut, dass ich nicht arbeiten muss, so kann ich mich wenigstens intensiv um Tanja kümmern. Ich habe die Hoffnung, dass sie irgendwann wieder ein Leben mit mehr Lebensqualität führen kann, dass es weiter bergauf geht.

Es ist ja schon toll, zu sehen, wie sehr sie sich darüber freut, dass sie wieder etwas essen kann, und wie es ihr schmeckt! Clara hat ihrer Mama Babykost geholt. Die Gläschen isst sie mit Begeisterung leer. Außer Clara, Rolf und mir sind am Nachmittag noch meine Schwestern Petra und Christa bei Tanja.

Der viele Besuch hat sie doch ziemlich geschafft, so dass sie am nächsten Tag richtig lange schläft und erst gegen Mittag fertig gemacht wird.

Ansonsten übt Tanja fleißig sprechen: "Hallo, Mama, Papa, Clara, Ramon, Rolf, Max, Tom", das kann sie alles schon sagen, wenn auch sehr leise. Aber ich denke, ihr Wortschatz wird noch größer und die Stimme wird auch lauter werden.

Montag, 5.12.2011:

Nun ist es doch kalt geworden... und stürmisch – die ersten Schneeflocken fallen, sogar hier im Flachland.

Für Tanja habe ich nun einen Rentenantrag gestellt, und mit Dr. H. zusammen einen Antrag für eine weitere Reha. Tanja erholt sich ja ziemlich gut, die Therapien zeigen relativ gute Ergebnisse, die weiter gefördert werden müssen. Dr. H. geht mit mir zusammen zu Tanja. Sie begrüßt uns mit "Hallo" und versucht sogar, Sätze zu bilden. Es fällt ihr nicht leicht, aber es geht. Til kommt noch dazu. Auch er ist ganz angetan von Tanjas "Redefluss"!

Mittwoch, 7.12.2011:

Heute ist mein Sohn Tom mit selbst gebackenen Plätzchen bei Tanja. Es macht Freude zu sehen, wie sie sich freut, wie gerne Tanja jetzt isst und wie es ihr schmeckt. Allerdings darf sie nur Pudding, Joghurt, Babynahrung oder pürierte Kost essen. Auf die Plätzchen muss sie noch verzichten! Wir sind trotzdem glücklich und hoffen, dass es so weitergeht.

In meiner "alten Heimat" bin ich dieser Woche auch mal wieder, sogar mit Übernachtung: Rolfs Auto ist fertig repariert und sieht wieder aus wie neu! Ich hole es bei meinem Bruder in der Werkstatt ab und dann geht's weiter zu Anna. Wir spielen endlich mal wieder Doppelkopf. Da hab' ich mich so sehr drauf gefreut. Wir haben viel zu erzählen und alle freuen sich, dass es mit Tanja weiter bergauf geht.

Am nächsten Tag bin ich noch mal in Tanjas Wohnung. Es gibt immer noch einiges zu packen und auszuräumen. Außerdem stehen noch ein Besuch beim Frisör und natürlich an Michas Grab auf dem Tagesprogramm! Und am Abend ist Weihnachtsfeier von meinem "Elternkreis drogenabhängiger Söhne und Töchter". Es ist schön, auch diese lieben Menschen alle wiederzusehen. Aber das ist eine andere Geschichte - vielleicht schreibe ich ja noch ein Buch!

Ich bin dann froh, als ich um Mitternacht wieder zu Hause bin - ja, zu Hause in Gladbach!!

Wochenende, 17./18.12.2011:

Gestern habe ich mich mit meinen Freundinnen Anna und Fine bei Tanja getroffen. Die freut sich sehr über den Besuch, allerdings hat sie ganz rote Augen vom Weinen als ich komme. Wir trinken im Aufenthaltsraum zusammen Kaffee.

Das letzte Mal haben die beiden Tanja in Bonn in der Reha gesehen, als ich mit Rolf in Urlaub in der Türkei war. Sie sind ganz angetan von ihrem Aussehen und von den Fortschritten, die Tanja gemacht hat. Es geht ihr wirklich ganz gut – soweit man das in dem Zustand sagen kann.... aber wenn ich noch an die Zeit vor zwei, drei Monaten denke....

Es hat geschneit – draußen sieht es richtig toll aus. Wir haben einen Weihnachtsbaum auf die Terrasse gestellt, den wir mit einer Lichterkette schmücken. Wie schön! Ich bin begeistert.

Rolf und ich ziehen uns warm an und machen uns auf den Weg zu Tanja. Die Sonne scheint, und der Schnee taut so langsam weg, schade! Wir ziehen Tanja an und sind dann zwei Stunden mit ihr draußen: Durch den Theaterpark spazieren wir, in der Galerie wärmen wir uns auf und es gibt ein Eis – und dann gehen wir noch auf den kleinen gemütlichen Weihnachtsmarkt. Glühwein für Rolf und mich und für Tanja gibt's einen Kinderpunsch. Ja, sie kann jetzt mit dem Strohhalm schon ganz gut trinken. Es schmeckt ihr – die Augen strahlen! Rolf kauft ihr noch eine Lakritzschlange, an der sie mit Appetit lutscht.

Zu Hause haben wir es uns gerade gemütlich gemacht, als das Telefon klingelt: Schwester E. ist am Apparat: "Ich war gerade bei Ihrer Tochter und ich habe etwas Schlimmes entdeckt!" Genau das sind ihre Worte. Ich fange an zu zittern! Kann kaum sprechen: "Was ist denn?" "Wie können Sie Ihrer Tochter so etwas zu essen geben?" Sie macht mir heftige Vorwürfe. Tanja hat sich wohl den Rest der Lakritzschlange – was allerdings noch ziemlich viel war – irgendwie vom Nachttisch genommen und daran gelutscht. Der Himmel weiß, wie sie das gemacht hat. Jedenfalls hat sie es geschafft und nun ist sie von oben bis unten mit Lakritz beschmiert. Schwester E. (wir haben sie später nur noch den Hausdrachen genannt) ist ziemlich entsetzt und meint, Tanja hätte an den Stückchen, die sie abgelutscht hatte, ersticken können.

Ich bin zwar der Meinung, dass Tanja inzwischen schlucken kann, aber ich darf gar nicht darüber nachdenken, was vielleicht hätte passieren können. Ich zittere immer noch! Wir dürfen jetzt wirklich nicht leichtsinnig werden. Gott sei Dank ist alles gut gegangen!

Montag, 19.12.2011:

Heute haben wir einen Termin bei Ramon und seinen Betreuern in der Jugendeinrichtung in Neukirchen. Ich hatte in den letzten Wochen schon ein paarmal mit dem Jungen telefoniert. Einmal hatte ich ihn auch bei Tanja getroffen. Das war eigentlich immer ganz gut gewesen. Tanja freut sich sehr, wenn sie ihren Sohn sieht, aber sie macht sich auch große Sorgen um ihn. Das merke ich. Ramon kommt ja nicht so oft, es ist doch immer eine aufwendige Fahrt und außerdem muss alles abgesprochen werden. An diese Absprachen muss er sich auch halten, was leider nicht immer klappt und dann gibt es wieder Hausarrest oder Fahrverbote, so dass es mit den Besuchen nicht immer so läuft wie zunächst abgesprochen.

Tanja vermisst ihn und fragt sehr oft nach ihm, das heißt, sie sagt "Ramon" oder manchmal auch "Wo ist Ramon?" Nicht sehr deutlich, aber ich kann meine Tochter meistens ganz gut verstehen!

Das ist auch heute noch so – obwohl man das heutige Sprechen ja gar nicht mit den Anfängen von vor jetzt vier Jahren vergleichen kann. Rolf hat immer noch große Schwierigkeiten, Tanja zu ver-

stehen! Ebenso ihre Brüder. Clara versteht sie dagegen sehr gut und ich habe auch keine Probleme oder ich frage halt noch mal nach, wenn ich sie nicht verstanden habe. Das mach ich bei Rolf ja auch – oder er bei mir – auch bei uns klappt es mit der Verständigung nicht immer!

Jedenfalls bin ich vor der Fahrt nach Neukirchen noch bei Tanja und erzähle ihr von dem Termin. Sie wird ganz traurig und fängt an zu weinen. Aber ich kann sie trösten und als ich gehe, lächelt sie sogar.

Das Gespräch läuft anfangs ein wenig stockend – vor allem zwischen Rolf und Ramon merke ich die Spannungen. Ramon geht dann auch irgendwann, weil er sich die Anschuldigungen nicht anhören will und auseinandersetzen damit will er sich schon gar nicht.

Es geht um alles, was im letzten halben Jahr zwischen uns stand, angefangen vom Schule schwänzen bis zu den Streitereien, die wir laufend zu Hause hatten. Ramons Betreuer kommt aber mit ihm zurück. Er konnte Ramon überzeugen, dass das jetzt sein muss. Wir wollen die Situation ja ändern. Deshalb sind wir hier und hoffen alle auf einen Neuanfang.

Puh, war das anstrengend! Nach dem Gespräch fahren Rolf und ich auf einen kleinen, gemütlichen Weihnachtsmarkt in dem Nachbarstädtchen und versuchen, alles noch mal in Ruhe reflektieren zu lassen. Es ist noch immer sehr schwierig mit meinen Enkelkindern. Ich verstehe ja, dass sie es nicht einfach haben. Aber mir geht's auch nicht immer gut und wir sollten doch alle versuchen, das Beste aus der Situation zu machen.

Dienstag, 20.12.2011:

Heute habe ich Besuch – von meiner Schwägerin Tina (*die leider auch schon tot ist, im Juli 2013 ist sie nach längerer Krankheit gestorben*) und meiner Doppelkopfgruppe aus Buschhausen. Ich hole die drei am Bahnhof ab und Tina geht dann mit mir zu Tanja. Die beiden anderen machen eine Shopping-Tour.

Tanja geht's gut. Schwester L. erzählt uns, dass sie heute zum ersten Mal geduscht worden ist, unter Protest, denn das wollte sie gar nicht. "Wir konnten Tanja aber überzeugen, dass es sein muss", sagt Schwester L. mit einem Augenzwinkern! "Nachdem sie dann die Prozedur auf dem Duschstuhl überstanden hatte, die Haare gewaschen und geföhnt waren, und sie wieder im Bett lag...." Ja, jetzt sieht sie doch ganz froh und glücklich aus.

Und erst als sie Tina sieht, ihre Lieblingstante! Aber zunächst einmal fließen die Tränen, bei Tanja ganz heftig, und bei uns beiden auch. Der Besuch ist sehr emotional.

Tina sagt mit später, dass sie doch sehr erschrocken gewesen sei über Tanjas Zustand. "Sie ist so dünn, kann sich nicht bewegen, ich verstehe sie auch gar nicht. Tanja tut mir so leid!" Ja, ich kann mir vorstellen, wie es ist, wenn man Tanja noch nicht gesehen hat nach dem Zusammenbruch. Aber ich sehe das etwas anders. "Wenn du dich noch daran erinnerst, wie Tanja vor drei Monaten aussah: Ganz bewegungslos hing sie an den Schläuchen, sie schlief und schlief und schlief.... Irgendwann ging dann ein Auge auf. Sagen konnte sie gar nichts. Weißt du wie toll es ist, dass sie uns erkennt, dass sie sich über deinen Besuch freut, dass sie irgendwie zeigen kann, was ihr gefällt und was nicht. Ich bin davon überzeugt, dass es noch weiter bergauf geht."

Nach dem Besuch bei Tanja gehen wir zusammen essen – bezahlt wird aus der Doppelkopfkasse. Wir haben viel Spaß, auch nachher noch beim Doppelkopfspielen bei uns zu Hause.

Mittwoch, 21.12.2011:

Rolf hat heute Mohrenköpfe für Tanja dabei, die sie vorsichtig abbeißt und mit sichtbarem Vergnügen isst. Schwester E. hat

Dienst, sie guckt sehr streng und bittet uns eindringlich, Tanja nur pürierte Babykost zu geben – alles andere sei zu gefährlich, weil Speisereste in die Lunge gelangen könnten.

Was soll bitte schön denn bei Mohrenköpfen anders sein als bei pürierter Babykost?? – vom Nährwert jetzt mal abgesehen! Aber o.k. – wir werden uns daran halten. Ich will natürlich keine Schuld daran haben, wenn Tanja etwas passiert, wenn sie eine Lungenentzündung bekommt oder Ähnliches.

Freitag, 23.12.2011:

Ramon ist schon seit gestern Abend bei uns und Clara ist heute gekommen. Meine Schwester Gerda und ihre Freundin Rita haben sie in Olpe abgeholt und mit nach Gladbach genommen. Nun sind wir alle zusammen bei Tanja. Gerda und Rita sehen sie zum ersten Mal seit dem Sommer.

Durch Gerdas Krebskrankheit sind die beiden ziemlich ange- spannt und der schwere Zusammenbruch von Tanja hat sie sehr mitgenommen, aber jetzt zu Weihnachten möchte Gerda ihre Nichte doch auch endlich besuchen. Es schön und traurig zugleich und für mich sehr schwer auszuhalten.

Aber wir alle haben ja inzwischen Erfahrung mit dieser Situation – und unsere Tränen laufen über lächelnde Gesichter – froh, dass wir zusammen sind, froh, dass wir leben!

Wir sind noch alle zusammen zu uns nach Hause gegangen, haben dort Kaffee getrunken und viel erzählt.

Weihnachten 2011:

Ein ziemlich anstrengendes Fest wird das für mich, aber auch mit sehr schönen Eindrücken, Momenten und Augenblicken.

Ramon schläft auf einer Luftmatratze in der Küchenecke, Clara auf dem Sofa. Man muss sich vorstellen, dass wir mit ca. 50 Quadratmetern doch eine relativ kleine Wohnung haben. Es gibt nur ein großes offenes Zimmer mit Küchenzeile und Essecke und ein Badezimmer. Hier leben wir jetzt über die Feiertage mit den Kindern.

Es klappt ganz gut – auch wenn es hin und wieder Auseinandersetzungen gibt. Vor allem Rolf tut sich doch sehr schwer mit der Situation, nach allem was mit den Kindern, besonders mit Ramon, vorgefallen ist. Aber es soll ja jetzt ein Neuanfang sein, da erwartet er von den Kindern ein entsprechendes Verhalten – und ich hänge des Öfteren zwischen ihm und den beiden heranwachsenden Jugendlichen. Dabei liebe ich doch alle drei – und versuche immer mich in sie hinein zu versetzen, zu schlichten und alle zu verstehen. Jedenfalls ist es für keinen von uns eine einfache Zeit!

Und nun ist der 24.12. da – Heiligabend – und der soll doch für die Kinder und für ihre Mutter trotz der schlimmen Situation ein "besonderer" Tag werden!

Das Essen ist fertig. Nach Rolfs Wunsch gibt es Kartoffelsalat und Würstchen. Fondue oder Raclette – was es früher immer bei uns an Heiligabend gab – ist für Tanja ja eh denkbar ungeeignet! Zum Nachtisch gibt es Tiramissou. Ramon ist schon mit dem Bus zu Tanja gefahren.

Clara fährt noch mit uns zu Rolfs Vater, der in einem Altenheim hier in der Stadt lebt. Er ist im Oktober 97 geworden – und macht immer noch seine Späße. Heute jedenfalls ist er besonders gut aufgelegt und erzählt viel von alten Zeiten. Er freut sich sehr über unseren Besuch, besonders an Clara hat er seine Freude. Sehr lange bleiben wir nicht – dann geht's weiter zu Tanja.

Max und Hanna sind schon da. Es wird ein sehr schöner Nachmittag, auch wenn immer mal wieder Tränen fließen. Wir haben den Tisch im Aufenthaltsraum gedeckt. Für Tanja wird der Kartoffelsalat püriert, das Würstchen gehäutet und ganz klein geschnitten.

Tanja strahlt! Wirklich – auch wenn man sich das vielleicht gar nicht vorstellen kann. Clara reicht ihr das Essen an. Vorsichtig! Ich bin ganz nervös. Tanja darf nur nicht zu schnell essen. Sie soll sich ja nicht verschlucken! Aber es klappt prima.

Und jetzt soll es die Bescherung geben! Tanja ist aber ziemlich müde und möchte vorher wieder ins Bett gebracht werden. Ja – sie kann uns inzwischen ganz gut beibringen, was sie möchte.

Nun also die Bescherung in Tanjas Zimmer: Für jeden gibt es Geschenke – nichts Großes, aber die Kinder bekommen etwas von ihrer Mutter (was ich besorgt habe), von uns natürlich und auch von ihrem Onkel. Tanja – mit Nikolausmütze auf dem Kopf – wird reich beschenkt. Wir machen viele Fotos und haben unseren Spaß. Wir erzählen viel und wir weinen viel. Es ist ziemlich anstrengend – Tanja fallen schon die Augen zu.

Max und Hanna kommen noch mit zu uns nach Hause. Die Unterhaltung läuft dann allerdings ein wenig aus dem Ruder. Es geht mal wieder um die Kinder, die nur mit ihren Handys beschäftigt sind. Wofür Rolf sehr wenig Verständnis hat. Es dreht sich dann nur noch um dieses Thema. Wir sind allerdings auch alle ziemlich geschafft!

Als Max und Hanna weg sind, kommt sogar noch mal eine richtige Unterhaltung zustande, auch mit den Kindern. Ich sehne mich aber nach etwas Ruhe. Ich höre Glocken läuten und möchte gerne in die Christmette. Aber ich stoße nur auf taube Ohren – niemand will mit!

So laufe ich alleine los – die frische Luft tut mir gut! Aber die Kirche, in der ich im letzten Jahr an Heiligabend mit Rolf war, ist verschlossen. Dann kann es ja nur die kleine Kirche in der Rudolfstraße gewesen sein, von der ich die Glocken gehört habe.

Ach wie schade! – Als ich dort ankomme, geht gerade die Türe auf, die Menschen strömen mir entgegen: "Frohe Weihnachten", "Frohe Weihnachten".

Ich gehe noch hinein, knie an der Krippe nieder. – So viel habe ich auf dem Herzen, das ich diesem Kind in der Krippe sagen möchte: Zuallererst der Dank dafür, dass meine Tochter noch lebt, dass sie uns erkennt und mit uns kommunizieren kann, dass wir diesen Heiligabend zusammen feiern konnten. Dann die vielen, vielen Bitten für meine Enkelkinder, dass sie das alles gut überstehen, dass sie ihren Weg finden mögen trotz dieser heftigen Krise, die über sie hereingebrochen ist. Für Tanja, dass es weiter bergauf geht, dass sie wieder gesund wird. Für Rolf und mich, dass unsere Liebe bestehen bleibt, dass uns diese unruhige Zeit nicht auseinander bringt. Ich bitte um Kraft, dass ich das alles bewältigen kann!

So komme ich noch vor Mitternacht wieder zu Hause an – der Spaziergang hat mir gut getan. Die Kinder liegen auf ihren Schafplätzen, Ramon schläft schon, Clara guckt noch auf ihr Display im Handy – der Fernseher läuft und Rolf ist froh, dass ich wieder da bin. Er hat es eigentlich nicht gerne, wenn ich alleine im Dunkeln unterwegs bin, obwohl mir das überhaupt nichts ausmacht. Er sagt mir nun, dass ich zur Hauptkirche in Holt hätte gehen müssen. Vorher wusste er das allerdings auch nicht! Egal – nächstes Jahr gibt es wieder Weihnachten – vielleicht schaffe ich ja dann, zu einer der Christmetten zu kommen.

Ich schlafe lange nicht ein, zu viele Gedanken gehen mir durch den Kopf: Ich hoffe nur, dass alles gut geht, dass Rolf die Kinder so annimmt und akzeptiert wie sie sind und umgekehrt natürlich auch. Wir haben uns alle diese Situation nicht ausgesucht, und nun müssen sich zwei Erwachsene und zwei Jugendliche irgendwie zusammenraufen und das Beste draus machen.

Für mich ist es das Traurigste an der ganzen Geschichte, dass dies überhaupt nicht geklappt hat: Heute habe ich so gut wie keinen Kontakt zu meinen Enkelkindern, obwohl sie hier in der Stadt wohnen, ihre Mutter auch regelmäßig besuchen und für sie da sind. Über Tanja erfahre ich ein bisschen über Clara und Ramon. Vielleicht kommen wir uns ja irgendwann wieder näher. Ich hoffe es sehr.

Der erste Feiertag ist ziemlich ruhig. Wir fahren am Mittag zu Tanja, die sich wieder erholt hat von dem anstrengenden Heiligen Abend. Sie will auch nicht aus ihrem Bett. Gegessen hat sie schon – ein Fertiggericht, das man für sie püriert hat – Weihnachtsessen ist anders! Aber Tanja genießt es, endlich wieder etwas auf ihren Geschmacksnerven zu spüren. Sie verschluckt sich auch immer seltener.

Jetzt sind wir wieder zu Hause: Ich hab nach den Wünschen der Kinder gekocht: Sahneschnitzel mit Kroketten und Salat! Lecker! Später spielen wir zusammen Bowling und Tennis mit der Wii. (Für alle Unwissenden: das ist eine Spielkonsole, auf der man mittels eines Controllers, eine Art Fernbedienung, auf dem Bildschirm spielen kann.) Die Konsole ist ein Weihnachtsgeschenk von Hanna und Max. Es ist total lustig und wir haben viel Spaß zusammen.

Wir spielen lange und gucken uns auch noch zusammen einen Film an. Am 2. Feiertag werden wir erst gegen zehn Uhr wach. Wir frühstücken zusammen und fahren anschließend zu Tanja. Es geht ihr ganz gut. Sie macht einen zufriedenen Eindruck. Und ich bin wieder ziemlich optimistisch, dass es noch weit bergauf geht.

Von Tanja aus fahren wir nach E. Dort findet wie in jedem Jahr am 26.12. unser Familientreffen mit meinen Geschwistern und allen Kindern und Enkelkindern statt – in diesem Jahr leider ohne Tanja. Wir fahren aber zunächst zum Friedhof an Michas Grab. Es ist schon Wahnsinn, wie sich alles verändert hat. Michael ist jetzt schon sechseinhalb Jahre tot!

Ich hätte auch nie gedacht, dass ich aus E. bzw. aus Köln wegziehen könnte. Aber ich bin jetzt in Gladbach und bei Rolf angekommen.

Wir fahren dann zu meinem Bruder. Es ist ein turbulentes Wiedersehen mit allen. Auch Tom, Reni und Alina sind da, genauso wie Max und Hanna. Insgesamt sind wir 25 Personen, einschließlich des kleinen Jason, der jüngste Spross unserer Familie. Bei Gregor und Christel gibt es Kaffee und Kuchen und Bescherung für die Kinder.

Danach geht's in eine Gaststätte zum Essen. Natürlich erkundigen sich alle nach Tanja. Jedem tut es leid, dass sie so etwas erleiden muss. Und diskutiert wird natürlich auch: "Ich möchte nicht so da liegen, mich nicht bewegen können, nicht sprechen, nicht essen, überall Schläuche und Leitungen – ne, ich glaube, ich fände es besser, nicht mehr aufgewacht zu sein", dieses oder ähnliches höre ich immer wieder – mal von dem, mal von dem!

Ich kann natürlich nicht hundertprozentig sagen, wie Tanja das sieht. Und Gott sein Dank brauchte ich eine solche Entscheidung auch nicht zu treffen. Aber ich glaube, schon allein wegen ihrer Kinder ist Tanja froh, wieder aufgewacht zu sein.... Und sie wird weiter kämpfen, auch wenn es sehr anstrengend ist.

Inzwischen weiß ich genau, dass es so ist: Tanja hat ihre Krankheit akzeptiert, sie ist ein richtiger Sonnenschein und macht jedem den Umgang mit ihr leicht: Sie ist immer zufrieden, meckert nie und hadert auch ganz selten mit ihrem Schicksal – einfach bewundernswert!

Und ich bin glücklich, dass meine Tochter lebt und werde versuchen, alle Möglichkeiten auszuschöpfen, damit es ihr besser geht. Ich weiß, dass das ein langer Weg werden wird, aber ich bin sehr zuversichtlich, dass es noch weit gehen kann!

Es ist jetzt nach 23 Uhr: Das Familientreffen war schön, turbulent und anstrengend, und ich bin froh, dass wir nun wieder zu Hause sind. Ich bitte Rolf noch mal, morgen doch bitte mit seinen Mietern zu sprechen: Die sind ja schon vor Weihnachten ausgezogen, und da wir hier so beengt wohnen, wäre es doch toll, wenn sie uns den Schlüssel für die Wohnung vor dem 1. Januar geben könnten. Rolf meint aber, es sei noch alles mit Möbeln und Kisten vollgestellt und schließlich hätten sie bis zum 31.12. Miete gezahlt.

Mittwoch, 28.12.2011:

Clara und Ramon sind bei Tanja – Rolf und ich sind zu Fuß in die Stadt gegangen. Eigentlich wollten wir mit den Kindern ins Kino gehen. Die beiden haben noch die Kino-Gutscheine von Weihnachten und wir haben uns für "Rubbel die Katz" mit Mathias Schweighöfer entschieden.

(So steht es in meinem Tagebuch – aber ich kann mich an diesen Film nicht erinnern!)

Vielleicht, weil wir gar nicht im Kino waren? Jedenfalls heute nicht! Ich habe nämlich die Gutscheine zu Hause vergessen – ja, mein Kopf ist auch nicht mehr der Beste! So richtig traurig ist aber niemand von uns. Rolf erzählt uns – insbesondere den Kindern – noch etwas über die Stadt. Wir machen uns dann gemeinsam auf den Heimweg – mit verschiedenen Zwischenstationen in Kneipen, in denen Rolf früher sein Unwesen getrieben hat und in denen er jetzt seine Anekdoten zum Besten gibt! Es ist richtig nett. Und ich glaube, auch die Kinder haben ihren Spaß daran!

Freitag, 30.12.2011:

Heute sind wir noch einmal in Much. Die Schlüssel- und Wohnungsübergabe soll Anfang Januar sein. Es gibt noch viel zu tun. Wir sind schon seit gestern Nachmittag hier. Die Kinder waren am Vormittag noch bei Tanja - wir haben die beiden dort abgeholt und dann ging's in ihre alte Heimat. Clara und Ramon sind erstaunlich gelassen. Sie packen ordentlich mit an beim Abbauen und Schleppen der Möbel. Max muss leider absagen - er hat Magen-Darm-Probleme. Aber es klappt auch so ganz gut. Wir übernachten hier noch ein letztes Mal und holen dann früh den bestellten Transporter ab.

Tom kommt mit der Bahn aus Duisburg, ihn hole ich am Bahnhof ab und zwei Freunde aus dem Kegelklub packen auch noch mit an. Leider regnet es ziemlich heftig und ohne Unterlass. Aber wie heißt es so richtig: "Viele Hände - schnelles Ende" - um 15 Uhr am Nachmittag sind wir schon wieder zu Hause.

Leider können wir doch nicht in die obere Wohnung. Rolf hatte zwar gestern noch mit den Mietern telefoniert und darum gebeten, uns doch den Schlüssel zwei Tage eher zu geben. Aber es ist niemand von ihnen zu sehen und gehört haben wir auch nichts! So stellen wir die Möbel und die Kisten mit den Sachen der Kinder erst mal auf die Terrasse und in die Garage.

Als das Auto leer ist, steht Sonja, Rolfs Mieterin, auf einmal vor uns: "Ich hab euch den Schlüssel oben vor die Türe gelegt." Jetzt ist es leider ein bisschen spät! Wir sind alle zu erschöpft, um noch einmal mit den Möbeln anzufangen.

Aber die Kinder sind ganz happy - nun können sie doch noch oben in "ihren" Zimmern schlafen, wenn auch nur auf der Matratze auf dem Fußboden. Auch mir gefällt es sehr gut da oben - ich kenne die Wohnung nämlich noch gar nicht, war nur einmal kurz mit Rolf in der Küche. Aber es ist richtig toll! So können wir es uns schön machen. Vor allem haben die Kinder Platz, wenn sie am Wochenende kommen. Und wer weiß – vielleicht kann ja auch Tanja noch mit hier einziehen.... irgendwann!

Samstag, 31.12.2011:

Heute bekommen wir Hilfe zum Möbel schleppen, und zwar von Rolfs Sohn, seiner Ex-Frau und dessen Mann. Vor allem die Männer schuften ordentlich und bauen Betten und Schränke auf. Die beiden sind eine große Hilfe – ohne sie hätten wir das nicht geschafft: Rolf ist nämlich nicht so der Handwerker, aber auch er schwitzt ordentlich!

Die Kinder hab' ich zu Tanja gefahren. Als wir sie dann später abholen, sind wir alle ziemlich traurig: Eigentlich geht es Tanja nicht schlecht, aber es ist Silvester. Wir sprechen von vergangenen Jahren. Tanja weint! Ich versuche, sie zu trösten und frage sie, ob wir noch bleiben sollen. Aber sie ist sehr müde und schüttelt den Kopf. Ach, ist das traurig! Ich möchte meiner Tochter und den Kindern so gerne Mut machen und ihnen sagen, dass ich wirklich voller Hoffnung bin, dass Tanja es schaffen wird, wieder ein "lebenswertes" Leben zu bekommen. Aber ich kann nur schlucken – heute bleibe ich stumm! Rolf drückt meine Hand. Ich nehme Tanja in den Arm, drücke sie fest und dann die Kinder. Ramon wendet sich ab – er möchte nicht, dass wir seine Tränen sehen. Wir winken noch an der Tür – ich hole ganz tief Luft.

Neues Jahr 2012

Dann fahren wir wieder ins Oberbergische. Silvester! Die Kinder sind bei einer früheren Freundin eingeladen. Dort bringen wir sie hin und fahren zu unseren Freunden in einen Nachbarort. Wir essen zusammen, erzählen viel und trinken natürlich auch etwas.

Um zehn Minuten vor Mitternacht gucke ich noch auf die Uhr, dann ist meine Freundin bei mir. Ich liege im Bett und sie fragt mich, wie es mir geht. Ich bin ein bisschen verwirrt: Wie es mir geht? Ich überlege. Wir feiern zusammen Silvester. Aber ich kann mich nicht daran erinnern, mit den anderen auf das "Neue Jahr" angestoßen zu haben oder dass wir draußen waren. Ich erinnere mich auch nicht daran, dass mir schlecht geworden ist und dass Rolf mich nach oben gebracht hat. Das erzählt Fine mir jetzt alles. Ich kann mich nicht erinnern! Was ist das? Mir fehlt echt mehr als eine Stunde Zeit.

Von unten schallen die Stimmen meiner Freunde hoch – sie singen und scheinen gut drauf zu sein. Ich überlege noch, wieder aufzustehen, aber ich bin irgendwie total müde. Rolf kommt so gegen zwei Uhr. Wir reden noch über dieses Phänomen! War es eine Amnesie? War es einfach zu viel Stress in den letzten Wochen und Monaten? Erschöpfung? Rolf meint, ich hätte wahrscheinlich zu viel getrunken!

Egal, was immer es war – ich hatte so etwas zwar schon einmal ein paar Jahre vorher gehabt (ohne einen Tropfen Alkohol) und landete damals zu umfassenden Untersuchungen im Krankenhaus. Aber nach dem Zwischenfall am Jahreswechsel 2011/2012 GottseiDank nie wieder!

Das Jahr 2012 fängt ziemlich nass und stürmisch an. Die Wohnung in Much ist endgültig leer. Die Schlüssel sind abgegeben worden. Wir haben noch einmal einen Transporter geliehen und mit

Hilfe von Ramon und meinen Söhnen Möbel nach Köln (zu Max) und Duisburg (zu Tom) gebracht. Nun ist alles ausgeräumt und verteilt – der Keller steht allerdings noch voll. Wir müssen also noch einmal hinfahren und den Sperrmüll rausstellen. Termin ist der 22.1. – dann sollte das Kapitel "Much" endgültig abgeschlossen sein.

Mittwoch, 4.1.2012:

Ich bin total aufgeregt: Tanja hat heute einen Termin in der HNO- (Hals-Nasen-Ohren) Abteilung des Marien-Krankenhauses in Gladbach. Es ist jetzt halb neun! Tanja wird mit einem Krankentransport hingebracht. Wir wollen uns um Viertel nach neun im Krankenhaus treffen. Ich bin schon an der Türe, als das Telefon läutet. Jemand aus dem Krankenhaus meldet sich: "Hier ist eine Patientin: Tanja H., Sie sind die Betreuerin?" Ich kann gerade mit "Ja" antworten und schon geht's weiter: "Der Fahrer sagte, sie habe einen Termin, aber wir haben keine Tanja H. auf der Liste in der Ambulanz!" "Das muss ein Missverständnis sein. Ich selbst habe den Termin gemacht: 4.1., 09 Uhr 15 HNO-Abteilung Marien-Krankenhaus! Wir sollten uns in der Ambulanz melden. Ich wollte gerade losfahren – meine Tochter ist wohl etwas zu früh gebracht worden." Was soll das denn jetzt? "Ich komme sofort. Bin in zehn Minuten da. Bitte versuchen Sie in der Zwischenzeit zu klären, wo wir hin müssen."

Ich bin wirklich zehn Minuten später in der Ambulanz. Es ist sehr voll hier. Tanja sieht ganz traurig und verzweifelt aus. Sie weiß ja gar nicht, was Sache ist. Ich nehme sie erst mal in den Arm. "Es tut mir leid, dass ich nicht hier war, als du gekommen bist. Aber du bist viel zu früh abgeholt worden. Egal – jetzt bin ich ja hier." Tanja versucht ein Lächeln. Ich hatte ihr am Vortag zwar alles erklärt, aber hier alleine zu sein und Fragen zum Termin gestellt zu bekommen.... das ist doch etwas viel für sie, zumal sie sich ja gar nicht richtig verständlich machen kann.

Eine Frau aus der Anmeldung kommt mir entgegen: "Sie sind für die junge Frau verantwortlich?" "Ich bin die.... ", ich komme gar nicht dazu, einen vollständigen Satz zu sagen. "Ja, sie war viel zu früh.... Es ist alles in Ordnung. Ihre Tochter ist auf der Station angemeldet, nicht in der Ambulanz. Sie soll ja operiert werden und muss dann natürlich vorbereitet werden und mindestens eine Nacht hierbleiben."???

Damit habe ich nun überhaupt nicht gerechnet. Til hatte uns geraten, bei Tanja einen Schlucktest machen zu lassen, zur Überprüfung, ob das Tracheostoma geschlossen werden kann. Das hatte ich auch so bei der Terminanfrage gesagt. Na ja, egal, Hauptsache es geht weiter!

So hole ich also zunächst noch T-Shirts, ein paar Pflegeutensilien und die Medikamente für Tanja und bringe sie ins Krankenhaus. Wir warten! Ein Arzt kommt und erklärt uns, wie es nun weitergeht. Zunächst einmal wird die Kanüle entfernt und das "Loch" abgedichtet. Und bevor das Tracheostoma endgültig geschlossen wird, soll am nächsten Morgen der Schlucktest durchgeführt werden.

Das ist ja total aufregend! Kanüle weg, das Loch zu! Dann vielleicht alles essen und trinken können! Und mit dem Sprechen wird es dann bestimmt auch besser werden. Das sind tolle Neuigkeiten! Da ist auch schon der Arzt und nimmt die Kanüle heraus.

Tanja war bisher mehrmals täglich abgesaugt worden. Hoffentlich geht das alles gut. Ich bin nun doch ein wenig ängstlich und misstrauisch. Das Loch im Hals wird mit Pflaster, Verbandzeug und Klebeband zugemacht. Ich helfe Tanja noch beim Essen. Es ist nicht püriert! Aber es klappt. Einmal verschluckt sich Tanja zwar, aber sie hustet auch heftig. Das ist sehr wichtig: Tanja muss kräftig abhusten, wenn sie sich verschluckt. Das hat ihr der Logopäde eingebläut. Es klappt! "Kann ich dich alleine lassen?" "Ja, alles o.k.", antwortet Tanja mit ihrer rauen Stimme.

"Gleich kommt Ramon und ich gucke heute Abend noch mal nach dir." Es fällt mir wirklich schwer, sie hier im Krankenhaus alleine zu lassen.

Hier auf der Station gibt es ja eigentlich nur "gesunde" Kranke – hier ist selten jemand wie meine Tochter, der nicht aufstehen kann, nicht alleine trinken, nicht alleine essen kann. Und dann kann man sie ja auch ganz schlecht verstehen. "Dort ist die Klingel, wenn irgendetwas ist, melde dich bitte sofort." "Machen Sie sich keine Sorgen – mir geht's ja relativ gut, ich kümmere mich mit um Ihre Tochter. Und die Pfleger und Schwestern hier sind wirklich gut." Die Frau im Nachbarbett versteht mich und verspricht mir, mit nach Tanja zu gucken.

Ramon ist noch bei uns, er war ja mit in Much und muss erst heute Abend wieder zurück in seiner Einrichtung in Neukirchen sein. Das trifft sich gut, so kann er seiner Mutter im Krankenhaus ein wenig Gesellschaft leisten, bevor er wieder zurückfährt.

Donnerstag, 5.1.2012:

Um halb elf hat Tanja den Termin zum Schlucktest in der Röntgenabteilung. Rolf bringt mich ins Krankenhaus, er fährt zum Tennis spielen. Ich bin total aufgeregt. Hoffentlich klappt alles. Tanja wird in den Rolli gesetzt. Ich fahre sie ins Wartezimmer vor dem Röntgenraum.

Frau Dr. P. holt Tanja ab und erklärt uns, dass jetzt eine Videoaufnahme von Tanjas Schlucktechnik gemacht wird. Zunächst bekommt sie etwas zu trinken. Die Flüssigkeit soll in kleinen Schlucken in den Magen transportiert werden. Ich bin bei Tanja, halte ihre Hand. Es klappt! Tanja verschluckt sich nicht. An-schließend beißt sie in einen Apfel. Das Stückchen Apfel soll sie ganz klein kauen und dann hinunterschlucken. Auch das geht, ohne dass sie sich verschluckt. Toll! Wir gehen zurück ins Wartezimmer. "Ich werte jetzt sofort die Aufnahmen aus und komme dann zu Ihnen", sagt Frau Dr. P.

Nach einer viertel Stunde kommt sie mit ernstem Gesicht durch die Tür. "Kommen Sie bitte mit – ich möchte Ihnen etwas zeigen." "Leider kann ich kein Grünes Licht für das Verschließen des Tracheostomas geben." Mein Lächeln erstarrt. So ein Mist! Tanja guckt auch ganz ängstlich. "Es tut mir wirklich sehr leid. Bitte, sehen Sie das nicht als große Katastrophe an." Die Ärztin streicht Tanja über den Kopf. "In ein paar Monaten kann das ganz anders aussehen. Aber im Moment muss ich die Kanüle wieder einsetzen. Sogar eine geblockte Kanüle – vorerst können Sie leider auch nichts mehr essen oder trinken." Oh nein! Tanja fängt an zu weinen.

Wir hatten so sehr gehofft, dass es jetzt in Richtung "normal" geht, zumindest beim Essen und vielleicht auch beim Sprechen. Frau Dr. P. wendet sich wieder zu mir: "Hier sehen Sie: Auf dieser Aufnahme sieht man ganz genau, dass die Flüssigkeit nicht nur in die Speiseröhre läuft, sondern auch in die Luftröhre. Und Ihre Tochter hat nicht gehustet! Das bedeutet, sie aspiriert "still" – sie merkt es gar nicht. Und so kann sie ganz schnell wieder eine Lungenentzündung bekommen. Das Risiko können wir einfach nicht eingehen." Sie nimmt Tanja in den Arm. "Bitte verzagen Sie nicht. Vielleicht sieht es ja bei der nächsten Untersuchung schon ganz anders aus."

Ich weine auch! Das ist nicht nur eine Enttäuschung, sondern auch ein großer Rückschlag.

Wir gehen erst mal wieder ins Krankenzimmer. Dort versucht man auch, Tanja zu trösten. Aber es hilft nichts. Nun müssen wir wieder unverrichteter Dinge zurück nach Rheydt fahren. Der Leiter der Einrichtung dort hatte ja sowieso gemeint, dass es für eine Schließung des Tracheostomas viel zu früh sei.

Ich schreibe Rolf eine SMS, dass ich für Tanja den Krankentransport bestelle und dann hinterher fahren möchte. Tanja
weint bitterlich, als Rolf dann kommt. Aber er kann sie ein wenig
trösten und mich auch. Wir fahren gemeinsam hinter dem Krankenwagen her.

Das müssen wir wirklich erst mal verdauen. Täusche ich mich
oder guckt Herr A. ein bisschen schadenfroh, als wir ihm von der
Untersuchung und dem Ergebnis erzählen?

Wochenende, 7./8.1. 2012:

Das Wetter ist weiter ziemlich uselig und bei uns zu Hause wird
eifrig die obere Wohnung renoviert. Mein Sohn Tom macht das
hauptsächlich. Ich habe ihn in Rheydt abgeholt. Er war mit dem Zug
bis dorthin gefahren und hat noch seine Schwester besucht.

Der geht es so langsam wieder besser nach dem enttäuschen-
den Krankenhausbesuch. Til war gestern wieder bei Tanja. Auch er
ist sehr enttäuscht wegen des Untersuchungsergebnisses. Wir haben
uns für den kommenden Donnerstag verabredet. Bis dahin soll eine
CD mit den Schluckaufnahmen aus dem Krankenhaus geschickt
werden, die er dann auswerten und mit mir besprechen will.

Tanja versuche ich davon zu überzeugen, dass alles gar nicht so
schlimm ist, dass die Schluck- und Sprechübungen ja weitergehen
und sie sich bloß nicht unterkriegen lassen soll. Ich gehe noch eine
Runde mit ihr spazieren. Aber es ist doch ziemlich nass-kalt. Und
jetzt dürfen wir noch nicht einmal in den Arkaden einen Cappuccino
trinken oder ein Eis essen. Alles doof!

Jetzt will auch noch Herr A. mit mir sprechen, als wir zurückkommen. "Es tut mir auch sehr leid, aber Sie wollen alles ein
bisschen schnell. So geht das nicht! Das habe ich Ihnen ja direkt
gesagt." Ich kann meine Tränen kaum zurückhalten. "Wir warten
jetzt den Krankenhaus-Bericht ab. Bis dahin geben Sie bitte Ihrer

Tochter nichts zu essen oder zu trinken. Sie wird jetzt erst mal wieder komplett über die Sonde ernährt." Ein kurzes "Ja ich weiß". Dann drehe ich mich um und verlasse das Büro des Herrn A.

Heute Abend feiert meine Freundin in Aachen ihren 60. Geburtstag. Viel Lust habe ich nicht auf die Feier, aber es wird dann trotzdem sehr schön. Sogar getanzt hab' ich. Die Ablenkung und die Gespräche mit Freunden tun gut. Wir übernachten auch dort und fahren nach einem späten Frühstück nach Hause.

9. bis 12.1.2012:

Ich bin nun eigentlich jeden Tag bei Tanja. Wenn es nicht zu kalt ist, drehen wir eine Runde durch den Theaterpark oder durchs Städtchen. Es ist immer noch ein ziemlicher Gewaltakt, Tanja anzuziehen und in den Rolli zu packen. Und so richtig wohl fühlt sie sich auch immer noch nicht im Rolli, und unter fremden Leuten schon gar nicht. Aber wenn wir dann wieder zu Hause (in Tanjas Zimmer) sind, mit roten Gesichtern und kalten Nasen, ist sie doch ganz froh, dass wir mal an der Luft waren.

Klar, die Leute gucken! Manchmal meine ich in den Gesichtern lesen zu können: "So eine arme, junge Frau! Die sitzt aber komisch in dem Rollstuhl, kann sie sich gar nicht bewegen?" "Ob sie von Geburt an so behindert ist?" Manchmal werde ich auch direkt angesprochen. Es kann Neugierde sein oder echte Anteilnahme. Ich merke aber, dass es Tanja unangenehm ist – sie kann sich ja nicht äußern und so beende ich solche Gespräche meist sehr schnell.

Am Donnerstag hat Til sich das Video von dem Schlucktest angeguckt und uns noch einmal erklärt, was die blockbare Trachealkanüle für Tanja bedeutet: Diese Trachealkanülen werden eingesetzt, wenn ein vollständiger Abschluss der Luftröhre notwendig ist. Dies ist meist bei Patienten mit Langzeitbeatmung der Fall, aber eben auch bei Schluckstörungen. Ein aufblasbarer, sogenannter Cuff (ähnlich einem kleinen Luftballon) ermöglicht den Abschluss der Trachea und gleicht außerdem Druckschwankungen in der Luftröhre aus, damit diese nicht verletzt wird. Bei geblockter Kanüle kann keine Atemluft in die oberen Atemwege – also in den Mund- und Rachenraum – gelangen. Der Vorteil: Sekrete können nicht in die tieferen Atemwege gelangen. Sie müssen allerdings abgesaugt werden.

Sprechventile können aber auch bei dem System aufgesetzt werden. Diese ermöglichen das Einatmen über die Trachealkanüle und das Ausatmen über den Kehlkopf. So kann normalerweise auch problemlos Stimme erzeugt werden – wenn genug Kraft da ist.

Bei Tanja klappt das ja auch oft schon ganz gut. Ohne solch ein Ventil ist das Sprechen nicht möglich, da die Atemluft durch die Kanüle entweicht. Der Cuff kann aber auch wieder entblockt werden, so dass man dann essen kann, oder durch eine "normale" Kanüle ersetzt werden. Dann könnte Tanja auch wieder essen.... Aber zunächst einmal müssen wir abwarten. Die Therapie geht natürlich weiter und wir hoffen sehr, dass sich der Erfolg bald zeigt.

Wochenende, 14./15.1.2012:

Gestern waren Tanja und ich nach unserem Park-Rundgang in der Marienkirche, haben uns die Krippe angeschaut und eine Kerze angezündet.

Vorher – um neun Uhr – war ich schon auf dem Amtsgericht. Die Bestallungsurkunde (das ist die Betreuungsvollmacht für meine Tochter) war nur für ein halbes Jahr ausgestellt worden und muss nun verlängert werden. Der Antrag geht aber zunächst noch einmal ans Amtsgericht Siegburg, weil das ursprünglich zuständig war – und dann wird der ganze Vorgang wahrscheinlich wieder zurück nach Rheydt geschickt und hier entschieden.

Ich war auch bei der Stadtverwaltung, um Clara hier anzumelden. Ihren Ausweis hatte ich mit, aber es fehlte leider die schriftliche Vollmacht – so muss ich da nächste Woche noch mal hin.

Tom hab ich dann am Bahnhof abgeholt. Er wird die Wohnung weiter renovieren. Auch Peter, der Sohn der Mieter, die bei Rolf gewohnt haben, ist da. Er hat die Küche schon zweimal gestrichen. Die Küche war der Raucherraum der ganzen Familie, und das Nikotin an den Wänden ist sehr hartnäckig und schwer zu überstreichen, obwohl Peter eine Spezialfarbe verwendet hat, wie er sagt. Nun muss er noch mal an die Arbeit. Zwischendurch fahre ich mit Rolf zum Baumarkt, um einen neuen Boden für die Küche zu holen. Tom will den verlegen, wenn Peter fertig ist mit Streichen.

Auch Clara und Ramon kommen heute Abend, aber ich verschwinde jetzt erst mal und freue mich auf einen Doppelkopfabend in Köln.

Jetzt, wenn ich das so schreibe, weiß ich ehrlich gesagt gar nicht, wie ich das alles geschafft habe. Von Langeweile kann man ja wirklich nicht sprechen! Aber ich bzw. wir hatten ja auch viel Hilfe!

Da es zu Hause noch so viel zu tun gibt, fahren Clara und Ramon mit dem Bus zu Tanja. Sie freuen sich auf ihre Mutter und möchten mit ihr spazieren gehen. Ich musste auf der Pflegestation ein Formular unterschreiben, auf dem steht, wer alles mit Tanja nach draußen darf. Im Moment sind das Rolf, Clara und Tanjas Brüder. Ihr "lieber" Mann hat sich noch gar nicht gemeldet, seit Tanja hier in Gladbach ist. Ramon hat nicht gefragt, aber ich glaube, das ist ihm auch zu viel. Leider spricht Ramon überhaupt nicht über Tanja, jedenfalls nicht mit mir oder Rolf. Aber alleine möchte er wohl nicht mit seiner Mutter nach draußen.

Als ich später zu Tanja komme, wirkt Ramon sehr bedrückt. Tanja liegt im Bett. Aber Clara erzählt, dass sie zusammen die Runde durch den Park gegangen seien. Tanja habe geweint, als sie zur Türe hereinkamen. Und jetzt scheint sie ziemlich erschöpft zu sein. Als ich frage, ob sie sehr müde sei, nickt sie und macht die Augen zu. "Sollen wir dich schlafen lassen?" Ein leises krächzendes "Ja" ist zu vernehmen. Ich streiche ihr über die Haare. "Gut, dann gehen wir jetzt. Schlaf gut, wir kommen morgen wieder." Auch die Kinder verabschieden sich.

Heute sind wir alle traurig. Ach wäre das schön, wenn wir mal wieder richtig mit Tanja sprechen könnten bzw. sie mit uns. Das sage ich auch den Kindern. Die nicken zwar, aber mehr kommt nicht! Sie sprechen einfach nicht über ihre Gefühle – es kommen dann eher aggressive Reaktionen, wenn Rolf oder ich etwas sagen.

Meiner Meinung nach brauchen beide dringend therapeutische Begleitung. Aber es ist sehr schwer, das Thema anzusprechen. Von Claras Betreuern ist das schon gemacht worden. Die sehen auch die Notwendigkeit und wollen jetzt kurzfristig mit Clara darüber reden. Klar, die Jugendlichen müssen auch einverstanden und offen für solche Gespräche sein. Und bei Ramon wird es bestimmt noch schwieriger sein, jemanden zu finden, zu dem er Vertrauen hat und mit dem er dann offen über seine Gefühle und Probleme sprechen kann.

Jedenfalls hoffe ich sehr, dass es weitergeht, dass Tanja bald wieder essen, sprechen und laufen kann. Das ist mein größter Wunsch. Und dass auch die Kinder daran glauben und ihre Mutter unterstützen können. Mir tun alle sooo leid, ich liebe sie, würde so gerne helfen.... und bin doch so machtlos.

Der Abend zu Hause ist sehr angenehm. Clara und Ramon räumen ihre Schränke ein – wir essen zusammen und reden noch eine ganze Weile. Die Zimmer oben sind jetzt so gut wie fertig. Auch der Boden in der Küche liegt. Es ist alles sehr schön geworden. Danke Tom!

Jetzt fehlt noch ein Regal im Büro und dann können wir weiter Kisten auspacken. Es wird so langsam! Nächste Woche ist dann die Küche dran.

Am nächsten Tag sind die Kinder den ganzen Nachmittag bei Tanja, bevor sie dann für zwei Wochen wieder weg fahren.

Wochenende, 21./22./23.1.2012:

In der letzten Woche war Tanja oft sehr traurig. Sie weint fast jedes Mal wenn ich bei ihr bin. Ich tröste sie so gut ich kann. Es ist ziemlich frostig, aber sonnig, so dass ich noch relativ oft mit Tanja nach draußen komme. Aber ich muss sie immer überreden. Am liebsten bleibt sie im Bett liegen. Auch wenn sie nicht weint: ihr Gesichtsausdruck ist total traurig und ihre Augen gucken mich übergroß an. Sie tut mir so leid!

Oh Tanja, ich kann leider so wenig für dich tun, damit es dir wieder besser geht!

Eine Reha wäre jetzt wirklich toll! Aber die Sachbearbeiterin der Bundesversicherungsanstalt hat mich Anfang der Woche vorab telefonisch informiert, dass die Reha abgelehnt wird. Die schriftliche Benachrichtigung erreicht mich zwei Tage später. Ich fasse es nicht! Der Widerspruch ist schon in der Post! Das ist doch wirklich nicht zu glauben. Man kann einen so jungen Menschen doch nicht einfach so hilflos liegen lassen.

Wenigstens gehen die Therapien hier weiter: Til kommt zwei- bis dreimal in der Woche. Aber das Sprechen fällt Tanja im Moment sehr schwer. Til meint, dass es mit der geblockten Kanüle viel schwerer ist, Stimme zu erzeugen.

Die Physiotherapeuten sind auch jeden Tag da. Bei Tanja fehlt es an Muskelkraft – die kleinsten Bewegungen mit Armen und Beinen sind für sie wahnsinnig schwer zu bewerkstelligen. Sie möchte gerne, das merke ich, wenn ich dabei bin. Aber sie hat so wenig Kraft und schafft es nur, den Arm wenige Zentimeter zu heben oder ein Bein, und dann laufen wieder die Tränen. Ich verstehe sie so gut, und es tut so weh, nicht helfen zu können.

Heute – es ist Freitag – müssen wir nach dem Besuch bei Tanja also wieder mal nach Much – zum letzten Mal: Mein lieber Bruder will uns helfen, den Keller leerzuräumen – der ist proppenvoll mit Sperrmüll! Als wir kommen, liegt schon einiges in der Einfahrt. Gregor hat zwei Freunde mitgebacht und die drei haben schon angefangen, die Sachen rauszutragen. So klappt alles super und wir sind trotz Schneeregens schon relativ früh fertig.

Wir bleiben noch in Oberberg! Meine Freundin Karin feiert ihren Geburtstag. An so einem Abend kann ich ganz gut entspannen, auch wenn sich natürlich alle nach Tanja erkundigen und ich viel von ihr und unserer Situation mit den Kindern spreche.

Am nächsten Morgen geht's nach Olpe. Claras Ausbilder und Betreuer haben zum Elternsprechtag eingeladen. Ja klar, das ist jetzt meine Aufgabe, auch wenn Claras Vormund offiziell eine Mitarbeiterin des Jugendamtes ist. Aber Clara hat gefragt, ob ich bzw. wir das übernehmen.

Wir gehen also zu dritt in die Gespräche. Ich möchte das nicht näher ausführen, aber auch wenn nicht alles nur erfreulich ist, was man uns sagt, habe ich doch den Eindruck, dass man in dem Internat Rücksicht auf Claras Situation nimmt und nach Kräften versucht, sie zu unterstützen. Auch therapeutische Hilfe wird Clara noch einmal angeboten. Sie willigt jetzt ein, an solchen Gesprächen teilzunehmen. Ein wichtiger Schritt, aber sie muss eben auch wollen und mitmachen, so gut es geht.

Bei dem heftigen Regen ist der Rückweg doch ziemlich anstrengend. Aber um halb drei sind wir wieder zu Hause. Ich fahre noch zu Tanja. Sie freut sich – und auch als ich ihr von Clara und von dem Elternsprechtag in Olpe erzähle, sehe ich keine Tränen! Das ist doch was!

Und es gibt tolle Neuigkeiten: Tanja darf wieder essen. Super! Aber Schwester S. erklärt mir, dass im Moment nur vom Personal das Essen angereicht werden soll. Das habe der Chef nach einem Telefonat mit Frau Dr. P. so angeordnet. Man sei eben sehr vorsichtig. Ja klar, das verstehe ich! Trotzdem: gute Nachrichten!

Tanjas Kühlschrankfach ist ziemlich leer. Ich habe es ja nicht mehr aufgefüllt seit der Schluckuntersuchung. "Worauf hast du denn Hunger, mein Schatz?" "Egal", verstehe ich. Also gehe ich jetzt erst einmal in den Supermarkt. Das ist hier ganz praktisch: Der befindet sich nämlich im Erdgeschoss.

Eine halbe Stunde später bin ich wieder zurück und räume Joghurt, Früchtequark, Pudding, Griesbrei und ein paar Fertiggerichte in den Kühlschrank. Hab Tanja vorher alles gezeigt. Sie strahlt und zeigt auf einen Schokopudding: "Den bitte", sagt sie jetzt ganz deutlich. Das ist super! "Ich rufe eine Schwester, damit sie dir den Pudding geben kann." Löffel und Pudding liegen auf dem Nachttisch. Da kommt auch schon Schwester S.: "Na, dann Guten Appetit."

Dienstag, 31.1.2012:

Draußen ist es klirrend kalt geworden. Bei uns sind die Renovierungsarbeiten abgeschlossen. Tom hat im Flur einen hellgelben Rollputz aufgetragen – der macht sich gut. Auch Küche und Büro sind fertig eingeräumt. Nur im Keller stehen noch etliche Kisten rum – aufgeteilt in Sperrmüll und Flohmarkt.

Tanja ist jetzt meistens wieder besser drauf wenn ich komme. Sie weint nicht mehr so oft und ist ganz glücklich darüber, dass sie wieder essen kann. Morgen werde ich Herrn A. fragen, ob ich nicht auch wieder das Essen anreichen kann. Tanja verschluckt sich nämlich nur sehr selten und hustet dann auch kräftig, so dass eigentlich nichts passieren kann. Ich könnte dann das Pflegepersonal ein bisschen entlasten und Tanja bräuchte nicht zu warten wenn ich da bin, falls sie Hunger oder auch einfach nur Appetit hat. Tom war heute auch bei seiner Schwester. Die beiden können schon wieder richtig gut miteinander kommunizieren.

Am Wochenende sind beide Kinder hier – das klappt inzwischen gut mit den Besuchen. Ramon hat es jetzt auch so geregelt, dass er alle zwei Wochen kommen kann, nämlich dann, wenn Clara hier ist. Das ist für uns alle sehr schön. Die beiden sind dann lange bei Tanja, die bei den Besuchen ihrer Kinder förmlich aufblüht.

Seit ein paar Tagen versucht sie immer wieder, den "Galgen" über dem Bett zu erreichen und sich daran hochzuziehen. Und inzwischen klappt das ziemlich gut!

Letzte Woche haben wir einen richtig langen Spaziergang gemacht. Dabei haben wir einen wunderschönen Park mit einem kleinen See entdeckt. Schön war das! Letztendlich hat es auch Tanja ganz gut gefallen, auch wenn ich nach wie vor meine Überredungskünste anwenden muss, wenn es aus dem Bett in den Rolli und dann nach draußen gehen soll.

Karnevalswochenende, 18./19.2. 2012:

Trotz allem was mich so bewegt und oft sehr traurig macht, hab ich in diesem Jahr ganz schön viel Karneval gefeiert: In meiner alten Heimat E. war ich mit fast allen Freundinnen auf dem "Mütterkaffee" (eine Karnevals- Theater-Aufführung von Frauen für Frauen). Es war richtig schön, wir hatten viel Spaß. Mit Rolf war ich auf zwei Sitzungen: Letzte Woche in Köln (haben Freikarten bekommen) und heute, am Karnevalssamstag, sind wir mit meiner Schwester, meinem Schwager und Freunden in E. Es ist eine supertolle Sitzung. Um zwölf Uhr Mitternacht stoßen wir auf Rolfs Geburtstag an.

Bevor wir nach E. fahren, sind wir noch bei Tanja. Es herrscht eine gedrückte und traurige Stimmung – ich weiß gar nicht, wie ich sie trösten und ein wenig aufbauen soll. Als wir fahren, lächelt sie zwar wieder, aber es bedrückt mich, so wenig tun zu können.

Im Moment ist das oft so: Tanja hat regelrechte Stimmungsschwankungen. Letzte Woche – Til ist da, als ich komme und Tanja hat noch das Sprechventil auf der Kanüle: Die Stimme ist auch da – aber ganz leise und rau. Es fällt ihr unheimlich schwer, laut zu sprechen. Tanja bemüht sich sehr, aber es geht nicht besser. Die Tränen laufen – Til und ich versuchen, sie zu trösten. "Das wird bestimmt wieder. Die Stimme ist ja da." Ich nehme sie in den Arm. "Du hast nur zu wenig Kraft, um sie richtig einzusetzen. Wenn die Kanüle raus ist, können wir besser üben...." "Aber", krächzt Tanja, ein regelrechter Weinkrampf schüttelt sie. Ja, wird die Kanüle überhaupt jemals entfernt werden können???

Am nächsten Tag sieht sie dagegen wieder richtig gut aus – frisch frisiert und irgendwie strahlend. Da bin ich wieder zuversichtlicher und davon überzeugt, dass sich an Tanjas Zustand bestimmt noch viel verbessern wird. Nur werden wir – und besonders Tanja – wahrscheinlich noch sehr viel Geduld haben müssen.

Ich spreche mit den Therapeuten: "Kann man nicht noch irgendwelche Hilfsmittel besorgen, um die Muskeln zu stärken, damit die Bewegung besser wird?" Man will überlegen!!!

Und dann die Inkontinenz? Der Katheter liegt doch jetzt schon ein halbes Jahr. Ich spreche mit Dr. H.: "Es muss doch irgendetwas geben, was Blase und Darm wieder in Gang bringt! Gibt es denn kein Medikament für solche Fälle?" Schwester L. kommt gerade ins Zimmer. "Vielleicht sollten wir mit Blasentraining anfangen", schlägt sie vor. Der Arzt meint, das sei ein gute Idee. Man will jetzt im Team besprechen, wann und wie oft der Katheter abgeklemmt werden soll. "Dann werden wir sehen, ob Tanja wieder Druck auf der Blase verspürt."

Einen Tag später wird also mit dem Blasentraining begonnen. Wenn der Katheter abgeklemmt ist, sollte Tanja ganz normal ihre Blase entleeren können. Wenn sie den Druck verspürt, soll sie klingeln. Man bringt ihr dann die Bettpfanne. Aber auch hier brauchen wir noch ganz viel Geduld.

Tanja klingelt des Öfteren, wenn der Katheter abgeklemmt ist, aber es klappt nur sehr selten, dass sie auch wirklich in die Pfanne pinkelt! Dafür liegt sie dann später pitschnass im Bett – und merkt gar nix.

"Aber Tanja, du musst dich melden", ich versuche, meine Tochter zu beschwören. "Du hast mir doch gesagt, dass du merkst, wenn du aufs Klo musst." "Ja, abr machma do nich", verstehe ich beim dritten Mal! "Isch will cha nich im kingen." Tanja ist zwar nicht leicht zu verstehen, aber bei mir kommt an, dass sie nicht ständig nach dem Pflegepersonal klingeln möchte.

Das ist zwar falsche Rücksichtnahme, finde ich – aber da meine Tochter selbst aus der Pflege kommt, weiß sie, wie viel auf so einer Station zu tun ist und sie will nicht lästig werden – diese Erfahrung werde ich noch oft machen!

"Doch, das ist wichtig. Wenn du in dem nassen Bett liegst, wirst du krank und die Haut wird wund – das weißt du doch noch von deiner Arbeit im Pflegeheim." Jetzt fängt Tanja an zu weinen. Ich nehme sie in den Arm. Es tut mir leid. Ich darf nicht zu viel wollen und Tanja damit quälen....

Ich klingele! Schwester S. kommt. Das Bett wird frisch bezogen. "Das ist schon das dritte Mal in dieser Woche", meint sie. "Ist wahrscheinlich noch zu früh für das Blasentraining." "Aber irgendwann muss man doch damit anfangen", widerspreche ich (obwohl ich ja überhaupt keine Ahnung habe).

Wir vereinbaren, dass das Blasentraining fortgesetzt wird, aber die Schwestern und Pfleger kommen jetzt öfter zu Tanja rein und warten nicht auf ein Klingeln von ihr. Ab und zu klappt es mit dem Pinkeln in die Pfanne – aber meistens nicht.

Die Physiotherapeuten haben jetzt vorgeschlagen, für Tanja einen Bewegungstrainer zu bestellen. Wir telefonieren mit dem Sanitätshaus und vereinbaren einen Termin mit dem zuständigen Vertreter. Schon wenige Tage später ist er mit einem Katalog bei Tanja. Die Physiotherapeuten sind auch dabei und so wird ein Bewegungsapparat für Arme und Beine bestellt, der im Bett benutzt werden kann. Endlich tut sich wieder etwas!

.... und mit dem Blasentraining funktioniert es seit ein paar Tagen auch wieder besser, sagt mir der Pfleger. Tanja meldet sich und es klappt dann auch meistens mit dem Pinkeln!

Rosenmontag / Veilchendienstag, 20./21.2. 2012:

Ich habe mit Tanja vereinbart, dass wir sie bei schönem Wetter mit zum Karnevalszug nehmen. Am Rosenmontag lacht schon morgens die Sonne – es ist wunderschön und auch gar nicht so kalt. Rolf und ich sind um elf Uhr in Rheydt. Tanja sitzt schon im Rolli, als wir ins Zimmer kommen – wir ziehen ihr noch Jacke, Mütze und Handschuhe an und suchen uns dann einen sonnigen Platz am Zugweg.

Tanja ist gut drauf, auch wenn wir sie mehr oder weniger gezwungen haben, mitzukommen. Der Karnevalszug ist nicht sehr lang – ein paar Musikgruppen und bunte Fußgruppen, aber es macht Spaß, auch wenn das "Halt Pohl" für uns eingefleischte Kölner bzw. Oberberger doch ein bisschen fremd ist. Tanja guckt auch etwas befremdlich, aber sie versucht trotzdem zu klatschen und bekommt auch jede Menge Süßigkeiten auf ihren Schoß gelegt. Wir gehen anschließend noch eine Runde durch den Theaterpark und sind nach einer guten Stunde wieder in Tanjas Zimmer. Zusammen gucken wir uns im Fernsehen noch den Kölner Rosenmontagszug an.

Zum großen Veilchendienstagszug gehen wir aber ohne Tanja. Ich bin vorher noch bei ihr. Tanja hat heute lange geschlafen und noch nicht gefrühstückt. Ich quetsche für sie eine Banane – mit Apfelmus und Joghurt ein leckeres und gesundes Frühstück! Trotz Karneval kommt Nadine, die Physiotherapeutin. Das Sitzen auf der Bettkante klappt jetzt auch immer besser!

Wochenende, 25./26.2.2012:

Ramon ist an diesem Wochenende alleine hier. Clara hat am Freitagnachmittag angerufen und ich habe anschließend mit ihrer Ausbildungsbegleiterin und mit einer Psychotherapeutin aus dem Internat gesprochen: Die meinten, Clara solle doch an diesem Wochenende besser in Olpe bleiben und mal ein bisschen zur Ruhe kommen.

Mir bleibt da nicht viel mehr übrig, als dem zuzustimmen, obwohl ich das bei dem Gedanken an Tanja gar nicht gut finde. Die Woche ist für sie eh nicht so gut gelaufen.

Ich bin jetzt noch immer ziemlich fertig, wenn ich daran denke: Als ich vor zwei Tagen zu Tanja kam, hatte sie auf einmal zwei!! Katheter liegen. Dabei hat es doch immer besser mit der Bettpfanne und dem Klingeln geklappt! Aber nach Aussage von Pfleger K. war sie am Vortag zweimal nass gewesen. Irgendwie druckste er ganz komisch rum und meinte dann, Tanja könne das eben vom Kopf her nicht steuern. Das sei nach einem Schädel-Hirn-Trauma oder Schlaganfall eben so und ich würde zu viel erwarten und zu viel von Tanja verlangen.

Ich finde alles sehr schlimm, besonders für Tanja, die noch nicht einmal eine Unterhose oder eine Windel trägt. Braucht sie mit dem Katheter ja auch nicht. Aber ich finde das würdelos. Das sage ich dem Pfleger auch so. Er deckt sie zu und am nächsten Tag trägt sie eine Hose und es liegt nur noch ein Katheter.

Der Urologe war bei Tanja. Sie liegt auf dem Rücken, weint bitterlich und schluchzt: "Hat so weh getan." Ich versuche, sie zu trösten.... Der Pfleger kommt: "Es tut mir leid, aber wie ich Ihnen schon sagte: Auch der Urologe meint, Blasentraining bringe bei Tanja leider überhaupt nichts." "Was heißt das denn?", langsam werde ich ungeduldig. "Ist der Arzt noch hier auf der Station? Ich möchte ihn gerne sprechen."

Nach einer halben Stunde kommt der Herr Doktor ziemlich gehetzt ins Zimmer. Wir gehen nach draußen. Ich möchte nicht, dass Tanja das Gespräch mitbekommt. "Warum soll bei meiner Tochter das Blasentraining nichts bringen? Können Sie mir das bitte erklären." "Nein!" Er sagt wirklich einfach Nein. "Es würde ein bis zwei Stunden dauern, Ihnen das zu erklären. Und das bezahlt mir keiner!" So ein armer Kerl! Ich gucke diesen Herrn nur noch mit offenem Mund an. "Es ist so, dass sich die Blase nicht vollständig entleert", versucht er mir jetzt doch zu erklären. "So bleibt Urin und damit Harnsäure in der Blase. Das darf aber nicht sein. Und deshalb muss der Katheter liegen bleiben."

Er packt sein Köfferchen und wendet sich dem Ausgang zu. Pfleger K. ist auch entsetzt! Er steht neben mir. "Das glaube ich jetzt nicht – einfach unmöglich, wie der mit Ihnen gesprochen hat." "Es wird ja wohl noch andere Urologen in Gladbach geben. Tanja hat es sowieso lieber, wenn eine Frau so etwas wie Katheterwechsel oder ähnliche Untersuchungen vornimmt." Jedenfalls bestehe ich darauf, dass dieser Mensch nicht noch einmal zu meiner Tochter kommt.

Ist das wirklich so? Erwarte und verlange ich zu viel? Aber wenn man nichts macht und versucht, kann es doch nicht weitergehen – und das ist es doch, was ich für meine Tochter möchte. Sie soll wieder ein lebenswertes Leben haben, nicht nur da liegen und vor sich hin vegetieren.... an Schläuchen hängend und nur von anderen abhängig. Jetzt kommen mir auch Zweifel!

Nach solchen Niederlagen ist es natürlich für Tanja schön, wenn wenigstens die Kinder da sind und sie ein wenig trösten können, denke ich! Ob es wirklich so ist, weiß ich natürlich nicht. Ich frage nicht, weil ich meine Tochter nicht noch trauriger machen möchte. Aber ich kann auch verstehen, wenn Claras Therapeuten sagen, sie brauche mal Ruhe und ein bisschen Zeit für sich. Aber Ramon ist ja wenigstens gekommen und hat natürlich auch seine Mutter besucht. Der geht's jetzt wieder etwas besser.

Ich habe noch einiges zu erledigen und vorzubereiten, denn wir feiern am Sonntag Rolfs Geburtstag mit einem Brunch. Viele Freunde und Verwandte sind da. Es klappt alles gut und es ist richtig nett. Das Essen schmeckt, nur hab' ich mal wieder viel zu viel gemacht. Aber das ist ja meistens so! Ich bin jedenfalls froh, dass wir diese Feier gemacht haben. Ich versuche, unser Leben so normal wie möglich zu leben, zu gestalten, auch wenn ich eine so kranke Tochter habe.

Heute war ich auch nicht bei Tanja – aber Ramon war bei ihr und ihre Brüder sind von uns aus auch noch zu ihr gefahren. Tom und Reni haben Ramon mit zurück nach Neukirchen genommen. Ich bin immer beruhigt und froh, wenn ich weiß, dass der Junge wohlbehalten wieder in seiner Einrichtung angekommen ist.

Frühling.... und ganz viel Eis!

Anfang März 2012:

Es ist sonnig und mild – es riecht nach Frühling! Ein Freitagnachmittag: Nadine, die Physiotherapeutin ist gerade bei Tanja, als ich ins Zimmer komme. Von der Bettkante haben wir es geschafft, Tanja in den Rolli zu setzen. Wir gehen in die Stadt ein wenig shoppen. Überall sieht man schon Frühlingsblumen. Bei dem Wetter muss auch für Tanja etwas Farbe her: Eine schicke Jacke in türkisblau sucht sie sich aus. Die steht ihr richtig gut. Dann noch ein paar bequeme Hosen und T-Shirts. Ja, alles sieht sehr schön aus. Ich bin zufrieden! Auch Tanja lächelt, aber sie sieht jetzt ein wenig müde aus.

Wir gehen noch kurz ins Sanitätshaus. Hier hatte ich einen Spezialöffel für Tanja bestellt, den wir jetzt abholen. Der Löffel ist seitlich gebogen, hat einen dicken Griff und mit dem soll Tanja wieder lernen, selber zu essen. Motorik und Koordination sind noch sehr schlecht. Aber mit diesem Löffel und ein wenig Hilfe meinerseits klappt es dann später ganz gut, den Joghurt zu essen.

Auch eine "Zaubertafel" habe ich besorgt. Mit dem dazugehörigen Spezialstift kann man darauf malen und das Gemalte ganz leicht wieder wegwischen. Tanja versucht, Buchstaben und Wörter zu schreiben. Das ist sehr schwierig für sie.

Zuerst laufen auch wieder Tränen, als sie versucht, den Namen ihrer Tochter zu schreiben und nur ein paar zittrige Striche entstehen. Ich führe ihre Hand. "Das ist ja nur der Anfang. Wie ist unser Schlagwort?" "Üben, üben, üben", antwortet Tanja. Ja, genau so ist es.

Tanja muss alles wieder lernen – und deswegen sehr viel üben: schlucken, sprechen, essen, schreiben, Beine und Arme bewegen....

Aber ein Geschenk hat sie bekommen: Sie kann denken! Ihr Gedächtnis funktioniert – sie hat uns alle sofort erkannt – sie kann lesen und rechnen. Und über dieses Geschenk bin ich trotz allem sehr froh und dankbar.

Am nächsten Tag – Samstag – Tanja versucht gerade, auf dieser Tafel etwas zu schreiben, als es an der Tür klopft. "Herein!" Wir gucken auf, und ich zucke regelrecht zusammen: Olaf und seine Tochter Sandra kommen herein. Tanja fängt sofort an zu weinen – aber sie lächelt auch ein wenig – sie wirkt ganz verunsichert. Mir wird heiß und kalt gleichzeitig! Ich habe ja sehr gehofft, dieser Mensch würde nicht mehr bei meiner Tochter auftauchen. Gesprochen haben wir gar nicht von ihm. Tanja hat aber auch nicht gefragt. Bisher haben die Besuche sie beunruhigt – da war sie aber auch noch mehr im Wachkoma! Jetzt ist sie wach und ich merke, dass sie sich sehr freut.

"Du schreibst ja schon", sagt Olaf. Er nimmt Tanja in den Arm und küsst sie auf die Stirn. Auch Sandra drückt ihre Stiefmutter. Zu mir nicken die beiden nur kurz herüber. Sie nehmen sich Stühle und setzen sich zu Tanja ans Bett.

Ich verabschiede mich – ich halte den Mann nicht aus, bin wütend. Noch nicht mal einen Strauß Blumen hat er für seine Frau mitgebracht. Er kommt ja auch nur ganz selten. Was soll das also? Dann kann er es auch ganz bleiben lassen! Ich hoffe, Tanja kommt zur Vernunft und schießt den Kerl in den Wind, sprich: Sie lässt sich scheiden.... *aber davon ist sie noch weit entfernt!*

Am Sonntag wartet Tanja schon, als ich komme. Es ist schon fast Abend. Wir waren auf dem 18. Geburtstag der Zwillinge meines Bruders. Haben in der Lieblings-Pizzeria der beiden zu Mittag gegessen und dann zu Hause bei Gregor und Christel noch ein bisschen gefeiert. Das hatte ich Tanja zwar erzählt, aber sie hatte es vergessen und wartet schon ungeduldig. Ansonsten geht es ihr aber ganz gut. Von Olaf und Sandra sprechen wir nicht.

Am Mittwoch habe ich einen Termin bei Tanja mit Mitarbeitern des Amtsgerichts. Es geht um die Betreuung und die Bestallungsurkunde. Ein Richter und ein Rechtspfleger vom Vormundschaftsgericht kommen, begutachten und befragen Tanja. Sie versteht eigentlich alles, auch wenn sie kaum spricht; aber durch Nicken und Kopfschütteln kann sie den beiden Männern klarmachen, dass es für sie in Ordnung ist, wenn ich weiter die Betreuung für sie übernehme und alles für sie regele.

Aber jetzt weint Tanja wieder. Das scheint sie doch alles sehr mitzunehmen. Schon an den letzten beiden Tagen hat Tanja sehr viel geweint und ist ziemlich traurig.

Clara hat eine ganz niedliche "Gute-Besserungs-Karte" geschickt. Aber die scheint Tanja mächtig aufzuwühlen. Ganz stolz zeigt sie mir diese Karte und wirkt glücklich und traurig zugleich. Draußen scheint die Sonne und nach anfänglichem Zögern kann ich Tanja überzeugen, mit rauszukommen und mal frische Luft zu schnappen.

Am Nachmittag habe ich noch einen Termin bei der Rentenversicherung. Bis jetzt bekommt Tanja Krankengeld von ihrer Krankenkasse. Aber da es momentan keine Aussichten auf Genesung gibt, hat man mir nahegelegt, einen Antrag auf Erwerbsunfähigkeitsrente für Tanja zu stellen.

Von dem Widerspruch gegen die Ablehnung des Reha-Antrags weiß die Sachbearbeiterin nichts. Andere Baustelle! "Haben Sie denn den Reha-Antrag nicht bei der Krankenkasse gestellt? Die müsste jetzt dafür zuständig sein."

Das habe ich am nächsten Tag erledigt. Ich habe ja alle Unterlagen mit sämtlichen Anträgen und Stellungnahmen der Ärzte und Therapeuten in Kopie abgeheftet. Hab' also alles noch einmal kopiert und an die Krankenkasse geschickt.

Außerdem hatte mich Dr. H. gebeten, von der Krankenkasse das schriftliche "O.k." zu holen, dass alle verschriebenen Therapien übernommen werden. Er habe nur ein schmales Budget und ohne die Zusage der Krankenkasse könne er nicht so oft Logopädie, Physiotherapie und jetzt auch noch nach meinem Wunsch Ergotherapie verschreiben. "Bitte verstehen Sie mich nicht falsch, aber ich hatte schon ähnliche Fälle, da bin ich dann nachher auf den Rezepten sitzen geblieben."

Aber die Sachbearbeiterin der AOK ist total nett. Für sie ist es gar kein Problem, Dr. H. diese Zusage zu geben. "Ihre Tochter braucht doch diese Therapien, dafür ist sie ja krankenversichert." – "Ach ja, Ihren Reha-Antrag habe ich an die zuständige Stelle weitergeleitet. Sie werden bestimmt bald etwas hören. Und wenn Sie noch Fragen haben, rufen Sie bitte an oder kommen Sie vorbei." Toll! So sollte es ja auch sein – aber man hört ja sehr oft etwas ganz anderes.

Das Wetter ist in diesem März 2012 sehr wechselhaft. Oft ist es schon sehr warm und sonnig, also richtiger Frühling und zwei Tage später ist es total uselig! Und Tanjas Stimmung ist ähnlich. Manchmal ist sie tagelang richtig gut drauf. Wir gehen dann bei schönem Wetter ein bis zwei Stunden spazieren. Meistens gibt es zum Abschluss ein Eis! – Und dann wieder ist sie ganz traurig. Besonders wenn Besuch kommt, wie zum Beispiel meine Schwestern oder Freundinnen – dann weint sie meist ziemlich heftig!

Die Wochenenden mit den Kindern spielen sich ganz gut ein. Im Moment bin ich sehr hoffnungsvoll, dass es doch noch etwas mit uns Vieren + Tanja geben kann! Wir unternehmen viel zusammen. Rolf möchte den Kindern möglichst viel von der Stadt und der näheren Umgebung zeigen. Ich koche natürlich immer etwas, was die beiden gerne essen! Und bin ganz glücklich, dass es im Moment so harmonisch ist.

Clara ist ja meistens länger hier und mit ihr fahren wir dann auch mal nach Brüggen, nach Venlo und sonstwo hin. Ramon hat meist nicht die richtige Lust dazu. Außerdem ist er oft auch nur eine

Nacht hier. Dann wird lange geschlafen und danach gehen die beiden zu ihrer Mutter.

Ende März 2012:

Von der AOK habe ich Post bekommen: Die Reha ist genehmigt. Tanja wird wieder nach Bonn kommen. Wir warten jetzt auf den Termin-Bescheid der Klinik, dann kann es losgehen.

Wir sind sehr viel draußen. Zu Hause genießen wir unsere Terrasse und mit Tanja sind wir auch viel unterwegs. Sie ist nun meistens einverstanden, wenn ich sie frage, ob wir spazieren gehen sollen. Es scheint ihr gut zu tun, an der frischen Luft zu sein. Außerdem freut sie sich immer auf das Eis, das wir fast jeden Tag essen.

Ich habe noch nie so viel Eis gegessen wie in diesem Frühling 2012 – und ich glaube, Tanja auch nicht.

Mit dem Essen klappt es jetzt richtig gut – nur trinken soll Tanja auf keinen Fall. Flüssigkeit bekommt sie nach wie vor durch die Magensonde.

Manchmal bekomme ich doch einen riesigen Schrecken, so wie letzthin, als Tanja sich irgendwie heftig verschluckt, wahrscheinlich am Speichel. Sie hustet stark und die "feuchte Nase" (so wird der Verschluss der Kanüle in die Luftröhre genannt) fliegt in hohem Bogen durchs Zimmer. Mit einem Tuch beseitige ich den zähen Schleim, der aus der Kanüle läuft. Es ist sehr viel.

Mir kommt sofort der Gedanke an eine Lungenentzündung. Solche Ängste habe ich natürlich des Öfteren. Wir gehen ja fast täglich Eis essen, und auch wenn es keine direkte Flüssigkeit ist: Eis schmilzt. Ich hoffe, dass es nicht so ist und dass sich die Luftröhre inzwischen schließt und nichts mehr in die Lunge gelangen kann. Bald soll es wieder einen Termin zur Überprüfung im Krankenhaus geben. Den wollte der Pflegedienstleiter hier vom Haus machen –

ich muss mal nachhören.

Mit Rolfs Vater sind wir auch oft unterwegs. Das Altenheim, in dem er lebt, ist ganz in der Nähe eines Schrebergartens. Hier gehen wir mit ihm spazieren und genießen besonders jetzt im Frühling Schneeglöckchen, Krokusse, Narzissen und Co.... und auch mal ein Eis!

Mitte April 2012:

Inzwischen habe ich wieder angefangen zu arbeiten. Ich mache einen 400-Euro-Job bei einem Heilpraktiker. Irgendwie hatte ich Lust, noch etwas anderes zu machen. Reisen – so wir uns das einmal vorgestellt hatten – können wir ja sowieso nicht, solange ich mich so intensiv um Tanja kümmern muss. Da kann ich auch noch etwas Geld dazu verdienen! Hab die Kleinanzeige in unserem Anzeigen-Blättchen gelesen, eine Bewerbung per Mail geschrieben, mich vorgestellt und kann nun nach den Osterferien anfangen.

Das Wetter an Ostern ist ziemlich durchwachsen. Die Kinder sind hier und sie sind natürlich auch oft bei ihrer Mutter, die sich sehr darüber freut, die beiden zu sehen.

In den vergangenen Wochen war Tanja wieder sehr oft traurig. Sie hat viel geweint und ich konnte sie nur sehr schwer trösten. Es ist ja für sie auch eine ziemlich beschissene Lage. Ich bin zwar überzeugt davon, dass es für Tanja noch viel besser werden kann. Aber ich liege ja auch nicht da und muss das alles aushalten! Tanja liegt da und es ist alles sehr schwer und sehr mühsam für sie!

Ich rede viel über die anstehende Reha und dass dann bestimmt vieles wieder besser wird. Jedenfalls habe ich sehr große Hoffnungen in diese Richtung und versuche, auch meine Tochter davon zu überzeugen.

Tanja bekommt Besuch von meinem Bruder mit Familie, die nach einem Urlaub in Holland auf dem Rückweg bei uns vorbeikommen und dann natürlich auch zu Tanja fahren. Die Wiedersehensfreude ist groß – auf beiden Seiten, auch wenn die Tränen laufen.

Der Dienstag ist mein zweiter Arbeitstag bei Heilpraktiker B. Am Abend bin ich ziemlich geschafft: Heute war auch der Termin für Tanjas Schluckuntersuchung, aber es gab nur Theater um diesen Termin.

Zunächst war da die Transportfrage: Eigentlich sollte alles von der Pflegedienstleitung der Station geregelt werden. Aber da ich gesagt hatte, ich könne nicht mitfahren, hat meine "Lieblingsschwester" E. – genannt Hausdrache – den Termin einfach abgesagt, ohne mich zu informieren. Transporte ohne Begleitung seien nicht möglich. Ich bin stocksauer! Dabei habe ich ihr gesagt, Rolf könne die Begleitung übernehmen, sie müsse uns nur Bescheid sagen. Nach einem Telefonat meinerseits mit der Pflegedienstleitung (ich wollte nur hören, ob alles geklappt hat), wird Tanja dann doch mit dem Krankenwagen ins Krankenhaus gebracht – es geht auch ganz problemlos.

Rolf erwartet sie schon in der Ambulanz und ich komme dann später auch dazu. Aber es klappt nichts! Die Untersuchung kann gar nicht gemacht werden, da weder die zuständigen Ärzte noch die Logopädin anwesend sind. Man ist im Vorzimmer der HNO-Ambulanz sehr überrascht, als ich von einem Schlucktest spreche. "Davon wissen wir überhaupt nichts. Es gibt zwar einen Termin, aber warum?? Dazu ist hier nichts eingetragen." Also die ganze Aufregung heute umsonst. Wenn man nicht alles selbst erledigt! Jetzt könnte ich heulen. Tanja sieht aber gar nicht so unglücklich aus. Wir machen einen neuen Termin: Der Schlucktest soll jetzt am 8. Mai gemacht werden.

Es gefällt mir, wieder zu arbeiten. Ich brauche mit dem Rad ungefähr eine halbe Stunde bis zu der Praxis. Mittags fahre ich noch zu Tanja und bin dann meistens erst um 16 Uhr wieder zu Hause.

Ein ganz schön langer Tag! Aber trotzdem: Es gefällt mir, ich fühle mich wohl und freue mich dann, wieder zu Hause bei meinem Schatz zu sein!

Heute ist endlich ein Mitarbeiter des Sanitätshauses bei Tanja. Wir hatten ihn schon eher erwartet. Er erklärt uns das Trainingsgerät, das nun schon seit fast zwei Wochen in Tanjas Zimmer steht. Die Physiotherapeuten von oben sind auch dabei: Sie sollen ja mit Tanja an dem Gerät arbeiten!

Die hat richtig Spaß bei den Übungen, die sie liegend im Bett machen kann. Das Gerät funktioniert ähnlich einem Ergometer aus dem Fitness-Studio, nur fürs Bett: Die Füße werden an den Pedalen festgeschnallt und nun kann es losgehen: wie auf einem Liegefahrrad. Tanja strahlt! Toll!

Man kann unterschiedliche Schwierigkeitsgrade und Schnelligkeitsstufen einstellen – dann die Zeit: Und los geht's. Es ist toll zu sehen, wie weit Tanja auch schon in der Bewegung gekommen ist. Sie hätte noch länger getreten. Aber der Mann zeigt uns noch, wie man das Gerät umstellen und dann mit den Händen bedienen kann. Sehr schön! Nun können Tanjas Arme und Beine trainiert und die doch ziemlich schlaffen Muskeln wieder aufgebaut werden.

Ende April 2012:

Morgen werde ich 60 Jahre alt. Wir – Rolf und ich – sind auf dem Weg nach Bremen zu Rolfs Tochter und werden von dort aus unsere Radtour beginnen. Ich freue mich schon sehr auf diese "aktive Auszeit".

Bei Tanja ist soweit alles in Ordnung. Ramon war am Wochenende alleine da – Clara war zu einer Freundin gefahren.

Mit dem Bewegungstrainer kommt Tanja ganz gut zurecht. Sie liegt im Bett, guckt Fernsehen und dabei tritt sie in die Pedalen oder sie trainiert ihre Arme. Toll das Teil!

Claudi und Dirk haben große Neuigkeiten: Rolf wird Opa! Im November! Die Freude ist riesig! Am nächsten Morgen wird mit allem Pi-Pa-Po gefrühstückt und auf meinen Geburtstag und den erwarteten Erdenbürger angestoßen. Danach fahren wir zum Bahnhof und mit dem Zug bis Lüneburg. Wir haben eine sehr schöne Woche und genießen die Radtour an der Elbe, bis Ludwigslust und über Schwerin zurück bis Lüneburg.

Mitte Mai 2012:

Tanja hat die Zeit ohne uns gut überstanden: Ihre Brüder haben sich um sie gekümmert und Ramon hat sie auch an einem Tag besucht. Aber trotzdem ist sie froh, dass wir wieder zu Hause sind.

Am 8. Mai ist dann der Termin für Tanjas Schluck-Untersuchung. Da ich jetzt arbeite, kümmert Rolf sich ganz lieb im Krankenhaus um Tanja bis ich komme. Leider klappt das Ganze wieder nicht. Es läuft noch Flüssigkeit in die Luftröhre und Tanja hat nicht genügend Kraft, um alles abzuhusten. Frau Dr. P. rät ihr, verstärkt mit der Sprachkanüle zu sprechen.

"Sprechen Sie mit dem Personal auf der Pflegestation", sagt sie zu mir. "Tanja sollte so wenig wie möglich abgesaugt werden, damit sie selber abhustet. Es tut mir leid, aber leider kann das Tracheostoma noch nicht geschlossen werden." Ich bin ziemlich enttäuscht, aber Tanja selbst sieht das Ergebnis relativ gelassen.

Am nächsten Tag sieht es zwar ein bisschen anders aus – da weint sie bei meinem Besuch ziemlich heftig. Mit der Sprachkanüle hat sie große Schwierigkeiten. Das klappt nicht so wie es sollte. Es kommt kaum ein Ton raus. "Wir müssen das noch einmal mit Til besprechen. Vielleicht hat er ja noch eine andere Idee."

Ramon ist im Moment hier. Es hat Ärger mit anderen Jugendlichen gegeben. Ramons Betreuer hat dann hier nachgefragt, ob er bis zu dem Gespräch am kommenden Montag bei uns bleiben könne. Wir haben zugestimmt, obwohl ich nicht genau verstanden habe, warum er nicht in der Einrichtung bleiben kann. Egal – jetzt ist er hier. Es ist Mittwoch, der Tag vor Christi Himmelfahrt. Bin gespannt, ob alles glatt geht. Wir sind heute Abend auf einer Geburtstagsfeier, da ist Ramon alleine hier. Es klappt aber alles. Mit Ramon gibt's keine Probleme: Er geht jeden Tag zu Tanja und überhaupt ist er total friedlich und hilfsbereit.

Das Wetter ist auch super – wir sind viel mit Tanja an der frischen Luft und genießen die Sonne auf langen Spaziergängen und mit viel Eis essen. Zu Hause genießen wir Terrasse und Garten.

Ein Besuch meiner Schwestern fällt auch in diese Zeit. Christa und Petra möchten mir noch nachträglich zum Geburtstag gratulieren und zusammen mit Tanja und Ramon sitzen wir draußen an einem schönen Plätzchen in Rheydt, genießen das leckere Essen und die herrliche Frühlingssonne. Tanja hat sich Pellkartoffeln mit Quark ausgesucht und mit ein bisschen Hilfe isst sie selbständig und freut sich, dass sie mit dabei ist – und ein Eis zum Nachtisch darf natürlich nicht fehlen.

Das Hilfeplangespräch für Ramon läuft gut! Er bleibt in der Einrichtung und bekommt die Chance, seinen Schulabschluss dort zu machen. Ramon ist sehr erleichtert, das kann man ihm anmerken. Er bekommt nun weiter Hilfestellungen und Angebote, muss sie aber auch annehmen und mitmachen.

Zu der Zeit bin ich noch sehr zuversichtlich und optimistisch, was die Zukunft der Kinder angeht. Manchmal sehne ich heute diese Zeit zurück, um vielleicht doch noch etwas anders machen zu können! Alles Quatsch – geht ja nicht!

So geht der Mai ins Land – meistens ist das Wetter schön. Tanja macht weiter klitzekleine Fortschritte.

Manchmal gibt es auch Rückschläge, wie an dem Mittwoch, als ich nach meiner Arbeit bei Herrn B. zu ihr ins Zimmer komme. Tanja klagt über starke Bauchschmerzen. Der Arzt war schon da, aber es gibt keine richtige Erklärung für die Schmerzen. Das Blasentraining, zu dem man sich ein paar Tage vorher noch einmal entschieden hatte, wurde wieder unterbrochen. Tanja bewegt sich ja ziemlich wenig und so ist der Darm sehr träge und Stuhlgang nur mit Zäpfchen möglich. Das könnte der Grund sein, meint der Arzt. Ich hoffe, es normalisiert sich bald und Tanja hat dann keine Schmerzen mehr.

Meine Arbeit bei Herrn B. macht mir zwar eigentlich viel Spaß, aber mein Chef ist ein ganz komischer Kauz. Er meckert sehr viel rum, ich kann ihm nur wenig recht machen. Das trübt natürlich auch meine Laune. Trotzdem ist die Arbeit ganz gut und mit den Patienten komme ich sehr gut aus.

Pfingsten 2012 (25.-28.5.):

Das Wetter ist einfach herrlich – und das schon die ganze Woche! Freitag ist mein letzter Arbeitstag für diese Woche.

Als ich bei Tanja ankomme, ist Ramon schon da – er wird wohl bis Montag bei uns bleiben. Ich bin nur kurz bei Tanja, da wir noch einkaufen müssen – heute Abend kommen Freunde zum Grillen. Clara kommt aus Olpe, ich hole sie gegen 18 Uhr vom Bahnhof ab. Es wird ein richtig netter Abend – auch die Kinder sind dabei.

Am nächsten Tag gehen wir zu viert (Tanja, Clara, Ramon und ich) in die Stadt. Es ist so heiß, dass wir uns ein schattiges Plätzchen suchen, um dann – na was wohl – ein leckeres Eis zu essen.

Rolf und ich fahren am Abend nach E. Wir haben Kegeln. Clara und Ramon wollen ihre "Oster-Kino-Gutscheine" einlösen. Wie verabredet, melden sie sich telefonisch gegen halb elf und sagen Bescheid, dass sie wieder zu Hause sind.

Am Sonntag kommt Tanja dann zum ersten Mal zu uns nach Hause. Sie wird mit einem Krankentransport gegen Mittag gebracht. Rolf holt auch seinen Vater aus dem Altenheim. Später kommen noch Tom und Reni mit Alina. So sind wir doch eine relativ große Truppe. Wir grillen. Leider eskaliert es dann ein wenig mit Ramon. Er ruft in seiner Gruppe an und fragt, ob er früher zurückkommen kann. Schade!

Aber ich denke, Ramon kann sehr schlecht mit der Krankheit und dem Zustand seiner Mutter umgehen. Er verkraftet es noch schlechter als Clara, die Mutter so hilflos zu sehen und weiß nicht, wohin mit sich und seinen Gefühlen. Er wird bockig und aggressiv – und damit können wir "Erwachsenen" wieder sehr schlecht umgehen. Tanja guckt ganz hilflos. Sie möchte etwas sagen, kann aber nicht sprechen und hängt so richtig dazwischen.

Die Kinder berappeln sich dann auch halbwegs wieder. Zum Essen sitzen wir alle zusammen am Tisch. Es schmeckt alles ganz gut, auch wenn es nicht so das typische Grillfest wird! Clara hilft ihrer Mama: Das Würstchen schneidet sie in Mini-Ministücke, der Kartoffelsalat wird matschig geknetet – alles klappt wunderbar. Rolf hilft seinem Vater beim Essen – Zähne sitzen – klappt auch gut!

Gegen 16 Uhr wird Tanja wieder abgeholt und Ramon verabschiedet sich gleich mit. Wir anderen spielen noch Tischtennis und Federball.

Rolfs Vater hält heute lange durch. Er hat sichtlich Freude an dem bunten Treiben im Garten – gegen 18 Uhr sind dann auch Tom und Familie weg und Rolf bringt seinen Vater zurück. Clara und ich räumen auf.

Der Pfingstmontag verläuft dann ganz ruhig. Wir frühstücken draußen – Clara schläft etwas länger. Wir beide fahren dann am Nachmittag zu Tanja. Clara fährt am frühen Abend zurück ins Sauerland. Ich habe für Tanja den gepackten Koffer dabei: Morgen geht es zur Reha.

Wieder in Bonn

29.5.2012:

Nach dem Frühstück fahre ich nach Bonn. Tanja ist schon früh mit dem Krankenwagen in die Reha-Klinik gebracht worden. Sie ist wieder auf der C4, der Station, von der sie im November letzten Jahres aus nach Gladbach gekommen ist.

Als die Aufzugtür aufgeht, sehe ich sie schon auf dem Flur sitzen. Ganz niedlich sieht sie aus: Die Haare sind frisch gewaschen, sie trägt ein schickes T-Shirt und eine schöne moderne Hose. Tanja nickt, als ich sie frage, ob sie gut geschlafen habe und macht einen ganz fröhlichen Eindruck. Ein buntes Kissen hat sie dabei, das Abschiedsgeschenk des Pflegepersonals von Rheydt, wie ich erfahre. Ich verstehe Tanja eigentlich recht gut, auch wenn ich schon mal nachfragen muss.

Man rechnet in Rheydt scheinbar nicht damit, dass Tanja zurückkommt. Das Zimmer wird jetzt erst einmal wieder belegt. Die Reha ist für vier Wochen genehmigt, aber es wird wahrscheinlich mindestens eine Verlängerung geben, denke ich. Die Schwestern und Pfleger auf der Station C4 sind sehr nett, die meisten kennen Tanja noch und freuen sich, sie wiederzusehen. Sie sind begeistert darüber, dass es ihr so gut geht und dass sich doch etwas getan hat. Ich gehe noch eine Runde mit Tanja spazieren, dann kommt der Stationsarzt und will ein paar Untersuchungen machen. Tanja ist froh, dass sie jetzt im Bett liegen kann.

Auch Dr. K. ist zunächst mal überrascht darüber, dass Tanja doch ganz gute Fortschritte gemacht hat. Allerdings ist er entsetzt, als er von der geblockten Kanüle hört. "Wie Sie essen mit dieser Kanüle?" Pause! "Tut mir leid, aber das gibt es hier nicht. Entweder Sie dürfen essen, weil Sie sich nicht verschlucken bzw. weil Sie richtig abhusten können oder Sie werden durch die Sonde ernährt –

genau wie Sie auch die Flüssigkeit bekommen." Dr. K. sieht unsere entsetzten Gesichter, Tanja rollen Tränen über die Wangen, auch ich muss schlucken. Doch wieder ein Rückschritt.

Er sagt dann zu der Schwester: "Bitte einen Schlucktest für nächste Woche anberaumen. Ich gucke mir das selbst an. Aber bis dahin bitte keine Nahrung! Nur über die Sonde." Zu mir sagt er: "Ich kann das wirklich nicht verantworten." "Aber es hat doch die ganze Zeit geklappt", versuche ich einzuwerfen und die Entscheidung von Frau Dr. P. aus Gladbach zu rechtfertigen. "Es ist ja auch nichts passiert. Und Tanja hustet schon ordentlich, wenn sie sich ver-schluckt." Aber Dr. K. lässt darüber nicht mit sich reden. "Wir gucken, dass Ihre Tochter verstärkt Schluck- und Sprachtherapie bekommt. Ansonsten das Übliche: Physio- und Ergotherapie."

"Setzen Sie sich doch einmal auf die Bettkante", sagt er zu Tanja. Sie hangelt sich irgendwie hoch. Es ist für sie sehr schwierig, die Beine zu bewegen und über die Bettkante hängen zu lassen. Aber irgendwie geht es doch. Und ganz kurz kann sie sogar mit unserer Hilfe auf den Füßen stehen. "Sehr gut", lobt Dr. K. Aber wir merken auch, wie anstrengend das jetzt für Tanja war. Sie ist heilfroh, als sie die Beine wieder hochlegen und den Rücken an-lehnen kann.

Am nächsten Tag zu Hause machen wir eine wunderschöne Fahrradtour. Rolf zeigt mir wieder einen Teil seiner Heimat, den ich noch nicht kenne: Wir fahren zur Trabrennbahn und zum Flugplatz. Hier gibt es aber keinen Linienverkehr mehr, auch keine Charter-flüge. Von hier aus starten nur Rundflüge über die Stadt und die nahe Region – sogar mit der alten "Tante Ju", die hier ihren Stand-ort hat.

An der Niers entlang fahren wir zurück bis zum Volksgarten. Hier ist Tanja seit Oktober letzten Jahres im DRK-Haus angemeldet und steht auf der Warteliste. Wir müssen ja nun zusehen, dass wir einen Platz für Tanja finden, wenn sie aus der Reha entlassen wird.

Frau M., die zuständig ist, ist leider nicht da. Ich werde auf den nächsten Tag vertröstet und gebeten, dann anzurufen. Das mache ich auch. Aber es hat sich gar nichts getan, erklärt mir Frau M. Leider! Wir müssen also weiter warten. Frau M. will sich bei uns melden, falls sich etwas tut. Das kann aber noch dauern!

So war es! Ganze zwei Jahre hat es noch gedauert. Im April 2014 kann Tanja endlich ins DRK-Haus einziehen.

Anfang Juni 2012:

Ich versuche, jeden zweiten Tag nach Bonn zu kommen, damit Tanja sich nicht so einsam und verlassen fühlt. Heute fahre ich mit dem Auto in die Praxis und nach der Arbeit direkt weiter nach Köln. Ich hole Max ab und zusammen fahren wir zu Tanja. Sie hat gerade eine Untersuchung, als wir kommen. Wir sitzen lange im Flur und müssen warten, bis Tanja fertig ist. Aber es geht ihr gut. Wir gehen zusammen in ihr Zimmer. Leider ist Tanjas Zimmernachbarin schon sehr alt und dement. So sind quasi zwei Pflegefälle in dem Zimmer, die sich in keiner Weise irgendwie unterhalten oder gegenseitig ein wenig helfen können. Schade, aber leider nicht zu ändern!

Am Wochenende fahre ich mit Rolf nach Bonn. Das Wetter ist immer noch sehr schön. Tanja macht einen zufriedenen Eindruck. Sie ist auch einverstanden, dass wir zusammen nach draußen in den Park gehen.

Wenn ich nicht hinfahre, rufe ich auf der Station an. Meistens höre ich, dass es Tanja ganz gut geht und dass sie sich wohl zu fühlen scheint.

Nach dem Besuch bei Tanja fahren Rolf und ich über Brück (dort stehen immer noch Kartons von mir im Keller, von denen wir so viele wie möglich ins Auto laden) nach E. Meine Freundin Elke feiert heute ihren Geburtstag. Es ist schön, sie und andere Freunde zu treffen.

Ramon ist an diesem Wochenende bei Max und Hanna in Köln. Eben ruft er hat mich an und erzählt, dass er am Sonntag mit Hanna zusammen bei seiner Mutter in Bonn war. Es habe alles gut geklappt und auch er meint: "Der Mama geht es besser, sie weint auch nicht mehr so viel."

Es ist Dienstag – ich bin in Tanjas Zimmer: Tanja ist zur Ergotherapie unten in einem Therapieraum im Keller. Der neue Therapieplan, der montags immer für die ganze Woche ausgedruckt und verteilt wird, liegt auf Tanjas Nachttisch. Ich bin entsetzt: Es sind überhaupt keine Schluck- und Sprachtherapien auf dem Plan! Was soll das denn? Dr. K. hatte doch angeordnet, dass Tanja gerade diese Therapien verstärkt machen soll, damit sie bald wieder essen und trinken kann. Ich gehe sofort ins Stationszimmer. Dr. K. ist aber nicht zu sprechen. Die zuständige Schwester kann das auch nicht verstehen. Sie sagt mir aber, dass Herr H. für die Pläne verantwortlich ist und ich solle direkt zu ihm gehen und mit ihm sprechen.

Tanja kommt gerade zur Station zurück. Nach der Begrüßung gehen wir jetzt erst einmal zusammen zu diesem Herrn H. Genau erklären kann er sich und mir das allerdings auch nicht. Aber er verspricht mir, die Pläne zu ändern und die Termine bei den Logopäden mit aufzunehmen, so viele wie möglich. "Ach ja – jetzt sehe ich: Zwei der Logopäden sind krank – und die anderen können deren Therapiestunden ja nicht alle übernehmen. Da kann es schon mal vorkommen, dass es nur zwei statt drei Therapiestunden in der Woche gibt." "Das ist viel zu wenig", entgegne ich. "Meine Tochter braucht gerade die Schluck- und Sprachtherapie sehr dringend und wenn es geht, mehr als zweimal in der Woche".

Ich gehe mit Tanja noch eine Runde nach draußen – laut Therapieplan findet heute nichts mehr statt. Aber nach einer halben Stunde möchte sie ins Bett. Sie ist ja auch schon lange auf und dementsprechend müde – ich übrigens auch! Ich bringe Tanja hoch auf ihr Zimmer. Mit der Schwester zusammen bugsiere ich sie ins Bett. Als ich zum Auto gehe, fängt es kräftig an zu regnen.

Mitte Juni 2012:

Tanja ist nun schon zwei Wochen in Bonn. Sie bekommt relativ viel Besuch: von ihren Brüdern, ehemaligen Arbeitskolleginnen oder von einer meiner Freundinnen. Meine Freundin Hanne wohnt in Bonn und fährt öfter mal hin. Wir sprechen uns immer ab, so dass fast jeden Tag jemand bei Tanja ist, an jedem zweiten Tag fahre ich hin.

Letztes Wochenende hatte Clara ihr "Heim-Wochenende". Wir sind samstags nach Bonn gefahren. Tanja ging es gut, das Wetter war schön und wir waren lange an der frischen Luft. Clara hat bei einer Freundin in Bonn übernachtet und war am Sonntag dann noch einmal lange bei ihrer Mutter. Ramon kam mit dem Zug dazu – so hatten die drei einen schönen Familien-Sonntag.

Heute habe ich ein Gespräch mit Dr. K. Letzte Woche war die Schluckuntersuchung. Tanja hat mir schon gesagt, dass es nicht gut gelaufen ist, aber etwas Genaues weiß sie auch nicht. Die Schwestern dürfen nichts sagen – so musste ich auf den Termin heute warten, um etwas zu erfahren.

"Leider aspiriert Ihre Tochter immer noch, wenn sie Flüssigkeit zu sich nimmt", fängt Dr. K. das Gespräch an. "Nicht bei Joghurt, Banane oder festen Speisen. Die Ernährung ist aber noch nicht umgestellt worden." "Warum denn nicht?" Ich bin ziemlich unge-duldig. "Als Tanja hierher kam, hat sie auch alles gegessen. Ge-trunken hat sie nicht. Also hat sich doch gar nichts verändert." "Wir werden Ihre Tochter noch weiter beim Essen beobachten. Die Kanüle wird entblockt – dann sollte es eigentlich mit dem Essen klappen." Ich hole tief Luft. "Das ist doch schon mal etwas – da wird sie sich freuen. Endlich geht's wieder ein bisschen aufwärts. Wie sieht es denn mit der Verlängerung aus?", frage ich weiter. "Die ist beantragt." Er macht eine Pause.

"Aber die Ergotherapeuten sind mit Ihrer Tochter nicht wirklich zufrieden. Sie macht nicht richtig mit, sagte mir gestern ein Mitarbeiter, der sehr viele Therapiestunden bei Tanja hat. Außerdem weint sie wohl ziemlich schnell, gerade wenn man sie fordert." "Wenn ich komme, ist sie meistens gut gelaunt, lacht und macht sogar noch Übungen mit mir.... Und andere Besucher erzählen mir auch meistens, dass sie gut drauf ist. Sicher...., sie weint auch mal. Hat sie ja auch allen Grund zu – oder?" "Vielleicht sollten wir Antidepressiva verabreichen, einen Stimmungsaufheller?" "Nein!" – Das kommt von mir ganz entschieden und schnell. "Das finde ich nicht gut." Jetzt muss ich aufpassen, dass ich hier vor dem Arzt nicht anfange zu weinen. "Ich werde aber meine Tochter fragen, was sie davon hält und Ihnen Bescheid sagen, falls sie solche Tabletten haben möchte. Kann ich mir aber eigentlich nicht vorstellen." Ich verabschiede mich. Dr. K. schüttelt mir die Hand. "Sobald die Verlängerung durch ist, bekommen Sie von uns Bescheid."

Tanja sitzt in ihrem Rolli auf dem Flur, als ich aus dem Arztzimmer komme. "Hast Du Lust auf einen Spaziergang?" Tanja ist einverstanden. Im Park setze ich mich auf die Bank, Tanja sitzt mir ein wenig schräg gegenüber. Schön ist es in der Sonne.

Erst mal erzähle ich Tanja, dass sie jetzt doch wieder essen darf. "Und zwar darfst du wahrscheinlich bald wieder alles essen, natürlich klein geschnitten, gestampft oder geknetet, keine großen Stücke, aber essen darfst du alles – wie in Rheydt zuletzt auch. Aber die Logopäden probieren das noch mit dir aus. Beim Trinken kommt leider immer noch Flüssigkeit in die Luftröhre. Es bleibt also alles wie gehabt." Tanja nickt, sie freut sich. "Ja, ist doch toll, oder?" Ich freue mich auch. Tanja scheint begeistert darüber zu sein, dass sie nach diesen zwei Wochen endlich wieder essen kann.

"Ach ja, noch etwas: Dr. K. meint, du bist oft traurig oder weinst bei den Therapien, wenn es nicht so gut klappt. Er fragte, ob du einen Stimmungsaufheller haben möchtest, also Antidepressiva?" Tanja schüttelt heftig den Kopf. Ich nehme sie in den Arm. Jetzt weint sie doch wieder. "Das hab ich mir schon gedacht. Ich finde auch, dass du so etwas nicht brauchst. Jedenfalls im Moment nicht. Du bekommst eh so viele Medikamente. Es geht dir doch meistens gut. Und überhaupt finde ich, dass du bei den Therapien gut mitmachst. Oder ist das nur so, wenn ich dabei bin?"

Tanja lacht jetzt und schüttelt wieder den Kopf. "Und weinen darfst du auch mal – andere würden nur heulen. Du machst das alles ganz toll." Ich versuche sie zu trösten und ein wenig aufzubauen. Ich bin nach wie vor davon überzeugt, dass es noch ganz weit nach oben gehen kann. Tanja darf nur nicht aufgeben und sich nicht unterkriegen lassen.

Als wir zurück auf die Station kommen, empfängt uns schon die Schwester. "Gut dass Sie kommen. Die Logopädin hat noch einen Termin dazwischen geschoben, sie wird jeden Moment da sein." Ein paar Minuten später ist die junge Frau mit Kartoffelbrei da. Tanja nimmt den gefüllten Löffel selbst in die Hand und führt ihn in den Mund. Super! Relativ schnell hat sie alles aufgegessen.... es scheint ihr zu schmecken und Spaß zu machen. Die Kanüle ist ungeblockt und es ist auch nur wenig Schleim abzusaugen.

Der Test ist also gelungen: Tanja wird nun wieder essen dürfen. Die Logopädin meint noch, dass Tanja auch außerhalb der Therapiestunden tagsüber den Sprechaufsatz tragen solle – das mache sie viel zu wenig. Das stimmt. Mit der Stimme hapert es noch immer sehr. Das Sprechen mit dem Aufsatz scheint Tanja sehr anzustrengen, aber auch das Atmen, wenn sie nichts sagt.

Ich ermuntere Tanja noch einmal, den Sprechaufsatz zu tragen, damit sie sich besser verständigen und auch mal mit den anderen Patienten sprechen kann. Sie kennt nämlich schon einige, die uns immer ganz freundlich mit einem "Hallo" grüßen.

Bei meinem nächsten Besuch begleite ich Tanja zu einer Stunde bei der Ergotherapeutin. Heute ist sie allerdings ziemlich traurig. Die junge Therapeutin ist sehr nett, sie muntert Tanja immer wieder zum Mitmachen auf und tröstet sie, wenn die Tränen laufen. Tanja hat es jedenfalls geschafft, eigenhändig an ihrem Rolli die Bremsen zu lösen. Außerdem hat sie die Fußklappen hochgestellt, die Füße auf den Boden gestellt und mehrmals aufgestampft. Super! Mit den Händen trommelt sie auf einem großen Ball. Und zum Schluss stützt sie sich selbständig im Rolli ab und kann sich alleine zurücksetzen. Ich bin ehrlich begeistert: Das ist richtig gut!

Ortswechsel / Arbeitsamt Gladbach: Clara ist mit ihrem Betreuer dort und ich soll dazu kommen. Es geht um die Kostenübernahme für Claras Ausbildung, die sie ja in Olpe macht. Daher war das Arbeitsamt Bonn zuständig und von dort liegt auch die Kostenzusage vor. Da Clara nun bei uns wohnt, wäre eigentlich eine Ausbildung in Olpe für sie nicht möglich gewesen. Aber wegen der besonderen Situation haben sich dort alle dafür eingesetzt, dass Clara bleiben kann – allerdings ist Bonn jetzt nicht mehr für die Kosten zuständig. Nun hoffen wir, auch die Sachbearbeiterin des Arbeitsamtes in Gladbach davon überzeugen zu können, dass Clara hier am Wochenende wohnen muss und dass deshalb die Kosten von diesem Amt getragen werden müssen.

Es ist auch gar nicht so schwierig und sieht gut aus für Clara. "Sie sagten, Sie werden psychotherapeutisch begleitet?" Die Sachbearbeiterin wendet sich an Clara. "Wir bräuchten dann noch einen Bericht der Psychotherapeutin über Ihre besondere Situation. Ich denke, dann steht einer Kostenübernahme durch das Arbeitsamt Gladbach nichts mehr im Wege. Ich wünsche Ihnen alles Gute – und vor allem Ihrer Mutter. Wir sehen uns bestimmt wieder." Sie wendet sich zu mir: "Auch für Sie alles Gute. Auf Wiedersehen."

Ramon hatte gestern Geburtstag – er ist 16 geworden und hat

mit seinen Kumpels in der Einrichtung ein wenig gefeiert. Im Moment läuft es richtig gut mit ihm. Er ist sogar in der letzten Woche mit Rolf zum Kegeln gegangen und wie er sagte, hat es ihm richtig Spaß gemacht. Es gibt Ramons Lieblingsessen: Cordon Blue mit Kroketten. Später gehen wir noch zum Bowling.

Heute fahren wir zusammen nach Bonn zu Tanja. Sie weint zuerst, als sie Ramon sieht – will ihm zum Geburtstag gratulieren, aber der Sprechaufsatz ist nicht auf der Kanüle, also kann sie gar nicht sprechen. Ramon nimmt seine Mama in den Arm – nun weint er auch, aber das soll niemand sehen. Schnell dreht er den Kopf zur Seite.

Es ist so schlimm für mich, die beiden so zu sehen. Es tut so weh! Nun laufen bei uns allen die Tränen. Aber nur kurz – dann räuspern wir uns, Ramon putzt sich die Nase und dann lachen wir. "Lasst uns nach draußen gehen", schlage ich vor. "Die Sonne scheint, es ist schön warm, da können wir auf der Terrasse ein Eis essen." Das machen wir auch. Vorher gehen wir noch eine große Runde durch den Park gegenüber.

Am Abend klingelt noch spät das Telefon: Clara ist dran. Sie weint! "Ich will hier weg! Diese blöde Kuh!" Ich versuche, sie zu beruhigen. "Was ist denn los?" "Ich will hier weg. Die sind alle doof hier. Mit dieser Ela will ich gar nichts mehr zu tun haben. Die ist genau wie der Pedro. Und der hat ganz fies über die Mama geredet. Bitte, Oma, hol mich hier raus." Ich bin jetzt auch hilflos. "Das ist echt bescheuert, wenn jemand über kranke Menschen herzieht." Was soll ich noch sagen? "Das darfst du nicht so ernst nehmen. Die haben ja überhaupt keine Ahnung. Aber die wollten dich ärgern und damit treffen, und das haben sie ja auch geschafft. Es tut mir leid, Clara. Ist noch jemand von den Betreuern da?" "Nur Christine, die hat Nachtdienst. Sie war sehr nett zu mir. Sie hat mich getröstet und gesagt, ich soll morgen mit Frau Wiese sprechen. Die würde das mit uns klären." "Ich kann verstehen, dass es dir jetzt ganz schlecht geht, aber ich möchte dich nicht holen. Versuch erst einmal, darüber zu schlafen.

Morgen sprichst du mit Frau Wiese. Vielleicht kannst du ja auch mit deiner Therapeutin darüber sprechen und fragen, wie du dich verhalten sollst, wenn dir jemand so blöde kommt und über deine Mutter herzieht." Ich überlege: "Aber ich glaube, die machen das nicht noch einmal. Geh in dein Zimmer und versuche zu schlafen. Ist denn Corinna (das ist Claras Zimmernachbarin) nicht da?" "Doch, die steht hier neben mir." "Dann geht's dir bestimmt bald wieder besser...." "Ja, es geht schon wieder – Gute Nacht", kommt es jetzt zaghaft zurück. Ich atme tief durch. "Gute Nacht mein Schatz! Morgen sieht es bestimmt wieder besser aus."

Am nächsten Tag gibt es eine Aussprache aller Beteiligten mit der Betreuerin. Scheinbar hat man die richtigen Worte gefunden: Clara will danach nicht mehr weg!

Dieses negative Erlebnis wegen der Erkrankung ihrer Mutter war eine Ausnahme. In der Richtung haben die Kinder – soweit ich mich erinnern kann – nichts mehr erlebt oder sie haben es mir nicht gesagt.

21. – 24.6.2012:

Wir brechen heute zu unserer Sistertour auf. Gerda hat die Chemo gut überstanden und ist wieder fit. Sie sieht richtig gut aus. Wir freuen uns auf unsere Tour nach Belgien.

Ich habe gerade noch mit Dr. K. in Bonn telefoniert, nachdem ich gestern den Eindruck hatte, dass es Tanja ganz gut geht. Sie ist wirklich sehr froh, wieder essen zu dürfen. Das klappt auch ganz prima. Es ist zwar wieder "nur" pürierte Kost, aber es schmeckt wenigstens nach irgendetwas! Und Joghurt, Griesbrei, Pudding, Kuchen – so etwas geht ja immer! Auch Dr. K. findet das sehr gut und hofft, dass bis zum Ende der Reha die Kanüle entfernt und das

Tracheostoma geschlossen werden kann. Das wäre toll. So hat er jedenfalls den Verlängerungsantrag begründet, wie er mir sagt. Aber gehört hat er von der Krankenkasse noch nichts. "Vielleicht fragen Sie mal bei der Krankenkasse nach", sagt er zum Schluss des Telefonats.

Das mache ich. Aber dort ist noch nichts entschieden, sagt mir die Sachbearbeiterin am Telefon. Also abwarten! Ich hoffe sehr, dass Tanja noch ein paar Wochen in Bonn bleiben kann. Der Aufenthalt dort tut ihr gut und ich finde, es gibt jeden Tag kleine Fortschritte. Vor allem hoffe ich, dass das Tracheostoma geschlossen werden kann und dass Tanja dann wieder sprechen und alles essen kann.

Jetzt freue ich mich aber erst einmal auf unsere Tour. Rolf bringt mich nach Köln - dort treffe ich mich mit meiner Schwester Christa und gemeinsam geht es dann nach E., wo wir Gerda, Rita und Petra treffen. Rolf fährt weiter zu Tanja.

Diese Tage mit meinen Schwestern sind sehr sehr schön. Ich weiß, dass Tanja gut versorgt ist und kann die Zeit genießen. Ich glaube, wir genießen alle fünf diese Zeit miteinander, auch wenn wir das jetzt nicht so direkt ansprechen. Wir wissen ja nie, wie lange wir das noch machen können....

Es war unsere letzte Sistertour mit Gerda – im März 2013 hat sie ihren Kampf gegen den Krebs verloren.

Die Kinder sind am Wochenende, während wir in Brügge und Maastricht sind, bei Rolf. Es ist sooo toll, wie er sich um alles kümmert, gerade wenn ich nicht da bin. Rolf will Pommes mit Cevapcici machen. Das ist noch in der Gefriertruhe. Er sagt mir am Telefon, dass alles prima läuft! Die drei haben zusammen gegessen und dann Fußball geguckt - Europameisterschaft! Zu Tanja sind sie auch gefahren.

Als ich am Sonntag nach Hause komme - Rolf hat mich in

Kerpen abgeholt – sind die Kinder noch da. Ich freue mich, die beiden zu sehen. Wir essen noch zusammen auf der Terrasse, bevor ich zuerst Ramon und später dann auch Clara zum Bahnhof bringe.

Ende Juni 2012:

Im DRK-Haus gibt es immer noch keinen Platz für Tanja. Ich habe eben dort angerufen. Nun bin auf dem Weg zu ihr. Heute soll es noch einmal eine Schluckuntersuchung geben. Wenn alles klar geht, wird die Kanüle dann in den nächsten Tagen entfernt. Das wäre zwar toll, aber wir haben ja noch keinen Platz für Tanja. Wir müssen abwarten. Ich weiß ja auch, dass ich mir nicht zu große Hoffnungen machen darf. Es ist ja schon dreimal schief gegangen.

Ich komme rechtzeitig bei Tanja an und kann bei der Untersuchung dabei sein. Und wieder klappt es nicht! Die feste Nahrung schluckt Tanja zwar gut und ohne Schwierigkeiten herunter. Aber beim Trinken läuft wieder Flüssigkeit in die Luftröhre. Und Tanja merkt nichts! Sie hustet nicht – was die normale Reaktion gewesen wäre. Jetzt soll noch einmal in großer Runde beraten werden.

Wahrscheinlich wird die Kanüle doch nicht entfernt und dann kann Tanja nach Rheydt zurück. Denn das ist eine Voraussetzung für die Intensiv-WG. Die meisten Menschen die dort leben, sind im Wachkoma. Fast alle haben ein Tracheostoma. Patienten mit Kanüle müssen ja mit viel größerem Aufwand versorgt werden. Aber Tanjas Zimmer konnte nicht freigehalten werden. Ich muss mit Herrn A. telefonieren.

7.7.2012:

Dieser schreckliche Tag, der vor einem Jahr unser ganzes Leben veränderte. Es ist so viel passiert in diesem Jahr, und doch hat sich trotz des schlimmen Schicksals, das Tanja ereilte, auch vieles wieder zum Guten gewendet. Ich habe heute auch mit Tanja darüber gesprochen. Wir sind beide sehr zuversichtlich, dass es weiter bergauf geht und dass sich noch viel tun kann und wird.

Das hat sich auch in den letzten Wochen gezeigt: Tanja hat jetzt jeden Tag Ergo- und Physiotherapie im "Forum", so wird diese zusammenhängende dreistündige Therapie mit immer demselben Therapeuten-Team genannt. Das tut ihr gut und sie macht gut mit – nun kann sie sich schon drehen und kommt mit Hilfe zum Sitzen und sogar zum Stehen.

Nur die blöde Kanüle kann nicht entfernt werden. Ist einfach zu gefährlich, sagen die Ärzte. Etwas Gutes hat das aber: Tanja kann jetzt wieder zurück in ihre WG nach Rheydt. Ich habe mit Herrn A. gesprochen. Im Moment ist zwar noch nichts frei, aber das könnte sich in den nächsten zwei bis drei Wochen ändern. Er ist da ziemlich zuversichtlich. Das ist super und beruhigend – so können wir in Ruhe abwarten. Tanja findet das auch gut. Sie hat sich dort wohlgefühlt: Außer dem "Hausdrachen" sind ja auch alle sehr nett. Herr A. will die Krankenkasse vorab darüber informieren, dass Tanja nach der Reha zu ihm in die Pflegeeinrichtung zurückkommen soll.

Einmal ist die Reha ja schon verlängert worden – bis zum 12. Juli. Den nächsten Verlängerungsantrag hat Dr. K. gestellt, aber gehört haben wir noch nichts.

Dafür habe ich Post vom Betreuungsgericht bekommen. Mein lieber Herr Schwiegersohn hat nämlich ans Amtsgericht geschrieben und um Anhörung und Prüfung der Betreuung für seine Ehefrau gebeten. Als Hauptgrund nennt er seinen Verdacht, dass ich die Vormundschaft zu seinen Ungunsten missbrauchen würde: Ich hätte die gemeinsame Wohnung gekündigt und dann würde ich in Schreiben den Mädchennamen seiner Frau benutzen und nicht den juristisch richtigen durch die Ehe mit ihm erworbenen Namen.

Ich habe mich einmal mit dem Namen vertan, nämlich, als ich in der Vollmacht geschrieben habe, wer alles mit Tanja nach draußen gehen kann. Da habe ich tatsächlich Tanja T. und nicht Tanja H. geschrieben.

Außerdem meint er, ich würde Entscheidungen gegen das Selbstbestimmungsrecht von Tanja durchsetzen. Auch noch andere Einwände führt er gegen meine Betreuung auf. Gerne hätte ich mir und dem Betreuungsgericht dieses "schmutzige Wäsche waschen" erspart – aber wenn man es nicht anders haben will, muss ich mich wohl äußern!

So schicke ich einen Brief von mehr als drei DIN-A-4-Seiten ans Amtsgericht zurück, in dem ich beschreibe, was seit dem 7.7.2011 geschehen ist und auf die einzelnen Punkte von Olaf eingehe.

Olaf antwortet darauf zwar noch einmal, aber nach einem Besuch des Richters in der Pflegeeinrichtung und nach der Befragung von Tanja und Herrn A. wird im August durch das Amtsgericht festgestellt, dass die bestehende Betreuung durch mich sinnvoll und erforderlich sowie der ausdrückliche Wunsch meiner Tochter ist.

Mit Tanja spreche ich auch über den Brief und Olafs Anschuldigungen.

Unser Verhältnis war wirklich nicht immer das beste. In den letzten drei Jahren vor Tanjas Zusammenbruch war es besonders schlecht; und ich bin der Meinung, dass mein Schwiegersohn daran nicht ganz unschuldig war.

Das ist aber jetzt alles nebensächlich. Wir hatten uns ja auch im ersten Halbjahr des Jahres 2011 schon wieder etwas angenähert, hatten wieder öfter miteinander telefoniert oder uns besucht....

Mitte Juli 2012:

Ramon ist seit heute Mittag hier. Er fährt mit mir nach Bonn. Tanja ist unten im "Forum", als wir kommen. Sie liegt auf einer Liege und schläft tief und fest. Der Therapeut meint, es sei alles sehr anstrengend für sie. "Aber wecken Sie ruhig Ihre Tochter", sagte er verschmitzt. "Sie muss schon noch ein bisschen tun nach dieser Pause."

Ramon setzt sich zu Tanja auf die Liege – ich streiche über ihren Kopf. "Hallo, Tanja!" Verwundert macht sie die Augen auf.... und lächelt. Sprechen kann sie ohne die Sprachkanüle ja nicht. "So Tanja, jetzt mal wieder aufstehen", sagt der Therapeut. Es ist nicht ganz einfach. Aber irgendwann sitzt Tanja dann auf der Kante der Liege. Mona aus dem Therapeutenteam kommt noch dazu. Mit Hilfe der beiden steht Tanja auf und geht sogar ein paar Schritte durch den Raum. Dann wird sie etwas zittrig in den Beinen und fängt auf einmal ganz heftig an zu weinen.

Die Therapeuten sprechen beruhigend auf sie ein. "Du hast es ja jetzt gleich geschafft." Ich hole ihren Rolli. Noch ein Schluchzen, dann geht es wieder. "Wir gehen jetzt hoch auf die Terrasse ein Eis essen, ja?" Tanja nickt. Wenn es etwas zu essen gibt, freut sie sich meistens. Sie hat auch schon ganz gut zugenommen. Essen ist ja im Moment die einzige Freude, die sie hat.

Nach etwa einer Stunde auf der Terrasse mit Eis und Cappuccino gehen wir mit Tanja zurück auf die Station. Das Abendessen steht schon bereit. "Helfen Sie Ihrer Tochter noch?", fragt mich eine Schwester. "Ja, klar, mache ich." "Heute Mittag hat sie sich nämlich heftig verschluckt", sagt die Schwester und wendet sich an meine Tochter: "Tanja, bitte ganz vorsichtig und langsam essen, gut kauen und dann erst schlucken." Ramon schneidet das Butterbrot in kleine Häppchen. Ich setze mich neben Tanja und gebe ihr eine Gabel in die Hand. Sie macht das richtig gut: Jedes Häppchen spießt sie auf die Gabel und schafft es auch, diese zum Mund zu führen und das Brot zu essen. Super!

Wir bringen Tanja nach dem Essen in ihr Zimmer. Sie ist jetzt sehr müde und bestimmt froh, wenn sie endlich im Bett liegt.

Ramon ist auf der Rückfahrt ziemlich ruhig. "Meinst du, die Mama wird wieder gesund?", fragt er dann auf einmal. "Es geht ihr ja immer noch ganz schlecht." "Das stimmt, es geht ihr noch nicht gut. Aber wenn man bedenkt, wie lange sie im Koma gelegen hat, dass sie sich wochenlang nicht bewegen konnte.... dann ist es doch ganz toll, wie viel sie schon erreicht hat." – Pause

"Und vor allem finde ich es ganz toll, dass sie uns direkt erkannt hat, als sie wach wurde, dass sie uns versteht." "Ja, das stimmt." Ich rede weiter: "Ich glaube auch, dass sie noch ganz viel schaffen kann. Wir müssen sie nur immer wieder ermuntern, mit den Therapien weiterzumachen, viel zu üben und nicht aufzugeben." Ramon seufzt – mehr kommt nicht. Ein Wunder, dass er überhaupt mal über seine Mutter und die Krankheit spricht.

Zu Hause sitzen wir noch mit Rolf zusammen auf der Terrasse, aber Ramon will bald auf sein Zimmer und Fernsehen gucken. Am nächsten Nachmittag fährt er wieder nach Neukirchen – vorher spielen wir noch ein paar Partien Karten.

Von der Krankenkasse kommt dann leider der ablehnende Bescheid der Reha-Verlängerung. Die Medizinische Prüfungs-Kommission stimmt einer nochmaligen Verlängerung nicht zu. Dass Tanja wieder nach Rheydt kann, ist für die Krankenkasse allerdings klar. Und nun muss ich den Mitarbeitern der Allgemeinen Ortskrankenkasse ein dickes Kompliment machen: Obwohl die Reha nicht verlängert wird (was ich sowieso nicht verstehe), hat die zuständige Sachbearbeiterin in einer Einzelfall-Entscheidung geklärt, dass Tanja noch solange in der Klinik in Bonn bleiben kann bis in der Intensivpflege-WG ein Bett frei ist. Wir brauchen nicht nach einer Zwischenlösung zu suchen. Das ist doch super! Und das Beste:

Die haben alles schon geregelt. Die Reha-Klinik ist informiert worden und Herr A. weiß auch schon Bescheid. Ganz, ganz toll!

Sommerzeit

Wir sind von unserer dreitägigen Kegeltour aus Bamberg zurück. Rolf und ich hatten die Tour organisiert. Es war richtig schön – das Wetter spielte mit und auch sonst hat alles gut geklappt.

Clara ist hier, als wir zurückkommen. Nach dem Berufsvorbereitungsjahr hat sie jetzt Urlaub, bis im September die zweijährige Ausbildung beginnt. Am Wochenende war sie bei Max und Hanna und mit den beiden ist sie auch bei Tanja in Bonn gewesen.

Eine Woche später feiern wir die Verlobung von Max und Hanna im Münsterland. Es ist ein sehr schönes Fest, aber auch ein wenig traurig. Micha fehlt! Auch nach so vielen Jahren und obwohl ja jetzt Rolf an meiner Seite ist. Auch Max wird seinen Vater vermissen – wir sprechen allerdings nicht darüber.

Clara weint irgendwann im Laufe des Abends ganz heftig. Ihre Mutter fehlt ihr, hier und jetzt besonders. Normalerweise wäre sie ja bei der Verlobung ihres Bruders auch dabei gewesen. Und leider ist Ramon auch nicht hier. Er ist mit seiner Wohngruppe in Urlaub im Bayrischen Wald. Wir können Clara trösten und später lacht sie auch wieder. Ja, solche Feste sind schön und traurig zugleich, wenn geliebte Menschen fehlen, auch wenn viele Freunde und fast alle Verwandten da sind.

Mit Clara zusammen fahre ich am nächsten Tag zu Tanja. Ich ärgere mich, weil sie schon wieder verlegt worden ist, diesmal zu einer sehr alten und dementen Frau aufs Zimmer. Das passt einfach nicht! Leider kann ich mit niemandem Verantwortlichen sprechen. Aber Tanja scheint das gar nicht so schlimm zu finden. Auf mein Fragen sagt sie, es gehe ihr gut und es würde ihr nichts ausmachen.

Sie hat gleich Therapie. Clara und ich gehen mit Tanja nach unten. Mit Unterstützung schafft sie es wieder, einige Schritte zu laufen. Zur Belohnung gibt es nachher auf der Terrasse ein Eis.

Wir fahren von Bonn aus ins Oberbergische. Clara ist mit einer Freundin aus der Schule verabredet und ich treffe mich mal wieder mit meinen Frauen zum Doppelkopf.

29.7.2012:

Auch heute bin ich wieder bei Tanja – diesmal ist Rolf mit dabei. Tanja geht es nach wie vor ganz gut. Ich bin sehr froh darüber, dass sie noch in der Reha sein kann. Hier fühlt sie sich wohl und hat weiterhin viele Anwendungen, die sie ja immer ein wenig voran-bringen.

Und auch heute geht es nach dem Besuch bei Tanja ins Ober-gische: Meine Schwester Gerda hat Geburtstag – 56 wird sie heute. Von der letzten Chemo hat sie sich gut erholt und es geht ihr wieder viel besser. Sie freut sich, dass wir in so großer Runde zusammen sind. Auf dem Rückweg sammeln wir Clara und ihre Freundin ein und diesmal geht unsere Fahrt durchs Bergische Land auf die A 1und dann nach Hause.

Anfang August 2012:

Frau S., Claras Vormünderin vom Jugendamt, ist zu Besuch. Bei schönem Sommerwetter sitzen wir auf der Terrasse. Im Moment läuft ja alles ganz gut. Clara hat sich nach dem Streit mit einer Mitbewohnerin im Internat auch wieder berappelt. Es wird über Ziele und Erwartungen gesprochen und auch, welche Pflichten Clara hat. Das Gespräch verläuft gut.

Die Ferienwochen mit Clara sind sehr schön. Oft sind wir in Bonn bei Tanja. Aber wir unternehmen auch viel zusammen. Des Öfteren ist auch Ramon hier.

Rolf hat von einem Bekannten zwei gebrauchte Fahrräder für Clara und Ramon gekauft, mit denen sie viel unterwegs sind. Wir zeigen den Kindern die nähere Umgebung per Fahrrad oder mit dem Auto. Wir versuchen, auf ihre Wünsche einzugehen, was Unternehmungen betrifft. Oft geht es gut und wir haben viel Spaß miteinander. Aber es kommt auch manchmal zu heftigen Auseinandersetzungen und Eskalationen – meistens mit Ramon.

Meinen Job bei Herrn B. bin ich wieder los. Sehr traurig bin ich nicht, denn der Herr war doch oft sehr launig. Nach seinem dreiwöchigen Urlaub meinte er letzte Woche, dass er kaum noch Patienten habe und erst mal alleine die Arbeit in der Praxis erledigen werde. Abgehakt!

Ein Flohmarkt-Sonntag steht vor der Tür: Mit Clara habe ich alles Mögliche aus den Kisten im Keller zusammengetragen. Schließlich befindet sich hier Pröll aus drei Haushalten! Alles steht bereit.

Am Samstag sind wir noch bei Tanja. Heute ist sie gewogen worden: "78 kg!", sagt die Schwester. Unvorstellbar! Wo sie doch immer so dünn war. Aber sie futtert ja auch jetzt wie ein Scheunendrescher. Essen ist das Einzige, was Tanja im Moment wirklich Spaß macht. Ich weiß, ich wiederhole mich!

Wir gehen raus in den Park. Mit meiner Hilfe zieht sich Tanja an dem Geländer am Teich hoch und steht. Super! Clara bleibt noch mit ihrer Mutter draußen auf der Terrasse. Ich habe ein Gespräch mit dem Stationsarzt, der heute Dienst hat. Am 15. August wird Tanja wahrscheinlich zurück nach Gladbach bzw. Rheydt kommen. "Soweit läuft es mit Tanja nicht schlecht", meint Dr. K. "Mit den entsprechenden Therapien wird Ihre Tochter noch ordentliche Fortschritte erzielen können."

"Gestern war übrigens der Ehemann hier", höre ich von dem Arzt. "Er hat nicht viel Gutes über Sie gesagt, aber ich habe mich dazu nicht geäußert. Leider war Ihre Tochter nach dem Besuch ziemlich verstört. Sie habe viel geweint, sagten mir die Pfleger."

Tanja selbst hat nichts von einem Besuch Olafs gesagt. Und heute ist sie eigentlich wieder gut drauf. Ich wünsche mir sehr, dass Tanja sich bald von ihrem Mann lösen kann. Später versuche ich, mit ihr über Olaf zu sprechen. Tanja fängt an zu weinen. Ich nehme sie in den Arm und Clara versucht auch, sie zu trösten.

Das Wetter am Sonntag stimmt: Bei herrlichem Sonnenschein sitzen wir an unserem Flohmarkt-Stand. Rolf und Clara sind den ganzen Tag dabei und unterstützen mich. Allerdings lassen die Einnahmen dann doch etwas zu wünschen übrig. Na ja, ein bisschen von unserem Krempel ist weggegangen – aber wir müssen ganz schön viele Kisten wieder voll packen. Spaß hat es trotzdem gemacht – jedenfalls mir!

Zurück in Rheydt

15.8.2012:

Tanja ist wieder zurück in ihrem Zimmer in der WG bei Herrn A. Es ist zwar alles nicht so gelaufen wie vereinbart, aber sie ist wieder hier.

Eigentlich wollte ich nämlich mit dem Krankentransport von hier aus nach Bonn fahren und Tanja abholen. Aber als ich wie abgesprochen um elf Uhr in Rheydt ankomme, ist niemand am vereinbarten Standort. Ich gehe hoch auf die Station und erfahre von Schwester S., dass Tanja schon da ist. So eine Überraschung! Tanja strahlt mich an, als ich ins Zimmer komme. Ich nehme sie in den Arm. Ihr scheint es nichts auszumachen, dass sie ohne mich gefahren ist.... und ich hab' einiges an Zeit gespart. Die Taschen müssen noch ausgepackt und in die Schränke geräumt werden.

Eigentlich ist es schön, dass Tanja wieder hier in der Stadt ist. "Was meinst du, gehen wir jetzt erst mal einkaufen?" Tanja ist einverstanden. Ich hole sie aus dem Bett. Das klappt jetzt schon relativ gut. Wir gehen in den Supermarkt. Tanja hat scheinbar Hunger. Sie hat viele Wünsche, was das Füllen des Kühlschranks betrifft.

Später kommen die Kinder mit den Fahrrädern. Ramon hat heute Morgen schon Rolfs Auto sauber gemacht – das stand noch aus! Jetzt ist es jedenfalls erledigt, wie er mir sagt. Ich verabschiede mich von den dreien und fahre nach Hause.

Am Abend erzählen mir die Kinder ganz aufgeregt, dass ihnen ein schlimmes Malheur passiert ist: Sie waren mit Tanja im Park spazieren, saßen auf der Bank, als es auf einmal ganz nass wurde unter dem Rollstuhl. Oh wie peinlich war das den beiden: Der volle Urinbeutel war geplatzt. Jetzt lachen sie zwar, aber am Nachmittag fanden sie das nicht so lustig. An Vieles muss gedacht werden, bevor wir uns mit Tanja auf den Weg machen. Na Gott sei Dank ist das draußen im Park geschehen und nicht im Supermarkt oder in der Fußgängerzone. Das ist uns auch nie wieder passiert!

Mitte August 2012:

Es ist sehr heiß in den letzten Tagen. Trotzdem versuche ich alles mit dem Rad zu erledigen – ist ja immerhin ein bisschen Fahrtwind zum Kühlen da.

Nach Tanjas Erkrankung im letzten Jahr musste ich zur Schuldnerberatung gehen und einen Antrag auf Privatinsolvenz für meine Tochter stellen. Die Unterlagen sind jetzt alle bei einem Rechtsanwaltsbüro hier in der Stadt eingetroffen, wo alles geprüft wird. Ich muss dorthin und als Tanjas Betreuerin eine Unterschrift leisten. Die zuständige Sachbearbeiterin ist sehr nett, sie zeigt große Anteilnahme, erkundigt sich nach Tanja und den Kindern und erklärt mir, dass es bestimmt bald überstanden und die Insolvenz durch ist. War doch ein sehr langwieriger Weg, obwohl ja von Anfang an klar war, dass Tanja nicht mehr arbeiten kann, dass sie nur eine Erwerbsunfähigkeitsrente erhält und deshalb ihren Zahlungsverpflichtungen nicht nachkommen kann.

Am Wochenende sind meine Schwester Petra mit ihrem Mann und den Kindern zum Grillen bei uns. Vorher sind sie alle bei Tanja, die sich sehr über den Besuch freut.

Im Garten geht es später rund. Clara ist zwar nicht dabei – sie ist für zwei Tage nach Duisburg zu einer Freundin aus dem Internat gefahren. Ramon ist aber hier mit seiner Freundin Ina, ein total nettes Mädchen, das ich sehr mag. Im Garten wird gegrillt. Rolf hat zum Abkühlen die Gartendusche aufgestellt, Tischtennis wird auch gespielt. Wir haben alle viel Spaß. Das Essen schmeckt und es wird noch ein langer Abend.

26.8.2012:

Tanjas 40. Geburtstag! Heute Morgen hat Tanja schon einen dicken Blumenstrauß bekommen, den ich gestern im Schwesternzimmer für sie abgegeben hatte. Wir sind nämlich erst am Nachmittag von einem Familienfest an der Mosel zurückgekommen. Dort waren alle meine Geschwister mit Kind und Kegel versammelt. Meine Schwester Christa und ihr Mann hatten uns eingeladen. Sie sind zum zweiten Mal Oma und Opa geworden – zwar schon im Januar – aber im Sommer lässt es sich ja besser feiern. Es war richtig schön – vor allem, weil mal wieder alle (außer Tanja natürlich) dabei waren, auch Clara und Ramon.

Pünktlich sind wir wieder zurück. Tanja wird um halb drei mit einem Krankentransport zu uns nach Hause gebracht. Auf der Straße erschallt jetzt laut unser "Happy Birthday", als die Bustür geöffnet wird. Tanja laufen die Tränen über die Wangen. "Herzlichen Glückwunsch, alles, alles Gute!" Ich nehme sie in den Arm und übernehme den Rolli. Rechts und links halten Clara und Ramon ihre Hand. Wir setzen uns nach draußen auf die Terrasse.

Rolf hat extra für Tanjas Besuche eine Klappe gebaut: ein an der Hauswand befestigtes Brett, das wir über der Kellertreppe herunterklappen können, so dass wir den Rolli durch die Garage über diese Klappe leicht auf die Terrasse schieben können.

Max und Hanna sind auch da. Tanja packt ihre Geschenke aus. Anschließend gibt es Kaffee und Kuchen und später einen Tortellini-Spinat-Auflauf, den alle mögen.

Beim Essen strahlt Tanja fast immer. Das genießt sie, auch wenn es immer wahnsinnig schnell geht – zapp ist der Mund schon wieder leer! Heute helfen wir ihr. Wenn sie alleine das Besteck hält und zum Mund führt, dauert es schon entsprechend länger, jedenfalls der Weg dorthin.

Unsere Hauptperson ist aber relativ schnell müde. Auch tut ihr der Po vom Sitzen weh, sagt sie. So helfen wir ihr zwischendurch mal aufzustehen, indem wir ihr rechts und links unter die Arme greifen und sie stützen, damit sie hoch kommt und dann stehen kann. Danach geht es Tanja wieder besser.

Wir erzählen von der gestrigen Feier. Wie schön es war, dass sich die Kinder mal alle wieder gesehen haben. Auch Tanja spricht jetzt relativ gut. Rolf bestreitet das zwar und ihre Brüder auch. Ich kann sie jedenfalls ganz gut verstehen.... und Clara auch meistens. Und wenn die anderen ihre Schwierigkeiten haben, müssen wir eben "übersetzen". Tanja wird so gegen 18 Uhr abgeholt. Es war schön, dass wir ihren Geburtstag hier ein bisschen feiern konnten. Ich glaube, Tanja hat's auch gut gefallen. Geweint hat sie nicht mehr. Sie weint auch nicht, als wir sie zum Bus bringen, der sie zurück nach Rheydt fährt. Es ist zwar eigentlich ein trauriger 40. Geburtstag – aber wenn ich noch an den 39. denke, dann ist doch im letzten Jahr schon viel Positives geschehen.

Anfang September 2012:

Für mich ist Urlaubszeit: Zunächst bin ich mit meiner Ex-Doppelkopfgruppe in Belgien. Auf unserer Abschiedstour besuchen wir Brüssel, Brügge, Gent und Antwerpen. Alles sehr schöne Städte, vor allem Gent gefällt mir total gut! Ja, wir werden nicht mehr zusammen spielen – die Entfernung Gladbach – Oberberg ist einfach zu groß, so dass wir beschlossen haben, aufzuhören und von dem Geld aus unserer Kasse eine schöne Fahrt zu unternehmen. Anschließend fahre ich mit meinem Schatz ins Kleinwalsertal. Wir sind dort zwei Wochen – es wird eine sehr schöne Zeit.

Zwischen den beiden Urlauben bringe ich meine Enkeltochter zurück nach Olpe. Mittags sind wir noch bei Tanja und gehen mit ihr nach draußen. Tanja kann jetzt schon ein Eis im Hörnchen essen (geht ja immer ganz schön schnell bei ihr). So sitzen wir im Park auf der Bank und schlecken alle drei unser Eis.

Nun war Clara sechs Wochen hier bei uns – eine lange Zeit und auch wenn es des Öfteren mal zwischen uns "geknallt" hat – ich vermisse sie jetzt schon! Und Tanja wird es bestimmt auch so gehen. Nun kommt Clara wieder nur an jedem zweiten Wochenende nach Gladbach – und wir fahren in ein paar Tagen auch für zwei Wochen weg. Aber Tanja ist ziemlich gelassen. Wenn sie traurig ist, zeigt sie es jedenfalls nicht!

Tanja ist natürlich auch während unseres Urlaubs nicht alleine. Tom und Reni besuchen sie, genauso wie Ramon, Max und Hanna; und auch meine Freundinnen Fine und Anna kommen an einem Tag in den zwei Wochen. Wir bekommen anschließend jedes Mal einen Besuchsbericht per Telefon geliefert.

Ende September 2012:

Wir sind wieder zu Hause. Tanja freut sich sehr, mich zu sehen und sagt, dass alles in Ordnung ist. Herr A., mit dem ich zuerst spreche, bestätigt, dass während unseres Urlaubs alles gut geklappt hat.

Til kommt gerade zur Logopädie herein. Wir haben uns länger nicht gesehen. "Hallo, schön Sie mal wieder zu sehen", sagt Til. "Ich bin ja ganz begeistert. Tanja hat große Fortschritte beim Sprechen gemacht. Die Reha hat ihr wirklich gut getan." "Das finde ich auch – aber leider darf sie ja immer noch nicht trinken." "Tja, das könnte noch zu gefährlich sein. Ich würde noch ein paar Wochen warten, dann sollte wieder ein Schlucktest gemacht werden." Tanja hört interessiert zu. "Ja, isch möscht es nomal versuchen", meldet sie sich mit ihrer rauen Stimme. Til lacht. "Das hört sich gut an. In ein oder zwei Wochen können Sie ja mal im Krankenhaus wegen eines Termins nachfragen", wendet er sich an mich.

Während die beiden Schluck- und Sprechübungen machen, gehe

ich hinunter in den Supermarkt – Tanjas Fach im Kühlschrank ist so gut wie leer.

Ich habe von zu Hause Rotkohl und Frikadellen mitgebracht. Als Til weg ist, hat Tanja Hunger. Ich mache das Essen in der Mikrowelle warm und Tanja isst alles auf – alleine mit ihrem gebogenen Löffel!

"Was mach Ramo?" Ziemlich deutlich kommt die Frage und dann weint sie. "Aber Ramon war doch auch letzte Woche hier – oder nicht?" "Doch – abe jetzt?" "Wir können ja mal versuchen, ihn in Neukirchen zu erreichen." Ich kann Tanja gut verstehen. Ich denke ja auch viel an die Kinder und hoffe, dass alles gut geht.

Ich wähle die Telefon-Nummer der Jugendeinrichtung: Es ist kein Problem, Ramon ans Telefon zu holen. Er sagt, es gehe ihm gut und es sei alles in Ordnung. "Sag das bitte auch deiner Mutter – die möchte dich mal hören." Ich halte den Hörer an Tanjas Ohr – jetzt strahlt sie. "Gut, ja", sagt sie und schiebt das Telefon vom Ohr weg. "Alles klar, Ramon! Du kommst ja auch bald. Ich freue mich schon aufs Wochenende." Ramon erzählt noch ein bisschen von seinen Kumpels aus dem Haus – natürlich ist alles gut!

Nachdem Ramon aufgelegt hat, spreche ich mit Tanja über die Kinder, über die Probleme die wir zeitweise miteinander haben und auch über die Probleme, die wir beide hatten, als Tanja noch gesund war. Darüber, dass wir "früher" viel zu wenig miteinander gesprochen haben. Meistens rede ich, Tanja nickt eigentlich nur.

Es ist für sie lange Zeit noch schwierig, sich aktiv an Gesprächen zu beteiligen.

Ich erkläre Tanja auch, dass ich einen Insolvenzantrag für sie stellen musste, weil viel zu viele Verbindlichkeiten offen waren: das Auto, das abbezahlt werden musste – und das ja im Moment sowieso niemand mehr braucht, das Motorrad für Olaf, das dieser nicht weiter bezahlen kann, Miete, die noch offen war – all die "kleinen" Beträge, für die das Geld fehlte und wofür sich die Mahnungen gestapelt hatten.

Es war viel zu viel für Tanja, diese Dinge alleine zu stemmen. Und mit mir hatte sie ja nicht darüber sprechen wollen. Auch sonst hat sie sich wohl niemandem anvertraut. Nach außen wurde so getan, als sei alles in Ordnung. Jedenfalls war das meistens so – und dabei war Tanja so sehr belastet: durch die viele Arbeit, die Sorgen um die Kinder, ums fehlende Geld, die Probleme mit ihrem Mann. Sie hat viel zu wenig auf sich geachtet und gar nicht mehr auf ihren Körper gehört. Nur hat der dann total schlapp gemacht – und es ging gar nichts mehr!

Ich versuche, behutsam mit ihr zu sprechen, ich will ihr ja nicht weh tun. Tanja hört zu, lässt sich von mir in den Arm nehmen und streicheln.... ab und zu nickt sie.

Es ist auch für mich nicht leicht, solche Gespräche zu führen. Aber ich bin ganz happy darüber, dass es überhaupt möglich ist, dass wir uns wieder verständigen können.

Wir werden dann durch den Besuch eines Mitarbeiters des Sanitätshauses unterbrochen. Mit den Physiotherapeuten hatte ich überlegt, ob es keine Möglichkeit für Tanja gibt, wieder laufen zu lernen. Dr. H. hat ein entsprechendes Rezept für eine Laufhilfe ausgestellt und nach Absprache mit der Krankenkasse ist nun der Außendienstler da. Das ging schnell! Auch zwei der Physiotherapeuten, die mit Tanja arbeiten, sind nach einem Anruf von Schwester S. gekommen und gemeinsam wird überlegt, welche der im Katalog abgebildeten Laufhilfen für Tanja in Frage kommen könnte.

Heute, es ist der 28.9., hat Clara Geburtstag – sie wird 18! Am Abend wird sie nach Hause kommen. Ich fahre zu Tanja, um kurz nach ihr zu sehen. Solche Tage sind natürlich besonders schwer für sie. Es geht ihr aber ganz gut.

Ich warte noch, bis Ramon kommt. Wir hatten gestern telefoniert und besprochen, dass er am Nachmittag zu seiner Mutter fährt, bevor er dann zu uns kommt. Ina ist auch mit dabei. Jetzt müssen wir Tanja aber doch trösten, denn als Ramon zur Türe herein kommt, laufen die Tränen. Ich verabschiede mich dann erst mal von den dreien – hab zu Hause noch einiges vorzubereiten.

Später kommen dann alle zusammen mit dem Bus. Zwei Freundinnen von Clara sind auch dabei. Zur Feier des Tages gibt's ihr Lieblingsessen: überbackene Muscheln! Clara freut sich sehr. Dann hab' ich noch Spaghetti Bolognese gemacht – denn alle sind ja nicht von den Schalentieren begeistert, und Rolf schon gar nicht.

Wir haben einen richtig netten Abend: Bis Mitternacht sitzen wir draußen – die Kinder – na ja, ich spreche halt immer noch von den Kindern, auch wenn Clara jetzt schon erwachsen ist – verabschieden sich aber eher von uns und machen ihr eigenes Ding.

Am nächsten Tag wird bei Tanja der 18. Geburtstag ihrer Tochter gefeiert. Die Begrüßung von Mutter und Tochter ist heute besonders herzlich. Clara zeigt ihr die schöne Foto-Collage "18 Jahre Clara", die Rolf für sie zum Geburtstag gemacht hat.

Ich gucke mich im Zimmer um. Ich hatte doch ein Geschenk für Clara eingepackt, dass Tanja ihr geben sollte. Jetzt finde ich es aber nicht. Die Mädels unterhalten sich mit Ramon. "Tanja, wo ist denn das Päckchen für Clara? Ich hatte es doch hier unten in deinen Nachtschrank gelegt." Ich suche alles durch. Da ist es wirklich nicht mehr. "Ich verstehe das nicht." Tanja grinst ganz komisch, sie sagt aber nichts.

Dann kommt Schwester E. ins Zimmer. "Oh, so viel Besuch." "Clara hatte gestern Geburtstag – und den müssen wir ja noch mit ihrer Mama feiern." "Ach, für dich war das Päckchen?", sagt Schwester E. Dann guckt sie Tanja ganz ernst an und dann mich. Tanja grinst schon wieder.

"Das Päckchen hat leider etwas gelitten. Ich habe es hier oben in den Schrank gelegt." Sie holt ein zerfetztes Geschenkpapier aus dem Schrank. Einen Pulli und ein Schmuckkästchen legt sie aufs Bett. Dann guckt sie schon wieder ganz ernst zu Tanja. "Tanja hat heute Nacht das Geschenk aus dem Schrank geholt. Sie muss sich über das Bettgitter gebeugt und es sich dann irgendwiegeangelt haben. – Wir waren heute Morgen bei der Übergabe alle sprachlos. Die Nachtwache hat Tanja so gegen vier Uhr in einem Meer von M+M's gefunden. Tanja sah genauso verschmiert aus wie das Bett."

Meine Tochter findet das sehr lustig! Sie lacht – und jetzt bleibt keiner mehr ernst. Wir schütteln uns alle vor Lachen! Ist doch wirklich Wahnsinn: Da holt sie sich das Geschenk für ihre Tochter und futtert die Schokobonbons aus dem Päckchen alle auf. Nicht zu fassen!

Schwester E. nimmt mich zur Seite und bittet noch einmal ganz eindringlich darum, darauf zu achten, dass nichts Essbares in Tanjas Reichweite steht.

Ich versuche, Tanja noch einmal zu erklären, dass das für sie gefährlich sein kann. "Die sin doch alle beklopp," ist ihre Meinung. "Isch darf doch essen." "Aber du darfst nicht ohne Aufsicht essen. Es muss immer jemand dabei sein. Du könntest dich verschlucken. Das weißt du doch." Sie benimmt sich wirklich im Moment wie ein ungezogenes Kind. "Isch hatte abbr Unger", sagt Tanja. Was soll ich da noch sagen?

Wir holen Tanja aus dem Bett. Jetzt gehen wir jedenfalls erst einmal alle zusammen in die Stadt. Clara darf sich noch etwas zum Geburtstag kaufen. Danach gibt's im Aufenthaltsraum der Pflegestation am schön gedeckten Tisch den Geburtstagskuchen. Tanja ist anschließend ganz müde und möchte ins Bett. Ich verabschiede mich.

Ramon geht auch, er möchte zu seiner Freundin fahren und die Mädels bleiben noch bei Tanja. Sie wollen später ins Kino.

Weinen und Lachen

Mitte Oktober 2012:

Herrlich sonnige Tage hält der Oktober bereit, so dass wir viel an der Luft sind und den Herbst genießen.

Wegen der Insolvenz habe ich einen Termin in dem Rechtsanwaltsbüro in der Stadt. Die Anwältin ist sehr nett und berät mich gut. Ich erkläre Tanja später, dass sie, wenn alles unter Dach und Fach ist, in sechs Jahren schuldenfrei ist. "Du brauchst bis dahin nur noch gesund werden."

Auch versuche ich, mit ihr über Olaf zu sprechen. "Ist nicht langsam für dich der Zeitpunkt gekommen, die Scheidung einzureichen und auch hier einen Schlussstrich zu ziehen?", frage ich sie. Aber davon will Tanja nichts wissen. Sie fängt heftig an zu weinen. "Das ist deine Sache, mein Schatz. Wenn du das nicht möchtest, dann lassen wir es." Auch gut!

Aber es ist doch schlimm, dass er sich so selten hier sehen lässt und Tanja wohl trotzdem so an ihm hängt. "Die Zeit wird das ihre tun", denke ich.

Tanja ist in diesen Tagen des Öfteren traurig und weint viel. Sie hat Sehnsucht nach ihren Kindern. Immer klappt es nicht, aber sehr oft kann ich Clara oder Ramon ans Telefon bekommen. Dann laufen zwar die Tränen, aber nachher, wenn sie ihre Kinder gehört hat, ist Tanja zufrieden, auch wenn sie selbst nur "Hallo" sagt.

Zu Sparziergängen muss ich sie jetzt fast immer überreden - meistens klappt es, wenn ich ihr ein Spaghetti-Eis als Belohnung verspreche. Und das isst sie manchmal sogar ganz alleine. Auch die Bewegung wird immer besser. Ohne fremde Hilfe kann ich Tanja jetzt vom Bett in den Rolli setzen, da sie selbst gut mitmacht.

Rolfs Papa ist heute – es ist der 20. Oktober – 98 Jahre alt geworden. Ich habe Kuchen gebacken. Diesmal ist im Altenheim der Tisch festlich gedeckt. Es ist viel Besuch gekommen, um mit dem alten Herrn zu feiern, der sich sehr darüber freut.

29.10.2012:

Heute wird noch einmal bei Tanja eine Video-Flureskopie im Krankenhaus gemacht. Wir sind alle sehr gespannt, aber das Ergebnis ist immer noch nicht wie erhofft: Leider aspiriert Tanja noch – nicht bei kleinen Schlucken, aber wenn sie 10 ml trinkt, scheint das zu viel zu sein und es gelangt Flüssigkeit in die Luftröhre, ohne dass Tanja das merkt und hustet. Tja, also immer noch kein Grünes Licht für den Verschluss des Tracheostomas. Inzwischen tragen wir beide das Ergebnis mit Fassung.

Wir gehen jetzt zu McDonalds – den Wunsch hat Tanja schon heute Morgen geäußert. "Klar, machen wir", hab ich ihr gesagt. "Egal wie das Ergebnis ist: Entweder können wir feiern oder wir müssen Trostburger essen."

Wobei für mich ein Burger wirklich kein Trost-Gericht ist. Aber die Fritten schmecken mir – und es ist schön zu sehen, mit wie viel Appetit und Freude Tanja ihren Doppel-Burger isst. Ich meide diesen Laden normalerweise – nicht nur, weil ich die Papp-Brötchen nicht mag!

Mitte/Ende November 2012:

Ich arbeite wieder! Hab einen 400-€-Job bei der AWO und betreue jeden Tag drei Stunden Schulkinder in der OGATA (Offene Ganztags-Betreuung). Ich werde als Springerin eingesetzt, d.h. meist wochenweise in wechselnden Schulen. Die Arbeit macht mir Spaß, kann aber auch ganz schön anstrengend sein, je nachdem wie viele

Kinder in der Betreuung sind und wo ich eingesetzt werde: Essens-ausgabe, Hausaufgabenbetreuung oder einfach mit den Kindern spielen und basteln.

Und auch Rolf arbeitet jetzt. (Wir werden bestimmt noch stink-reich!) Er fährt vier behinderte Kinder zur Förderschule und holt sie natürlich auch wieder ab. Zufällig hatte ich die Anzeige im Sonn-tagsblättchen gelesen und ihm gezeigt. Rolf hat dort angerufen und sofort den Job bekommen. Das Tolle ist, dass drei der Kinder hier in der Nachbarschaft wohnen und er gar nicht so viel Zeit für die Schultour baucht.

Wie so oft, bin ich auch heute mit Tanja in der Stadt. Meine Nichte ist mit dabei. Sie hat Tanja mit ihrem kleinen Sohn – er ist ein halbes Jahr alt – besucht und wir hatten viel Spaß mit dem Kleinen. Tanja strahlte, als sie ihn auf dem Schoß hielt – ist alles auf Fotos festgehalten.

Aber als wir zusammen im Park sind, fängt Tanja auf einmal heftig an zu weinen. Ich bin ziemlich betroffen, aber ich glaube, ich weiß, warum sie so traurig ist: Melanie schiebt ihren Sohn im Kin-derwagen vor sich her. Wir gehen nebeneinander. Ich schiebe meine Tochter im Rollstuhl vor mir her – und kann mir gut vorstellen, wie schlimm das für Tanja ist.

Ich nehme sie in den Arm, versuche mit ihr zu sprechen. "Du denkst an deine Kinder, nicht wahr? Und wie es eigentlich sein müsste! Du willst nicht in diesem blöden Rollstuhl von deiner Mutter gefahren werden. Du bist 40 Jahre alt – im besten Alter eigentlich und doch kannst du nichts mehr, wirst wie ein Kleinkind durch die Stadt geschoben...." Jetzt weinen wir beide. "Alls Scheiße", bringt Tanja heraus. Aber dann putzen wir die Tränen ab und lachen auch wieder.

Melanie ist weitergegangen und wartet auf einer Bank auf uns. Zusammen gehen wir noch ein Eis essen.

Der Arztbericht über Tanjas Schluckuntersuchung ist angekommen und wird im Team besprochen. Ich werde auch dazu gerufen: Wir müssen das Essen für Tanja wieder pürieren. "Wie jetzt – wieder pürieren? Das verstehe ich nicht." "Hier steht: Nach der letzten Untersuchung wird breiige Kost empfohlen." Tatsächlich – das steht da. "Aber mir hat Frau Dr. P. gesagt, beim Essen hat das Schlucken gut geklappt, auch bei fünf ml Flüssigkeit. Aspiriert hat Tanja nur bei zehn ml."

Til, der jetzt kommt, versteht das allerdings auch nicht. "Das Essen klappt wirklich immer gut – egal was Tanja isst. Da hat sie überhaupt keine Probleme." "Tut mir leid, wir müssen uns an die ärztlichen Anweisungen halten und das heißt: pürieren." Herr A. besteht darauf. Als ich Tanja das sage, weint sie wieder: "Nein, willischnich." Heftig schüttelt sie den Kopf. Ich verstehe es auch nicht. "Ich werde morgen noch einmal mit Frau Dr. P. sprechen."

Und Tanja darf genau so essen wie bisher! Das Ganze war laut dem Rückruf von Frau Dr. P. ein Missverständnis. Warum wurde das dann so im Arztbrief formuliert? Ein Missverständnis! Egal – geht doch! Hauptsache ist, dass Tanja nicht wieder alles als Brei essen muss! Sie ist auch total erleichtert, als ich ihr die Nachricht bringe.

Und noch eine freudige Nachricht: Rolf ist Opa geworden. Der kleine Jan ist da – Mutter und Kind sind wohlauf.... und wir machen uns auf in den Norden, um den neuen Erdenbürger zu begrüßen.

Clara ist mit der Schule in Gera und kann am Wochenende nicht nach Hause kommen – aber sie telefoniert ein paarmal mit Tanja. Ramon ist jetzt öfter bei ihr – auch in der Woche kommt er schon mal, meistens mit seiner Freundin Ina. Überhaupt bin ich total glücklich darüber, wie toll Ramon sich macht: in der Wohngruppe und nach Auskunft seines Klassenlehrers auch in der Schule.

Zu der Zeit bin ich noch so zuversichtlich. Heute kann ich überhaupt nicht verstehen, warum sich dann alles doch ganz anders entwickelt hat. Woran hat es gelegen? Ich bin immer noch ratlos und sehr traurig darüber!

Inzwischen ist auch die bestellte Laufhilfe für Tanja angekommen. Ist nicht schlecht das Gerät – eigentlich ein hoher Rollator oder ein offenes Stehpult auf Rollen –, an dem Tanja die Arme auflegen und sich so gut abstützen kann. Die Therapeuten üben jetzt oft mit Tanja an dem Gerät das Laufen. Auch ich gehe fast jeden Tag mit ihr eine Runde über den Flur. Das macht sie richtig toll und sie scheint sich dabei wohl zu fühlen.

Wir sind alle ganz happy darüber, dass sie sich so bewegen kann – zwar nicht alleine – *das geht leider bis heute nicht* – aber es ist wieder ein Schritt nach vorn!

Auch meine Schwester Christa und ihre Tochter Melanie mit dem kleinen Juko, die bei Tanja zu Besuch sind, freuen sich mit uns über die tollen Lauf-Erfolge!

Warm eingepackt gehen wir dann zusammen nach draußen: Es ist nämlich empfindlich kalt geworden. Bei einer Tasse Cappuccino und leckeren Waffeln wärmen wir uns wieder auf. Es wird viel erzählt und gelacht, auch Tränen laufen, denn Tanja reagiert ein paarmal sehr emotional und weint dann heftig. Sie beruhigt sich auch schnell wieder und ihr Weinen geht dann über in herzliches Lachen. So ist es jetzt sehr oft – besonders bei Besuchen von Freunden oder Verwandten, die sie eher selten sieht.

Und so ist es auch bei einem Besuch auf dem Weihnachtsmarkt (ja, es ist tatsächlich schon wieder soweit – Weihnachten steht vor der Tür): Wir sind auf dem kleinen weihnachtlich geschmückten Markt in Rheydt und stehen dort vor einer Bühne, auf der zwei Männer singen. Es ist ganz idyllisch – mit Tannenduft und Lichterglanz – wir haben gerade einen Glühwein getrunken. Tanja hat mal genippt.... und sie hat sich auch nicht verschluckt, die Bratwurst schmeckt uns auch.

Aber dann auf einmal verzieht Tanja das Gesicht und weint. "Was ist denn? Tut dir etwas weh?" Ich nehme sie in den Arm, versuche sie so trösten. Natürlich! Weihnachten! Die Erinnerungen an andere Zeiten werden hochkommen und Tanja traurig machen.

Auch wenn ich mich an jedem kleinen Schritt hochziehe und ganz hoffnungsvoll bin: Tanja muss das alles erleiden, sie ist diejenige, die diese Schritte tun muss, die im Rollstuhl sitzt, nicht sprechen kann – und dazu auch noch immer ein fröhliches Gesicht machen soll! Meistens ist sie ja wirklich ganz tapfer, versucht alles zu machen, was die Therapeuten von ihr verlangen und erwarten.

Sie lässt sich anziehen und zu Spaziergängen überreden, auch wenn sie doch sooo gerne im Bett liegt und sich vom Fernsehen berieseln lässt. Sie beklagt sich nie, lächelt meistens und macht gute Miene zum bösen Spiel!

Dezember 2012:

Noch ein Besuch auf einem Weihnachtsmarkt: Diesmal hier in der Stadt. Wir holen Tanja mit dem Schulbus ab, der ja immer bei uns vor Tür steht, und den wir für solche Zwecke benutzen dürfen. Clara ist an diesem Wochenende hier – Ramon hat leider ganz kurzfristig abgesagt. Er hatte in der Gruppe besprochen, dass er mit einem Freund zu dessen Geburtstagsfeier nach Hause und dort übernachten darf. Ich bin ein bisschen enttäuscht darüber, dass er nicht kommt. Egal! So fahren wir zu viert auf den Weihnachtsmarkt – es ist ziemlich kalt. Clara erzählt, dass im Oberbergischen schon Schnee liegt. Davon werden wir hier im Flachland aber noch verschont.

Es ist richtig nett, nicht zu voll, so dass wir den Rolli gut zwischen den Buden her schieben können, obwohl Samstag ist! Durch all die leckeren Düfte bekommen wir Hunger. Das muss ja wohl so sein: Tanja und ich essen Reibekuchen, Rolf seine obligatorische Currywurst und Clara bevorzugt asiatische Nudeln. Ich darf auch einen Glühwein trinken!

Heute nehmen wir Tanja mit zu uns nach Hause. Leider ist es zu schwierig, den Rolli die Stufen hochzuhieven. Geschafft geben wir auf. "Hat keinen Zweck, Tanja. Du musst aufstehen und die zwei Stufen hochgehen", schlage ich vor. Rolf packt sie rechts unter den Arm, ich nehme sie links. "Eins, zwei, drei.... hoch"! Jetzt steht sie. Rolf geht vor: rechtes Bein hoch, linkes Bein nachziehen – erste Stufe geschafft. Und jetzt noch einmal dasselbe. Es klappt!

So schaffen wir es bis ins Wohnzimmer. Tanja soll auf dem Sofa sitzen. Clara hat schon den Tisch beiseite geschoben. Ich gehe rückwärts, stütze Tanja jetzt mit beiden Händen – Rolf holt den Rolli herein. Auf einmal werden Tanjas Beine ganz wackelig – ich kann sie nicht mehr halten und wir fallen beide auf die Couch. Total erschrocken sitze ich auf der Couch, mit offenem Mund, Tanja kniet auf dem Boden.... und lacht.

Rolf kommt herein – er lacht nicht! Wir helfen Tanja wieder hoch. Gott sei Dank gibt es weder Knochenbrüche noch größere Prellungen, und nun kann sie das neue Sitzgefühl auf der Couch auskosten.

Wir haben einen sehr schönen Nachmittag mit Kaffee trinken, Bratkartoffeln essen und vielen Fotos gucken. Es gibt auch keine weiteren Zwischenfälle!

Gegen halb acht bringen wir Tanja zurück auf die Pflegestation. Jetzt ist sie ganz schön platt, aber sie strahlt. Ich bin zufrieden und glücklich: So etwas müssen wir öfter machen.

Von meiner Schwester Gerda hören wir am nächsten Tag, dass sie wieder operiert werden muss. Der Tumor hat sich ausgebreitet. Sie ist ganz tapfer und hört sich immer noch positiv an. Aber ich habe gar kein gutes Gefühl....

Und auch meine Schwägerin Tina ist im Krankenhaus – mit einer Lungenentzündung liegt sie auf der Intensivstation in E.

Alles keine guten Nachrichten!

Wir besuchen Tina vor dem Weihnachtskegeln – da geht es ihr schon wieder ein bisschen besser und sie hofft, bald nach Hause zu kommen.

Auch Gerda besuche ich nach ihrer Operation, die leider nicht viel gebracht hat! Wir sind alle betroffen und traurig: Gerda hat jetzt einen künstlichen Darmausgang – sie ist aber sehr tapfer und hofft auf die nächste Chemo. Auch Tanja ist sehr traurig, als ich ihr von Gerda erzähle. Ich habe sie immer auf dem Laufenden gehalten – lange Zeit hat es ja auch sehr gut ausgesehen. Mehr als fünf Jahre sind seit der ersten Krebs-Diagnose vergangen!

Bei uns steht der Weihnachtsbaum geschmückt auf der Terrasse. Clara hat schon Ferien und ist von Olpe aus direkt zu Tanja nach Rheydt gefahren.

Auch ich habe meinen letzten Schultag in der Ogata. Es ist doch relativ anstrengend, jeden Tag drei Stunden mit den Kindern zu lernen, zu basteln oder draußen die Aufsicht zu haben. Ich freue mich auf die Ferien!

Tanja ist leider ziemlich stark erkältet. Sie ist sehr verschleimt und muss oft abgesaugt werden. Hoffentlich können wir sie an Heiligabend nach Hause holen.

Weihnachten und Silvester 2012:

Es hat alles gut geklappt, aber ich bin ziemlich k.o. Leider bin ich weder in die Kirche gekommen noch habe ich es geschafft, eine

Runde zu laufen. Das hätte ich sehr gerne gemacht. Bin nicht so wirklich in Weihnachtsstimmung: Es ist nämlich sehr mild – 14 Grad!

Am Heiligen Abend backt Clara morgens einen Kuchen. Anschließend bereiten wir alles fürs Raclette vor. Es wird viel geschnippelt.

Mit Herrn A. habe ich noch ein längeres Gespräch: Er ist wegen Tanjas Erkältung nicht sehr begeistert darüber, dass wir sie nach Hause holen wollen. Wir besprechen, dass er uns das Absauggerät mitgibt. Ich hab ja schon oft gesehen, wie man damit umgeht, nur selbst habe ich das noch nicht gemacht. Schwester S. erklärt es mir noch einmal ganz genau. Gott sei Dank brauchen wir es dann aber gar nicht.

Rolf holt Tanja um halb vier. Wir trinken Kaffee, essen den leckeren Kuchen. Danach machen wir Bescherung. Es ist alles sehr schön und friedlich. Wir erzählen viel.

Für Clara hab ich ein Fotobuch gemacht: "18 Jahre Clara" (zum Geburtstag war es leider nicht fertig geworden). Das gucken wir uns nun an und erzählen von früheren Zeiten. Heute weint niemand!

Traurig sind wir nur, als wir von Gerda sprechen. Sie hat am Morgen angerufen: Sie ist nicht mehr im Krankenhaus, aber sie weiß noch nicht genau wie es weitergeht. Das erfährt sie nach den Feiertagen.

Beim späteren Raclette greifen wir alle gut zu – es schmeckt aber auch richtig gut. Die Kinder sind zufrieden, und auch Tanja ist sichtlich begeistert von ihrem selbst zubereiteten Weihnachtsessen. Um halb neun bringen wir sie mit nicht gebrauchtem Absauggerät nach Rheydt zurück.

Am 1. Feiertag holt Rolf seinen Vater zum Kaffee. Rolfs Schwester ist mit Tochter Isa, Schwiegersohn und Enkel aus Köln gekommen. Rolfs Sohn, der eigentlich auch mit dabei sein wollte, hat abgesagt: Er ist leider krank geworden. Aber es ist ein schöner Nachmittag.

Unser Familientreffen findet wie immer am 2. Weihnachts-feiertag statt – diesmal in Gladbach. Bei strömendem Regen gehen wir in die Gaststätte ganz hier in der Nähe, wo wir den Abend verbringen wollen. Clara ist noch bei Tanja in Rheydt. Die beiden werden mit dem Taxi-Bus gebracht. Wir sind fast vollzählig bis auf Gerda und Rita und den kleinen Jason, den Sohn meines Neffen, der mit seiner Mama zur Mutter-und-Kind-Kur ist.

Sogar Carlo ist mit Max und Hanna gekommen. Und heute geht es für Tanja auch emotional ziemlich hoch her. Den Hund hat sie ewig nicht gesehen, der wird schon unter Tränen gedrückt. Dann ist die ganze Familie beisammen und alle begrüßen sie herzlich. "Wie schön, dass es dir so gut geht", "Tolle Fortschritte hast du gemacht", und so weiter! Tanja weint erst mal herzzerreißend und wir heulen fast alle mit. Aber dann ist auch gut!

Mit Gerda telefonieren wir: Es gehe ihr so la-la, sagt sie, sie sei ziemlich müde. "Ich möchte eine Runde geben, trinkt alle auf uns." Das tun wir und haben einen sehr schönen Abend, mit leckerem Essen und viel Erzählen. Ziemlich hoch geht's her. Leise sind wir nicht gerade – aber wir dürfen wiederkommen!

Tanja wird um 21 Uhr abgeholt. Sie strahlt, richtig glücklich wirkt sie. Wir gehen so gegen 23 Uhr. Zu Hause wird noch in der Küche gequatscht. Max und Hanna übernachten bei uns genauso wie meine Schwester Petra mit Familie. Und natürlich Clara und Ramon, nicht zu vergessen Carlo.

Tanja ist am nächsten Tag relativ müde, aber sie hat das Weihnachtsfest gut überstanden.

An Silvester – es regnet gefühlsmäßig schon seit Wochen – sind die Kinder am Nachmittag bei Tanja. Ramon fährt von dort aus weiter zu seiner Freundin zum Feiern und Clara fährt mit ihrem Freund David zu gemeinsamen Freunden aus dem Internat nach Köln.

Als Rolf und ich am späten Nachmittag zu Tanja kommen, sind

die Kinder schon weg.

Der Regen macht gerade mal Pause. "Hast Du Lust auf eine Runde in die Stadt?", frage ich meine Tochter. Sie nickt. Also holen wir Tanja aus dem Bett, ich ziehe sie an und wir gehen zusammen durchs Städtchen. Bevor wir zurückgehen, trinken wir noch einen Cappuccino. Tanja ist irgendwie traurig.

"Geht's dir nicht gut heute?", frage ich sie. "Doch, ss gut". Na ja, das sieht dann aber anders aus. "Du weißt ja, dass wir heute nach E. fahren – wir feiern bei Elke." Tanja nickt. "Clara wollte eigentlich bei dir feiern. Wir hatten ja letzte Woche darüber gesprochen. Da warst du aber wie ich der Meinung, dass das nicht geht." Tanja nickt wieder – mit Tränen in den Augen. "Wir sind ja morgen alle wieder da. Wenn du willst, holen wir dich zu uns nach Hause oder wir gehen ein Eis oder sonst was essen – wie du willst."

"Du hättest es eh bis Mitternacht nicht ausgehalten", schaltet sich jetzt Rolf ein. Tanja nickt wieder. Ich hatte letzte Woche mit Herrn A. darüber gesprochen, aber auch der meinte, Tanja sei am Abend immer so müde, dass sie spätestens um neun Uhr schlafen würde. Egal wie und was wir gesagt haben: Jetzt ist sie jedenfalls traurig und würde es bestimmt lieber haben, wenn wir bei ihr blieben.

Wir bringen Tanja zurück in ihr Zimmer. "Möchtest du noch etwas essen?" Sie schüttelt den Kopf. "Ins Bett", Tanja guckt auf ihre Decke. "Ihr könnt gehen – ischill schafen." "Na, jetzt ist es ja sicher noch ein bisschen früh, aber es kommen ja immer ganz nette Sachen im Fernsehen." "Ja, Fänsehn", jetzt lächelt sie doch ein bisschen.

Ich helfe Tanja ins Bett, nehme sie fest in den Arm und küsse sie. "Ich ruf später im Schwesternzimmer an. Die gucken dann, ob du wirklich schläfst oder ob du doch noch wach bist – wir werden sehen." Tanja lächelt jetzt – mit Tränen in den Augen. "Schüss", kommt es über ihre Lippen. Rolf drückt sie auch. "Bis morgen –

schlaf gut." Dann gehen wir. Ich hab' ein total schlechtes Gewissen.

Die Feier mit unseren Freunden ist trotzdem schön. Auch meine Schwester Petra, ihr Mann und Sohn Justus, die in der Nähe von Elke wohnen, kommen noch vor Mitternacht dazu. Um kurz vor zwölf rufe ich auf der Station an. Pfleger K. ist am Telefon. "Tanja hat doch noch lange Fernsehen geguckt, aber seit zehn Uhr schläft sie ganz ruhig und fest."

Nach dem Frühstück am Neujahrstag geht's zuerst auf den Friedhof zu Michas Grab. In Gladbach sind wir dann bei Rolfs Papa, dem es in letzter Zeit nicht so gut geht. Er ist ziemlich schwach und will nicht mehr essen. Man hatte schon Rolfs Schwester heute Morgen angerufen. Aber als wir ins Zimmer kommen, ist er ganz munter. Er nimmt sogar von Rolf ein paar Löffel Joghurt und scheint großen Durst zu haben: Er trinkt in kleinen Schlucken ein Glas Saft leer.... und möchte noch mehr haben.

Bei Tanja bin ich später noch ziemlich lange. Auch Ramon ist da. Da es wieder mal in Strömen regnet, können wir nicht raus. Tanja stört das nicht. Es geht ihr aber wieder besser. "Eigentlich gut, dass Silvester vorbei ist", denke ich. Wir kniffeln und spielen Rummikup.

Herr Berger setzt sich durch!

Mitte Januar 2013:

Kalt ist es geworden – und es liegt viel Schnee, auch hier im Flachland. Hab im Moment so jeden Tag meinen Rhythmus: Morgens mit Rolf die Schulkinder fahren, frühstücken, mittags in die Schule und hier meistens mit den Kindern nach draußen in den Schnee. Meine Kolleginnen und ich wechseln uns halbstündlich ab, weil es doch ziemlich kalt ist, und viel Bewegung ist auf dem Pausenhof ja nur bei den Kindern angesagt. Am Nachmittag bin ich dann bei Tanja – meistens laufe ich mit ihr eine Runde oder auch mehr mit dem Gehwagen über den Flur. Oder ich packe sie warm ein und es geht nach draußen, dann oft mit einer Kaffee- oder Eis-Pause in der Eisdiele.

Auf Tanjas Station gibt es einen neuen Pflegedienstleiter, Herrn Berger, und der bringt ein wenig frischen Wind mit. Er ist der Meinung – wie Til eigentlich auch - dass die ungeblockte Kanüle, die Tanja jetzt trägt, völliger Quatsch sei. Sie würde nur das Schlucken, Sprechen und Abhusten behindern und erschweren.

Was soll ich dazu sagen? Bin Laie und habe überhaupt keine Ahnung! Ich muss mich auf die Ärzte verlassen. Ich frage ja ständig nach, wann die blöde Kanüle endlich raus kann. Aber wenn es dann wieder heißt, dass Tanja aspiriert und dass alles so gefährlich ist, kann ich mich doch nicht dagegen stellen. Jedenfalls nimmt Herr Berger jetzt mehrmals am Tag die Kanüle ganz heraus und klebt das Loch luftdicht ab. Das funktioniert ganz gut.

Auch Til übt das Trinken und Sprechen mit Tanja jetzt meistens ohne Kanüle. "Das klappt prima", sagt er mir bei unserem Zusammentreffen. Mit Herrn A. und Herrn Berger habe man überlegt, dass in Kürze noch einmal ein Termin für einen Schlucktest gemacht werden soll. Ich bin natürlich einverstanden und hoffe, dass es dann endlich klappt und das Tracheostoma geschlossen werden kann. Das wäre schon toll. Ich will auch wieder eine Reha für Tanja beantragen – vielleicht gibt es auch eine logopädische Reha. Muss mich mal erkundigen.

Anfang Februar 2013:

Nach mehr als zwei Wochen Winterlandschaft mit viel Schnee regnet es jetzt, alles taut und es ist sehr nass und matschig.

Tanja ist gestürzt! Das wird mir als erstes gesagt, als ich am Samstag auf die Station komme. Keiner weiß genau wie es passiert ist: Tanja saß im Rolli. Mir sagt sie, dass sie sich eine Banane vom Tisch nehmen wollte und sich wohl zu weit vorgebeugt hat. Jedenfalls ist sie auf die Knie gefallen. Sie hat sich sehr erschrocken und auch ordentlich weh getan. Klingeln konnte sie nicht.

Wie lange sie vor dem Rollstuhl auf dem Boden gelegen hat, weiß sie nicht und auch sonst niemand. Jetzt liegt Tanja jedenfalls im Bett und möchte sich von dem Schreck erholen.

Gerda geht es leider gar nicht gut. Sie bekommt wieder Chemo und die verträgt sie nicht. Der Arzt macht ihr weiter Mut: Sie sei noch nicht austherapiert! Aber Gerda ist schwach und irgendwie macht sie den Eindruck, als ob sie nicht mehr kämpfen kann oder will. Bei meinem Besuch im Krankenhaus versuche ich, ihr gut zuzureden. Es fällt mir aber sehr schwer.

So kenne ich meine Schwester nicht. In den letzten Jahren hat sie uns immer Mut gemacht: Ich bin stark, ich kämpfe, ich schaffe das.... Von dieser Gerda ist nur noch sehr wenig übrig. Viel mehr sagt sie: "Ich habe mich mit dem lieben Gott arrangiert. Wenn er es so will, ist es gut. Ich habe auch keine Angst mehr vor dem Sterben...." Es ist so unendlich traurig. "Aber vielleicht will mich der liebe Gott ja auch noch nicht....", jetzt lächelt sie leise. Mir fällt das

Lächeln sehr schwer. Wir wechseln das Thema.

Anfang März 2013:

Nach dem vielen Schnee und dem nass-kalten Februar ist endlich ein wenig Frühling in Sicht. Tanja geht es ganz gut. Sie läuft viel mit dem Gehwagen – mit den Therapeuten und mit mir. Auch das Trainingsgerät fürs Bett wird oft benutzt. Aber ansonsten hat Tanja nicht viel Bewegung – und sie isst ja so gerne! Das Ergebnis: Tanja hat ordentlich zugenommen: 85 Kilo – das ist ganz schön viel. Aber was soll's? Ich kann schlecht von Tanja verlangen, dass sie abnimmt. Außer Essen hat sie ja nicht viel, was ihr Freude macht.

Doch: wir haben das Scrabbeln wiederentdeckt. Dieses Wörterbilden durch Buchstaben anlegen auf einem Spielbrett haben wir beide immer gerne gemacht und nun ist es ein tolles Training für den Kopf und für die Motorik der Hände – leider nichts zum Abnehmen.

Ein Zahnarzttermin steht an. Die nette Zahnärztin hat ihre Praxis auch im Haus. Es ist zwar etwas schwierig, Tanja auf den Stuhl zu bekommen, aber mit vereinten Kräften klappt es dann doch ganz gut. Eigentlich soll es eine Kontroll-Untersuchung sein. Na gut, wann steht so eine Kontrolle an? Jedes halbe Jahr? Nun ist Tanja schon mehr als anderthalb Jahre krank und ich weiß nicht, wann sie zuletzt beim Zahnarzt war.

Als die Ärztin fragt, ob Tanja Schmerzen hat, nickt sie. "Wie, du hast Schmerzen?" Davon hatte Tanja nie etwas gesagt. "Ja, beim Essen." Meine Tochter! Da hat sie wohl schon längere Zeit Zahnschmerzen und sagt nix. "Der Backenzahn ist total entzündet. Ich werde den Nerv ziehen." Hat alles geklappt. Für die nächste Woche machen wir einen Termin für "professionelle Zahnreinigung".

Das Jahr der Abschiede

Die Kinder kommen nach wie vor jedes zweite Wochenende zu uns und sie gehen dann natürlich auch zu Tanja. Ramon besucht seine Mutter auch schon mal in der Woche. Meistens trifft er sich dann auch mit Ina – entweder hier in der Stadt oder er fährt zu ihr nach Hause.

Clara erzählt mir, dass sie mit Tanja über Olaf gesprochen hat. "Die Mama will sich jetzt doch scheiden lassen, und dann wollen wir alle wieder so heißen wie du." Na, das ist ja mal ne tolle Nachricht. Mit mir hat Tanja bisher nicht drüber geredet – und ich habe das Thema schon lange nicht mehr angesprochen. Aber nun werde ich das doch mal machen.

Ende März 2013:

21. März – Frühlingsanfang und ein ganz schlimmer und doch irgendwie erlösender Tag für mich:

Gerda hat's geschafft, sie ist heute für immer eingeschlafen – nach einem sehr harten Kampf! Wir Schwestern und Gerdas Frau Rita – die beiden haben vor zwei Tagen noch geheiratet – waren bei ihr. Aber es war sehr schlimm. Obwohl der Paliativ-Arzt mehrmals am Tag da war und Gerda mit Schmerzmitteln versorgt hat, hatten wir den Eindruck, dass sie kämpft, ganz schlecht Luft bekommt und nicht loslassen kann. Nun hat sie es überstanden und es tut sehr weh, dass sie nicht mehr bei uns ist.

Rolf kommt zwei Tage später, um mich abzuholen – vorher hat er Clara aus Olpe geholt. Die beiden sind auch ganz traurig. Rolf war auch schon bei Tanja. Wir haben ja alle mit Gerdas Tod gerechnet, aber wenn es dann wirklich passiert, dieses Endgültige – es tut so schrecklich weh.

Unsere Wien-Reise, die ich Rolf zum Geburtstag geschenkt habe, müssen wir absagen. Der Hinflug wäre genau an dem Tag gewesen, an dem jetzt die Trauerfeier für Gerda stattfindet.

Der Abschied von Gerda und die Feier sind sehr emotional: traurig und ergreifend schön – falls man das so sagen kann. Wir waren immer vier Schwestern .... nun sind wir noch drei (auch wenn ich unseren Bruder nicht vergesse), aber das ist etwas anderes: Eine Sistertour wird es wohl nicht mehr geben.

Doch – es gibt sie noch, wenn auch natürlich ganz anders: Im letzten Jahr sind wir übrig gebliebenen Schwestern mit Rita eine Woche auf Sylt gewesen, eine Freundin von Gerda und Rita war auch mit – es war sehr schön! Und in diesem Jahr werden wir auch wieder fahren.

Auch Tanja ist total traurig. Wenn wir von Gerda sprechen, fängt sie sofort an zu weinen. Ich schlafe ganz schlecht. Gerda lässt mich nicht los – ich muss ständig an sie denken.

Es ist Karfreitag. Und schon wieder liegt Schnee, zwar nicht viel, aber es ist kalt und ungemütlich. Nicht gerade das Wetter, das man sich zu Ostern wünscht. Clara und Ramon sind seit ein paar Tagen hier. Sie sind schon am Vormittag mit dem Bus zu Tanja gefahren. Ich fahre später mit dem Auto nach Rheydt. Wir gehen trotz des miesen Wetters eine Runde spazieren. Tanja ist schon ein paar Tage nicht vor der Tür gewesen und mittlerweile ist es wieder trocken draußen. In der Eisdiele sitzen wir gemütlich zusammen und genießen Eisbecher und Cappuccino.

Tanja hat jetzt normalerweise die Kanüle gar nicht mehr in der Luftröhre. Das Tracheostoma ist mit Mull verschlossen und dann mit Silikonpflaster luftdicht abgeklebt. Essen klappt super und das Sprechen wird auch immer besser. Wäre ja toll, wenn es dann bald endgültig geschlossen werden könnte.

Am Sonntag – es ist Ostern – holen wir Tanja schon früh zu uns nach Hause. Tom, Reni und Alina sind auch hier und eigentlich hatte ich mich auf ein schönes Osterfest mit leckerem Essen gefreut. Aber Ramon und Clara sind heute ziemlich zickig, besonders wenn ich die beiden um etwas bitte.

So wird der Tag nicht so wirklich harmonisch, auch wenn ich versuche, darüber hinweg zu gucken und eine gute Miene zu machen. Ich finde es gerade für Tanja total schwierig, wenn sich ihre Kinder so unmöglich benehmen. Sie ist ja nicht oft bei uns und fühlt sich in der Situation bestimmt total unwohl, auch wenn sie nichts sagt und jetzt wie ich darüber hinweg lächelt. Was soll sie auch machen? Sie kann ja kein "Machtwort" sprechen, auch wenn sie es wollte. Ich sage auch nichts mehr – bin eh erstaunt, dass Rolf so ruhig bleibt.

Reni hat einen leckeren Streuselkuchen mit japanischen Pflaumen gebacken, bei dem wir alle beherzt zugreifen. Nach dem Abendessen gibt es dann auch noch Streit zwischen Tom und Reni. Oh je! Die Stimmung bei uns könnte wirklich besser sein.

Gegen halb acht bringen wir Tanja zurück. Für sie war es trotz allem eine nette Abwechslung und gar nicht so schlimm, sagt sie jedenfalls.

Gegen alle erzieherische Vernunft fahre ich meine Enkelkinder später noch ins Kino! So haben Rolf und ich wenigstens einen ruhigen Abend nach dem ganzen Trubel heute.

Anfang April:

Ich habe einen Termin bei Frau Brüll, einer Familien-Anwältin, mit der ich über Tanjas Scheidung spreche. Ja, Tanja hat keinen Rückzieher gemacht, sie möchte die Scheidung von Olaf auf jeden Fall durchziehen. Ich finde das super – und die Kinder auch. Clara hat zuletzt ein paarmal angedeutet, dass sie Angst vor Olaf habe. Er hat sie wohl mal am Telefon bedroht. Aber etwas Genaues hat sie nicht gesagt.

Frau Brüll ist sehr nett. Sie erklärt mir, welche Unterlagen benötigt werden und wie das Prozedere ablaufen kann. Grundsätzlich sieht sie aber keine Hindernisse, selbst wenn Olaf nicht einverstanden wäre – schließlich sind die beiden schon durch Tanjas Krankheit mehr als ein Jahr getrennt.

Ich bin mal wieder im Oberbergischen – zunächst bei Rita, der es gar nicht gut geht. Wie auch? Wir sprechen viel über Gerda, über unsere Trauer und wir lesen in den Trauerkarten. Es ist schön und auch beeindruckend, zu lesen, wie beliebt Gerda war, wie viele Menschen sie mochten und sie vermissen. Es tut weh, dass sie nicht mehr bei uns ist.

Anschließend fahre ich zu Tina. Nach langer Zeit wollen wir mal wieder Doppelkopf bei meiner Schwägerin spielen. Ihr geht's leider auch gar nicht gut. Aber sie freut sich sehr, dass wir da sind. Es wird ein sehr schöner Nachmittag bzw. Abend, auch wenn wir alle erschrocken sind über Tinas Aussehen. Sie sieht schon sehr krank aus – aber typisch Tina: Darüber möchte sie nicht sprechen – es geht ihr gut – basta! Sie möchte mit uns Doppelkopf spielen.

Das wird in dieser Runde das letzte Mal sein – 2013 ist für mich ein Jahr des Abschiednehmens, des endgültigen Abschieds... und der Trauer!

Die Osterferien sind vorbei – ich fahre jetzt mit Rolf als Beifahrerin die Schulkinder zur Förderschule. Sind echt nette Kinder, und der Job ist nicht so anstrengend wie in den Ogatas und macht Spaß!

Mit Tanja habe ich einen Termin beim Hals-Nasen-Ohren-Arzt wegen einer Überweisung in die Klinik. Diesmal werde ich auf die Schließung des Tracheostomas bestehen. Ich hatte ja gehofft, dass wir das schon eher angehen können, da Herr Berger jetzt schon seit Monaten mit Tanja ausprobiert, wie sie ohne die Kanüle schlucken, sprechen und essen kann.

Wir bekommen einen Termin für nächste Woche. Am Mittwoch soll es dann endlich soweit sein: Das Tracheostoma wird geschlossen.

Frau Dr. P. wollte zwar zuerst wieder einen Schlucktest machen. Aber bei der Vorbesprechung habe ich ihr erklärt, dass Tanja jetzt schon seit Juli letzten Jahres keine geblockte Kanüle mehr trägt. Dass auch Til genauso wie Herr Berger der Meinung ist, dass das Tracheostoma geschlossen werden kann. "Seit mehreren Wochen nimmt Herr Berger die Kanüle für ein paar Stunden am Tag heraus, klebt das Tracheostoma ab und seit einer Woche trägt Tanja auch nachts keine Kanüle mehr."

Frau Dr. P. ist ganz überrascht: "Ja, wenn das so ist." "Es ist so. Sie können sich gar nicht vorstellen, wie froh ich darüber bin, dass Herr Berger auf diese Station gekommen ist.... und ausprobiert hat, wie es für Tanja ohne Kanüle ist."

Ich zwinkere Tanja zu. Die lacht übers ganze Gesicht. "Herr Berger war schon von Anfang an der Meinung, dass das klappen würde", erkläre ich weiter. Frau Dr. P zuckt mit den Schultern: "Wenn Sie meinen, dass es kein Risiko für Ihre Tochter ist...." "Nein, dann würde ich das natürlich nicht machen. Aber manchmal muss man auch etwas wagen, um auf diesem schweren Genesungsweg weiterzukommen." Jetzt höre ich gar nicht mehr auf zu reden. "Und es klappt alles ganz prima. Gut, Tanja verschluckt sich auch schon mal, sie muss eben beim Essen und Trinken aufpassen. Aber wir sind alle der Meinung, dass sie viel besser husten und sich räuspern kann, wenn die Luftröhre richtig verschlossen ist."

"Ja, da haben Sie natürlich recht. Aber die Gefahr einer Lungenentzündung besteht eben immer, wenn Speichel oder Essensreste in die Lunge geraten", erklärt Frau Dr. P. noch einmal. "In fast einem Jahr ohne diese geblockte Kanüle hätte doch dann längst etwas passieren können....", entgegne ich wieder und wende ein: "Man kann doch im Notfall auch wieder einen Schnitt machen – oder?" Die Diskussion geht noch ein paarmal hin und her – aber der Termin steht.

Vorher haben wir noch ein anderes Treffen, und zwar mit Frau Brüll. Da es für Tanja so beschwerlich ist, in ihr Büro zu kommen, findet dieses bei Tanja statt. Frau Brüll möchte sich bei Tanja vorstellen und sie auch ein bisschen kennenlernen.

Die Heiratsurkunde vom Standesamt aus O. ist heute mit der Post gekommen. Nun sind alle Unterlagen komplett, und der Scheidungsantrag kann auf den Weg gebracht werden. Wir trinken im Aufenthaltsraum zusammen Kaffee und nachdem Frau Brüll sich verabschiedet hat, spielen Tanja und ich noch eine Partie Kniffel. Dann möchte Tanja aber nur noch ins Bett – sie ist doch ziemlich müde, gerade nach einem solch "aufregenden" Gespräch.

Für Tanja gibt es jetzt kein Zurück mehr. Sie will die Scheidung nun ganz schnell und dann möchte sie auch wieder ihren Mädchennamen annehmen. "Und Clara und Ramon möchten dann auch wieder wie ich heißen", sagt sie mir ziemlich deutlich. Dabei hat es ja fast zwei Jahre gedauert, bis sie zu dieser Überzeugung gekommen ist.

Am Wochenende sind Clara und ihr Freund David da. Auch Ramon kommt mit Ina. So haben wir das Haus voll. Ich finde es sehr schön, wenn die Kinder da sind. Weniger schön finde ich es, wenn es – wie das ja des Öfteren der Fall ist – Stress mit den beiden gibt. Aber an diesem Wochenende läuft alles gut. Die Kinder sind auch viel bei ihrer Mutter.

Rolf und ich sind am Samstag auf einer Discofox-Party. Wir gehen seit Anfang des Jahres zu dem Tanzkurs, und er macht uns viel Spaß. Heute sind viele aus unserem Kurs hier. Wir tanzen unsere gelernten Figuren. Dabei gibt es viel zu lachen – es klappt nämlich längst nicht immer so wie es sollte!

Am Sonntag geht's mal wieder ins Oberbergische. Unser Freund

Herbert hat Geburtstag und feiert den mit einem Brunch. Da es endlich mal schön ist, können wir den Frühling draußen auf der Terrasse genießen.

Ich telefoniere noch mit Clara, die schon wieder mit David in Köln ist. Die Kinder waren alle zusammen mit Tanja in der Stadt. Sie haben Eis gegessen und sind noch im Park spazieren gewesen. "Aber um halb fünf hat Mama uns nach Hause geschickt", erzählt Clara mir. "Sie wollte ins Bett und schlafen. Wir sind deshalb schon mit einem früheren Zug nach Köln gefahren. Ramon und Ina sind kurz vorher gegangen. Alles o.k. Tschüss Oma, bis bald."

Montag fahre ich schon ganz früh nach Rheydt zum HNO-Arzt. Ich brauche für Tanja die Einweisung und den Transportschein. Morgen wird es ja ernst! Dann fahre ich direkt weiter nach Neukirchen – es steht wieder ein Hilfeplangespräch für Ramon an.

Es ist so ein schöner Tag: Die Sonne scheint, es ist mild. Ramon wartet schon vor seiner Wohngruppe auf mich. Er ist gut drauf und scheint sich zu freuen. Wir gehen in das Büro der "Heimleiterin", wo außer dieser auch Ramons Lehrer, sein Mentor aus der Wohngruppe und seine Vormünderin schon warten. Es fängt alles gut an, aber irgendwann kippt das Gespräch und es läuft nicht mehr so positiv für Ramon.

Es geht um Schule, um Praktikum und die Lehrstelle, die Ramon gerne als Landschaftsgärtner machen möchte. Das geht aber wohl doch nicht so, wie zunächst gedacht, da der Gärtner, bei dem Ramon das Praktikum macht, kein Meister ist und nicht ausbilden darf.

Es soll wohl ein Antrag für eine Ausnahmegenehmigung gestellt werden – oder so ähnlich! Ich sage etwas dazu, und Ramon flippt total aus. Er reagiert ganz ungehalten, motzt vor allem gegen mich. Ramons Lehrer versucht ihn zu beruhigen und sein Verhalten zu erklären. Sein Mentor und Betreuer meint, eine Pause würde Ramon wohl ganz gut tun und schickt ihn nach draußen.

Gerade nach diesem Vorfall sind wir eigentlich alle der Meinung, dass der angedachte Umzug in eine eigene Wohnung wohl noch etwas zu früh sei. Das wird Ramon dann auch gesagt, als er wieder zurückkommt.

Jedenfalls läuft alles darauf hinaus, dass Ramon mich nach dem Ende des Gesprächs beschimpft – warum weiß ich nicht und er wohl auch nicht so wirklich. Er möchte nicht mehr zu uns kommen. Nur seine Mutter möchte er noch in Gladbach besuchen. Ich spreche noch länger mit einer Mitarbeiterin in der Wohngruppe. Sie sagt mir, dass sie mit Ramon reden und versuchen will, positiv auf ihn einzuwirken. Sie versteht genau so wenig wie ich, warum er so reagiert. Mir tut das sehr weh und ich hoffe, dass sich alles wieder klärt.

Auf dem Heimweg fahre ich noch kurz bei Tom vorbei, der heute Geburtstag hat. 42 wird mein Ältester schon! Ziemlich groggy komme ich wieder zu Hause an.

Mitte April 2013:

Nun ist es soweit: Tanja wird heute im Krankenhaus aufgenommen. Rolf und ich bringen sie am Morgen hin. Viel passiert nicht: Der Arzt erklärt uns aber genau, was gemacht werden soll. "Es ist ein kleiner Eingriff, den wir unter einer örtlichen Betäubung machen. Wir ziehen nur die Haut über das Loch im Hals und vernähen das Ganze dann." Das hört sich wirklich ziemlich simpel an. Ich hoffe, dass es morgen dann auch so einfach laufen wird.

Ich helfe Tanja noch beim Essen – und bekomme von der Servicekraft sogar ein Putenschnitzel für mich dazugestellt. Das ist ja sehr nett und bestimmt nicht üblich. "Danke!" Schmeckt gar nicht so schlecht!

Ich verabschiede mich dann erst mal von Tanja. Wir müssen ja am Nachmittag die Schulkinder nach Hause fahren. "Ich komme aber heute Abend noch mal her. Ich muss doch wissen, wie es dir hier so geht."

Und da das Wetter so schön ist, machen Rolf und ich am frühen Abend noch einen Spaziergang in die Stadt bzw. ins Krankenhaus. Wir essen mit Tanja zusammen Abendbrot, das heißt wir sitzen neben ihr und gucken wie sie isst. Tanja strahlt! Es ist toll, sie so in Vorfreude zu sehen. Endlich wird das blöde Loch im Hals zugemacht. Wie viele Anläufe mussten wir hierfür nehmen? Ich bin auch sehr glücklich!

Rolf und ich haben einen schönen Abend bei einem Mexikaner. So eine leckere Paella hab ich noch nie gegessen. Hmmm! Einfach toll – fast wie auf Mallorca vor langer Zeit! Ja, das ist schon eine halbe Ewigkeit her, als die Welt noch in Ordnung war und wir alle zusammen im Freundeskreis auf dieser schönen Insel waren.

Dann ist es soweit! Ein bisschen nervös bin ich schon. Morgens gehe ich mit Rolf ins Fitness-Studio. Am Mittag fahre ich noch mal ins Krankenhaus. Tanja steht für 13.00 Uhr auf dem OP-Plan – um halb drei bekommt sie endlich die Beruhigungsspritze. Sie ist gut drauf und lacht, als sie in den OP gefahren wird. "Bis gleich, mein Schatz", sage ich. "Ich weiß zwar nicht, ob ich schon wieder hier bin, wenn du auf dein Zimmer zurückkommst – aber ich komme so schnell wie möglich, wenn wir von der Schulfahrt zurück sind."

Jetzt schnell nach Hause. Später fahre ich mit dem Rad ins Krankenhaus. Rolf will uns dann abholen und nach Rheydt fahren. Der Arzt hatte ja bei der Besprechung gesagt, dass Tanja, wenn alles klappt, am Abend noch wieder zurück in ihr WG-Zimmer kann.

Und dann kommt doch alles ganz anders: Als ich ins Zimmer komme, ist Tanja schon wieder da. Sie liegt ganz vergnügt in ihrem Bett - nix ist gemacht worden – keine OP! Aber meine Tochter ist trotzdem erstaunlich gut drauf – und ich bin furchtbar enttäuscht. Was ist denn jetzt wieder?

Ich gehe sofort ins Schwesternzimmer. Dort erklärt mir Pfleger Georg, dass die Blutgerinnung bei Tanja zu niedrig ist. Leider haben die Ärzte diesen Wert erst im Operationssaal überprüft. "Ihre Tochter hat schon eine Infusion mit Vitamin K bekommen. Das verdickt das Blut, aber der Arzt wird Ihnen das noch genau erklären."

So gehe ich wieder zu Tanja aufs Zimmer und helfe ihr beim Abendbrot essen. Tanja hat Hunger. Den ganzen Tag über hat sie nichts gegessen, weder Frühstück noch Mittagessen. Das war auch völliger Blödsinn, da ja nur eine örtliche Betäubung gemacht werden sollte. Und den Blutgerinnungswert hätte man ja wohl mal früher überprüfen können, schließlich war bekannt, dass Tanja Macumar nimmt. Ja, ich bin ziemlich angesäuert!

Hoffentlich ist diese Vitamin-K-Gabe nicht mit einem Risiko für Tanja verbunden. Ich warte noch ziemlich lange auf den Arzt, aber ich sehe keinen. "Machen Sie sich keine Sorgen", meint Pfleger Georg, "morgen wird der Wert so sein, dass das Tracheostoma geschlossen werden kann. Davon bin ich überzeugt. Am besten gehen Sie jetzt nach Hause und rufen morgen früh hier auf der Station an. Dann können wir Ihnen genau Auskunft geben. Dr. M. ist leider immer noch im OP." Ich gucke Tanja an. Die scheint ziemlich müde zu sein. Aber sie lächelt. "Geh ruhig - schich bin müde". Ich nicke "Ich werde jetzt wirklich gehen und dann morgen nachhören, was Sache ist."

Rolf wartet schon ungeduldig, dabei habe ich ihm doch Bescheid gesagt. "Kommst du auch noch mal?", werde ich empfangen. Es hat doch ziemlich lange gedauert. Aber dann sitzen wir noch lange auf der Terrasse und reden.

Als ich am nächsten Morgen anrufe, werde ich erst mal vertröstet. "Ich kann Ihnen noch gar nichts sagen. Aber Ihre Tochter hat gut geschlafen. Sie hat auch schon gefrühstückt. Rufen Sie doch bitte gegen Mittag noch einmal an."

Um halb zwölf kann mir die Schwester dann endlich sagen, dass der Quicktest (zur Feststellung des Gerinnungswertes) so ausgefallen ist, dass der Arzt operiert.

Oh Mann, bin ich nervös! Das dauert aber auch. Nun ist der Nachmittag schon fast wieder rum. Ich sitze in Tanjas Zimmer und warte darauf, dass sie aus dem OP kommt.

Ich halte es im Zimmer gar nicht mehr aus und gehe nach draußen auf den Flur. Da kommt der nette Pfleger Georg. "Ich habe gerade im OP angerufen. Ihre Tochter ist fertig. Ich kann sie in ein paar Minuten nach oben holen." Gott sei Dank! Erst mal tief durchatmen.

Eine halbe Stunde später ist Tanja wieder in ihrem Zimmer. Ganz glücklich und noch ein bisschen high guckt sie mich an.

Heute brauche ich nicht so lange auf den Arzt warten. "Es hat alles gut geklappt", sagt Dr. M. "Aber mir wäre es doch lieber, wenn Ihre Tochter noch eine Nacht hier bleibt. Sie bekommt noch ein paar Ampullen Antibiotika und morgen geht's dann nach Hause." Der Arzt tätschelt Tanja die Wange. Wir strahlen alle um die Wette.

Ich sage noch auf der Station in Rheydt Bescheid. Die freuen sich auch alle mit uns. Das ist wirklich ein Riesenschritt nach vorne.

Es wird Nachmittag, als wir Tanja dann wirklich abholen können. Rolf und ich sind mit dem Schulbus gekommen. Ist schon toll, dass wir nicht immer einen Fahrdienst rufen müssen und die Krankenfahrten über unseren Unternehmer abrechnen können.

Tanja geht es gut. Wir fahren auch nicht direkt nach Rheydt, sondern vorher zum DRK-Haus am Volksgarten. Hier trinken wir Kaffee und lassen uns ein Stück Kuchen schmecken. Frau Maas ist leider noch im Gespräch, aber der Leiter des Hauses, Herr Aziz, kommt zu uns an den Tisch. "Tja, leider ist noch nichts frei. Aber Sie stehen jetzt ziemlich oben auf der Warteliste", sagt er zu Tanja. "Gucken Sie sich ruhig um." Er fährt dann mit uns auf die 4. Etage. Hier soll Tanja einmal wohnen, wenn es soweit ist und ein Platz frei ist.

Der Stationsleiter fragt eine Bewohnerin, ob wir uns ihr Apartment ansehen können. Wir sind begeistert. Es ist ein großes helles Zimmer mit Balkon. Vorne links ist ein Einbauschrank und gegenüber ist das Bad. So sind hier alle Zimmer aufgeteilt. Wirklich schön!

Wir spazieren mit Tanja noch eine Runde um den See. Sie findet das Haus und die Umgebung zwar auch ganz gut, aber dann fängt sie auf einmal an zu weinen.

Ich nehme sie in den Arm und versuche sie zu trösten. "Sieh mal, du bist doch jetzt schon wieder einen so großen Schritt weiter. Das Loch ist zu!" Tanja nickt, aber sie schluchzt. Ja, sie ist untröstlich – trotz des Erfolgs!

Dann klingelt auch noch mein Handy. Anne aus Ramons Wohngruppe ist am Telefon. Sie wollte einfach mal nachhören, wie es mir geht. Das finde ich total nett. Tanja ist im Moment wegen Ramon oft sehr besorgt – auch wenn sie nicht direkt darüber spricht – das merke ich.

Ich reiche ihr das Handy. Anne weiß ja Bescheid und ein wenig kann sich Tanja auch verständlich machen. Dann kommt auch noch Ramon ans Telefon. Tanja weint wieder herzzerreißend. Sie gibt mir das Handy zurück. Aber bei mir ist Ramon immer noch ziemlich kurz angebunden, so dass das Gespräch dann schnell beendet wird.

In Rheydt auf der Station freuen sich alle, dass Tanja wieder da ist und dass alles so gut geklappt hat.

Es ist ja wirklich alles relativ problemlos gelaufen, sieht man einmal davon ab, dass wegen des zu niedrigen Blutgerinnungswertes alles um einen Tag verschoben werden musste.

Auch als ich am nächsten Tag bei Tanja bin, wirkt sie traurig und unglücklich. Trotzdem spielen wir eine Partie Scrabble. Tanja hält auch gut mit, aber sie scheint enttäuscht zu sein. "Was hast du denn?", frage ich sie. Von Tanja kommt nur ein Schulterzucken und ein Kopfschütteln. "Isch weiss au nisch." "Du bist enttäuscht, nicht wahr? Du hast gedacht, wenn das Loch in deinem Hals zu ist, kannst du ganz schnell wieder richtig sprechen.... mit einer klaren Stimme." Jetzt nickt sie. "Bestimmt kommt das irgendwann. Til ist auch ganz zuversichtlich, dass es noch viel besser wird. Aber da brauchen wir wahrscheinlich noch ganz viel Geduld." Ich nehme meine Tochter fest in den Arm. Die Tränen versiegen.

"Isch möschte mit Cla'a un Amon schpesch." Sie guckt auf mein Telefon. Ich wähle zuerst Claras Nummer. Die meldet sich aber nicht. Dafür ist Ramon sofort dran. Tanja fängt heftig an zu weinen, als sie ihn hört. Sagen kann sie nichts. Und der Junge sagt auch nichts. Tanja kann ich trösten.

Bei Ramon läuft es leider immer mehr aus dem Ruder. Im Moment komme ich gar nicht mehr an ihn ran und bin ziemlich ratlos.

Jedenfalls ist es jetzt so, dass Rolf nicht möchte, dass Ramon noch zu uns ins Haus kommt. Wäre ich alleine, hätte ich das wahrscheinlich nicht so entschieden, gerade weil die Kinder so viel Negatives in ihrem noch so jungen Leben wegstecken mussten. Aber es ist leider auch viel vorgefallen, so dass es wahrscheinlich richtig ist. Ich bespreche alles mit Ramons Betreuern in Neukirchen. Auch dort findet man Rolfs Entscheidung richtig. Die Betreuer dort wollen sich aber jetzt besonders intensiv um den Jungen kümmern.

Ja, es ist ziemlich viel schief gelaufen. Was und wie, darüber kann und möchte ich aber in diesem Buch nicht schreiben. Ich liebe meine Enkelkinder und hoffe nur, dass irgendwann alles wieder gut wird und wir vielleicht sogar darüber sprechen können.

Ende April 2013:

Clara regt sich heftig über die Situation wegen Ramon auf. Leider kann ich mit ihr nicht wirklich darüber sprechen. Ich habe zwar versucht, ihr alles zu erklären, aber es ist für uns alle sehr schwierig und verfahren. Ich bin auch ganz traurig. Ich vermisse den Jungen.

Am Samstagmittag fahre ich Clara nach Rheydt. Dort treffen sich die beiden Geschwister bei Tanja und haben zusammen einen schönen Nachmittag, bevor Ramon nach Neukirchen zurückfährt.

Clara hat sich wieder beruhigt und erzählt mir am Abend, dass sie zusammen mit Tanja gekniffelt haben. Später seien sie spazieren gegangen und hätten ein Eis gegessen. Es sei sehr schön gewesen.

Dann ist mein 61. Geburtstag da! Und den feiern wir richtig ausgiebig. Viele meiner bzw. unserer Freunde sind hier, Rolfs Kinder, Tom und Reni sowie meine Schwester Petra und ihr Mann Chris. Die, die nicht kommen konnten, rufen an. Auch Clara gratuliert mir telefonisch – von Ramon höre ich leider nichts! Rolf holt Tanja ab und die hält richtig gut durch – ohne Tränen. Alle freuen sich, sie zu sehen und darüber, dass sie an dem Fest teilnimmt. Es scheint ihr richtig Spaß zu machen, auch wenn ich mich recht wenig um sie kümmern kann.

Mai 2013:

Mit dem Wonnemonat kommt auch der Frühsommer. Nach wie vor bin ich jeden Tag ein paar Stunden bei Tanja – bei dem tollen Wetter fahre ich mit dem Rad hin. Ich reiche Tanja das Essen an, oft gehen wir eine Runde mit dem Gehwagen über den Flur. Wir sind auch viel draußen und genießen die Sonne. Tanja kann das inzwischen ganz gut. Ich muss sie nur noch selten überreden, sich aus dem Bett in den Rolli setzen zu lassen und dann mit nach draußen zu gehen.

Heute – es ist Sonntag und superschön – holen wir Tanja nach dem Frühstück zu uns nach Hause. Rolf geht später zum Tennisplatz und ich mache mir mit Tanja einen gemütlichen Nachmittag auf der Terrasse. Zuerst spielen wir Scrabble bei Kaffee und Kuchen. Später liegen wir beide in Liegestühlen unter dem Kirchbaum. Tanja schläft irgendwann ein und ich hole mir mein Buch.

Es ist schön zu sehen, wie wohl sie sich fühlt. Rolf kommt nach Hause. Auch er strahlt! Scheint ja rundum ein erfolgreicher Tag zu sein. Wir essen noch zusammen und bringen Tanja dann zurück nach Rheydt.

Pfleger K. kommt auf mich zu, als er mich sieht. "Tanja hat sich gestern beim Essen mehrmals heftig verschluckt", erzählt er mir. "Danach wollte sie gar nichts mehr essen." "Da wird sie sich sehr erschrocken haben, nehme ich an." Bei mir hat sie sich auch schon mal verschluckt. Wir erschrecken uns dann immer beide sehr. "Bei uns zu Hause ist heute alles glatt gegangen. Ich habe Tanja aber auch ständig ermahnt, langsam zu essen, gut zu kauen, etc. Til kommt ja morgen zur Logopädie. Ich ruf ihn vorher an." Das mache ich dann auch. Til sagt mir, das könne natürlich mal vorkommen. Wichtig sei, dass Tanja immer abhuste, damit nichts in die Lunge kommt. Aber er werde das Schlucken auch noch einmal kontrollieren.

Clara und David sind hier. Es ist ein langes Wochenende (Christi Himmelfahrt). Wir frühstücken noch mit den beiden und dann fahren Rolf und ich Richtung Norden. Zunächst zu Max und Hanna ins Münsterland und dann weiter nach Bremen zu Rolfs Tochter und Familie. Max und Hanna haben in den letzten Monaten wahnsinnig viel gearbeitet. Sie wollen bald ihr neues Restaurant eröffnen. Wir sind jetzt hier, um sie ein bisschen zu unterstützen.... seelisch, moralisch und mit etwas Tatkraft. So spülen wir den ganzen Tag Unmengen an Geschirr. Auch Tom ist hier, um seinem Bruder bei der Renovierung zu helfen. Nach getaner Arbeit grillen wir am Abend gemeinsam.

Am nächsten Morgen geht's weiter. Rolf spült und ich fahre mit Hanna zum Gärtner. Wir bepflanzen die Kübel im Biergarten und eine alte Mauer am Haus. Alles wird sehr schön.

Am Samstag müssen wir weiter. In Bremen steht ein großes Familienfest an: Jan wird getauft. Es ist ein sehr schönes Fest. In der Messe am Sonntag um zehn Uhr morgens wird mit Jan zusammen noch ein kleines Mädchen – Karina – getauft.

Zu Hause scheint es gut gelaufen zu sein. Clara und David

haben alles vorbildlich hinterlassen. Nix gibt es zu meckern! Sie waren wohl jeden Tag bei Tanja – jedenfalls habe ich bei meinen Anrufen auf der Station immer gehört, dass es Tanja gut gehe und dass sie Besuch von ihren Kindern hatte. Jetzt sind die beiden auf dem Weg nach Olpe.

Zum dritten Mal in Bonn

Pfingsten 2013:

Eigentlich ein blöder Termin für den Start in eine Reha. Aber Tanja hat nun mal den Aufnahme-Termin für heute - Freitag - bekommen. Dagegen konnte ich mich nicht wehren, denn das Bett auf der Station von Herrn A. wird dringend benötigt. Tanja konnte dort nur noch bis zum Beginn der Reha bleiben.

Was wird danach? Mir wird schon angst und bange! Von Frau Maas aus dem DRK-Haus habe ich noch nichts gehört. Was soll ich nur machen, wenn nach der Reha immer noch nichts frei ist?

Als wir in ihr Zimmer kommen, liegt Tanja noch im Bett. "Keine Lust zu dem Ausflug nach Bonn?", frage ich sie. "Doch, schisch freu misch." Ich ziehe sie an und dann geht es los. "Tanjas Sachen können wir erst mal in einem Abstellraum lagern, bis Sie die abholen können", meinte Schwerster L. Das Angebot nehme ich dankbar an. Die Schwestern und Pfleger stehen Spalier, als wir die Station verlassen.

Wir müssen auch langsam los! Rolf ist schon ganz ungeduldig. Er ist ja eher der Pünktlichkeitsfanatiker - und bis 16.00 Uhr sollen wir eigentlich in der Reha-Klinik sein. "Jetzt wird's aber Zeit", zum wiederholten Mal guckt mein Schatz auf die Uhr.

Zum Abschied bekommt Tanja von ihren "Lieblingsschwestern" ein Geschenk: ein schönes T-Shirt und ein Halstuch - und nun kullern ein paar Tränen bei ihr. Auch ich muss schlucken - es war doch eine sehr lange Zeit, die wir hier verbracht haben und es ist eine gewisse Verbundenheit entstanden, vor allem mit Herrn Berger.

Der ist komischerweise seit letzter Woche nicht mehr auf der Station - angeblich wegen unüberbrückbarer Differenzen. Ihm verdanken wir jedenfalls, dass Tanja so einen großen Schritt weiter und das Loch im Hals endlich zu ist.

In Bonn wird Tanja auf ihrer "alten" Station herzlich aufgenommen. Ist schon komisch – wie ein "Nachhausekommen"! Schwester Nadja und auch die anderen freuen sich sehr, Tanja zu sehen. Diesmal ist eine junge Frau mit auf ihrem Zimmer. Ich schätze sie auf ca. 35 Jahre. Auch sie hatte einen Schlaganfall, wie sie uns erzählt. Bei ihr ist das Sprachzentrum nicht betroffen.

Dr. K. kommt zur Aufnahme ins Zimmer. Er begrüßt uns sehr freundlich. "Das sind ja tolle Fortschritte seit dem letzten Jahr", sagt er, als er Tanja untersucht, während sie auf der Bettkante sitzt. "Und das Tracheostoma ist geschlossen. Herzlichen Glückwunsch!" Tanja strahlt den Arzt an. "Welche Ziele sollen wir denn anvisieren?"

Tanja sagt gar nichts. Sie guckt nur mit großen Augen in die Runde. "Welche Ziele? Na, da gibt es ja noch jede Menge Möglichkeiten für Verbesserungen, nicht wahr?", wende ich mich an meine Tochter, "und zwar in allen Bereichen. In der Bewegung – Tanja läuft ein bisschen an einem hohen Unterarm-Gehwagen. Aber alleine ist das nicht möglich – wär ja mal ein Ziel!" Dr. K. nickt.

Auch Rolf schaltet sich ein: "Es fehlt an Koordination und Muskelkraft. Dann Sprache und Stimme. Sie hören ja, dass man Tanja sehr schlecht verstehen kann, obwohl das Loch im Hals zu ist." Dann ich wieder: "Auch die Feinmotorik – wir üben ja sehr viel. Z.B. spielen wir sehr gerne Scrabble, und das nicht gerade selten. Dabei versucht Tanja immer, selbst die Buchstaben in die Hand zu nehmen und aufs Spielbrett zu legen."

Ich gucke Tanja an und überlege: "Ich fände es ja ganz toll, wenn Tanja ins Schwimmbad gehen könnte. Wäre das möglich?" "Ich denke schon – warum nicht? Ich schreib's jetzt mit auf und wir gucken dann mal, wie nächste Woche der Therapieplan aussieht. .... Und dann hoffe ich, dass wir in drei oder vier Wochen gute Ergebnisse sehen können. Aber bitte, haben Sie nicht zu große Erwartungen."

Er guckt Tanja an: "Und Sie, liebe Tanja, müssen sehr gut mitarbeiten, damit wir weitere Erfolge verzeichnen können. Ich wünsche Ihnen einen guten Aufenthalt in unserer Klinik. Aber Sie kennen das ja schon – alles Gute – wir sehen uns." Wir verabschieden uns. Dr. K. verlässt das Zimmer. "Na, da schau'n wir mal, wie alles läuft." Ich drücke Tanja. Die sagt immer noch nichts.

Ein junger Pfleger kommt herein. Er bringt eine Flasche Wasser. "Ich bin Markus", stellt er sich vor und gibt Tanja die Hand. "Kann ich noch etwas für Sie tun?" "Schisch will ins Bett", sagt Tanja. "Ja klar, können wir machen." Ich räume Tanjas Sachen in den Schrank, während Pfleger Markus Tanja ins Bett hilft.

Ich melde für Tanja Telefon und Fernsehen an. Mal gucken, wie das mit dem Telefonieren klappt. Das wäre dann das erste Mal für Tanja. Wir üben, den Hörer abzunehmen und ans Ohr zu halten. Es geht so la-la – nicht wirklich gut. Aber sie versucht es noch einmal, dann wieder auflegen. "Nisch so eifach", meint Tanja. Ich schreibe mir auch die Telefon-Nummer der Bettnachbarin auf.

Ich bin total aufgeregt – ist ja wieder etwas ganz anderes. Aber ich freue mich für Tanja, auch wenn es mir schwer fällt, sie jetzt hier alleine zu lassen. Wir verabschieden uns. "Toi, Toi, ich rufe an, und dann sehen wir uns übermorgen wieder." "Alls kla – schüsch." Wir drücken sie ein letztes Mal. Ich sag noch im Stationszimmer Bescheid, dass wir weg sind. Aber ich bin guter Dinge – das wird schon.

So geht der Mai 2013 ins Land – ich telefoniere jeden Abend mit Tanja und bin wirklich überrascht, wie gut das klappt. Sie nimmt den Hörer ab, versteht mich und ein bisschen kommt auch von ihr. "Gut", geht es ihr, wenn ich danach frage. "Ja" oder "Nein", je nachdem was ich an Fragen vorgebe. Meist rede ich. Es sind nicht die langen Gespräche, aber es ist toll, dass das jetzt schon so geht wie es geht! Auch Clara und Ramon gebe ich die Telefon-Nummer und die beiden melden sich regelmäßig, wie Tanja mir sagt. Ist doch super!

Manchmal hört sie sich auch ganz traurig an, zum Beispiel, als ich sie morgens am Frühstückstisch aus dem Münsterland anrufe. Am Abend vorher haben wir die Eröffnung des Restaurants von Max und Hanna gefeiert. Viele Freunde, Bekannte und Verwandte waren da. Ich erzähle Tanja von den vielen Gästen, den Reden, die gehalten wurden, von dem tollen Essen.... und wie super alles war.

"Schön", kommt es aus der Telefonleitung – mehr nicht. "Du hörst dich so bedrückt an. Ist irgendetwas?" "Ne, alls gut." "Ich komme morgen. Wenn das Wetter gut ist, gehen wir raus und essen ein Eis", versuche ich sie wie ein kleines Kind zu trösten. "Ich rufe dich später noch einmal an, wenn wir zu Hause sind." "Ja, Schüsch." "Tschüss – bis später."

"Ist doch klar, dass sie traurig ist, so weit weg vom Geschehen. Wer weiß, wie es in Tanja aussieht, welche Gedanken ihr durch den Kopf gehen...." Jetzt steigen bei mir die Tränen hoch. Ich schlucke. "Gestern und heute gab es auch keine Anwendungen." "Na ja", meint Rolf, "das wird Tanja weniger belasten – deswegen wird sie nicht traurig sein. Eigentlich liegt sie doch ganz gerne im Bett und lässt sich vom Fernsehen berieseln." "Ja, das stimmt." Jetzt muss ich auch wieder grinsen. "Aber wenn sie gar keinen Besuch bekommt.... Clara wollte ja eigentlich zu ihr fahren und bei einer Freundin in Bonn bleiben, aber für den Bus hat sie sich zu spät angemeldet. Deshalb hat das auch nicht geklappt."

Als ich am Abend von zu Hause aus mit Tanja telefoniere, meint sie, es gehe ihr gut. Aber sie atmet ganz komisch..., irgendwie ist sie so kurzatmig. Ich mache mir Sorgen und rufe im Schwestern-zimmer der Station an. Pfleger Daniel sagt, er werde sofort nach ihr gucken.

"Tanja atmet ganz normal", sagt er mir dann, als ich ihn zehn Minuten später anrufe. "Doch als ich sie fragte, ob irgendetwas sei, fing sie an zu weinen. Ich konnte sie aber wieder ein wenig trösten", meint er. "Ich werde gleich noch einmal zu ihr gehen. Manchmal ist das ist halt so – aber es ist nichts Dramatisches, machen Sie sich keine Sorgen."

Alles leicht gesagt! Ich versuche, mich in Tanjas Lage zu versetzen: Ist doch nur schrecklich! Und immer wird gesagt: nicht aufgeben, du musst kämpfen, üben, üben, üben – egal, wie schwer es fällt. Und da soll man nicht traurig sein? Alle feiern – und sie liegt alleine in der Reha. Die Zimmernachbarin ist auf Wochenend-Urlaub bei ihrer Familie – und Tanja? Alles Scheiße, Scheiße, Scheiße!

Ich rufe am Abend noch einmal an – Daniel kommt gerade aus Tanjas Zimmer. "Sie hat sich wieder beruhigt. Wir haben ein bisschen geschäkert und sogar gelacht – jetzt guckt sie noch fern. Ich denke, Tanja ist jetzt müde und wird bestimmt bald einschlafen." Na Gott sei Dank! Ich bin auch müde, lege mich hin, aber ich schlafe noch sehr lange nicht ein.

Als Rolf heute Nachmittag zum Tennisplatz fährt, mache ich mich auf nach Bonn. Tanja liegt im Bett – sie scheint ziemlich erschöpft zu sein. Aber sie lacht, als ich sie begrüße und in den Arm nehme. Es ist Montag, der neue Trainingsplan für diese Woche liegt auf dem Nachttisch. Ist schon ein ordentliches Programm, das Tanja hier absolvieren muss. So soll es ja auch sein! Von nix kommt nix!

"Noch Lust auf eine Partie Scrabble?", frage ich nach einer Weile. "Ja!" "Aber vorne am Tisch – oder?", versuche ich sie zum Aufstehen zu animieren. "Ja", ohne Widerrede lässt Tanja sich von einem Pfleger und mir in den Rollstuhl setzen. Es gibt allerdings zunächst Abendbrot. Danach scrabbeln wir noch eine ganze Weile. Ich sage jetzt zwar nichts zu Tanja, aber ich finde, sie atmet immer noch ganz komisch.

Bevor ich fahre, sage ich das auch im Schwesternzimmer. "Wir geben das an den Stationsarzt weiter", sagt Daniel, der heute auch wieder Dienst hat. "Aber heute ist Ihre Tochter wieder gut drauf, nicht wahr?" "Ja, das ist sie." Ich bin sehr froh darüber.

Am nächsten Tag kurz vor Feierabend habe ich ein Telefonat

mit Dr. K. Der meint aber, es sei nichts festzustellen. Ihm falle auch keine Kurzatmigkeit bei Tanja auf. Komisch! Vielleicht hört es sich ja nur für mich so an: Tanja spricht jetzt viel mehr und vielleicht holt sie dann manchmal nicht richtig Luft - keine Ahnung! Wenn nichts ist - um so besser!

In diesem Monat haben wir ein paar Geburtstagsfeiern bei Freunden im Oberbergischen, die wir immer mit einem Besuch in der Rehaklinik bei Tanja verbinden. Aber auch sonst bin ich jeden zweiten oder dritten Tag bei ihr. Tanja ist jetzt meistens richtig gut drauf. Sie macht auch weiter Fortschritte. In den großen Speiseraum nach unten fährt sie allerdings nur, wenn ich mit dabei bin. Das schafft sie noch nicht alleine, obwohl sie auf "ihrer" Station im Flur schon alleine mit dem Rolli herumfährt. Sehr langsam zwar.... sie trippelt mit den Füßen den Rolli voran.... aber es geht.

Mit Rolf fahre ich viel Fahrrad - wenn das Wetter es zulässt. Leider ist der Mai in diesem Jahr doch nicht so toll, wie es am Anfang aussah. Es regnet oft und es ist auch ziemlich kühl.

Bei einer unserer Radtouren fahren wir wieder am DRK-Haus vorbei. Es ist wirklich schön hier - direkt an dem kleinen See im Volksgarten. Wir halten an und fragen noch einmal nach. Frau Maas kann uns aber nichts anderes sagen: Leider ist immer noch nichts frei. Der Bedarf ist eben sehr groß, Tanja ist nicht die einzige, die einen Platz sucht und auf der Warteliste steht. Frau Maas gibt mir den Tipp, doch einmal zwei Straßen weiter nachzufragen. Dort gibt es auch ein Wohnprojekt für behinderte Menschen.

Wir fahren sofort dorthin und bekommen von der Leiterin einen Termin in zwei Wochen. "Wir haben hier zwei Wohngruppen mit je acht Personen", erklärt sie uns. "Alle unsere Bewohner gehen arbeiten, zumindest halbtags." "Das hört sich gut an. In zwei Wochen wird meine Tochter wohl noch in der Reha sein, aber wir gucken uns gerne einmal die Wohngemeinschaften an." "Im Moment ist allerdings nichts frei, aber das kann sich ja ändern. Bei Interesse können wir Ihre Tochter auf die Warteliste setzen." "Wir kommen erst einmal und gucken uns alles an, dann sehen wir weiter. Tanja muss es ja auch gefallen." Wir verabschieden uns.

Es sieht hier alles ziemlich klein und beschaulich aus: wie zwei Doppelhaushälften mit Flachdach in einer normalen Wohnsiedlung. Aber vielleicht wird hier eher etwas frei als im DRK-Haus. Wir haben ja leider nicht mehr viel Zeit. Wenn Tanja aus der Reha kommt, braucht sie einen Platz. Aber zunächst wird die Verlängerung beantragt. Bei unserem Telefonat habe ich das mit Dr. K. besprochen.

Anfang Juni 2013:

Heute ist Tom hier – er verputzt die Hauswände auf der Terrassenseite. Ich habe ein Gespräch wegen Ramon in Neukirchen und erfahre, dass er ab dem 1. Juli ein eigenes Apartment bekommen wird. Er soll dort alleine wohnen, aber von zwei Sozialpädagogen betreut werden. Ich melde meine großen Bedenken an.

Aber ich bin raus – Ramon hat eine Vormünderin und Betreuer in der Wohngruppe – er will mit mir nichts mehr zu tun haben. Die eigene Wohnung sei wohl die beste Lösung, meinen alle. Natürlich hoffe ich das auch sehr. Er hatte sich doch so gut entwickelt. Es tut mir so unendlich leid. Am liebsten würde ich ihn mitnehmen und irgendwie beschützen. Leider geht das nicht – dieser Zug ist abgefahren.

Abends kommt Clara. Ich hole sie vom Bahnhof ab. Gott sei Dank läuft es wenigstens bei ihr. Sie entwickelt sich gut, sagen ihre Betreuer. Auch zu uns ist sie viel offener geworden und nicht mehr so zickig. Wir essen alle zusammen, später spielen wir noch Rummikup. Morgen werden wir nach Bonn zu Tanja fahren.

Die hat an diesem Samstag richtig viel Besuch. Als wir von einem Spaziergang durch den Park zurückkommen, sehe ich schon von weitem meine Freundin Hanne. Da sie hier in Bonn wohnt, hat sie Tanja schon ein paarmal besucht. Heute trinken wir zusammen Kaffee und essen Kuchen in der Cafeteria – draußen ist es leider zu kühl. Danach ist Tanja echt groggy und möchte ins Bett. Wir waren jetzt aber auch drei Stunden mit ihr unterwegs.

Tom hat die Wände inzwischen fertig gestrichen – sieht richtig gut aus! Wettermäßig ist es jetzt auch viel besser geworden, so dass Clara und ich nach dem Essen noch Federball im Garten spielen können.

"Warum kann Ramon nicht auch hier sein?", denke ich. "Ist es richtig, dass wir ihm quasi Hausverbot erteilt haben?" Ich weiß es nicht, bin ziemlich ratlos. Hoffentlich schafft er seinen Weg. Auch wenn das Haus für ihn im Moment zu ist – wenn Ramon dazu bereit ist, können wir miteinander reden – der Weg zueinander ist auf keinen Fall für immer verbaut.

Das weiß Ramon auch. Wenn wir uns heute sehen, reden wir ganz normal miteinander, aber es kommt keine wirkliche Nähe zustande. Das tut mir immer noch sehr weh.

Bei meinem nächsten Besuch in der Rehaklinik fahre ich vorher noch bei meiner alten Arbeitsstelle vorbei. Bin mit meiner Kollegin Jasmin zum Essen verabredet. Ich treffe auch meinen (Ex-)Chef. Wir begrüßen uns sehr herzlich. Es ist schön, so viele Kollegen in der Kantine zu treffen. Obwohl ich die Arbeit wirklich nicht vermisse, freue ich mich sehr, mal wieder hier zu sein.

Tanja muss ich dann erst mal suchen. Sie ist nicht in ihrem Zimmer und laut Trainingsplan sollte sie noch bei den Physio-therapeuten sein. Dort ist sie aber schon wieder weg. Ich finde sie in den Trainingsräumen im Keller am Stehpult. Eine halbe Stunde wird sie festgeschnallt und steht so an diesem Pult. Anschließend muss sie auf das sogenannte Fahrrad zum radeln. Dabei sitzt sie aber im Rolli – die Füße werden auf die Pedalen geschnallt und los geht's. Das Ganze ist ähnlich dem Gerät, das sie auf der Station in Rheydt für's Bett hatte. So sollten ja die Bein- und Armmuskeln gestärkt und eine bessere Beweglichkeit erzielt werden.

Ich weiß gar nicht, wo das Gerät geblieben ist. Seit Tanja sich mit dem Gehwagen bewegt, habe ich es nicht mehr gesehen.

7.-9.6.2013 - Wochenende:

Am Freitag fahren wir bei herrlichem Wetter mit den Rädern zu Rolfs Papa. Es geht ihm trotz der doch inzwischen beachtlichen Wärme ganz gut. "Hast du Lust auf eine Runde durch den Schrebergarten?" "Ja, gerne", sagt der alte Mann. Das war ja klar, denn eigentlich möchte er immer raus.

Am liebsten geht er zum Essen in ein Restaurant. Rolfs Schwester hat das schon ein paarmal mit ihrem Vater gemacht, aber das lohnt sich nicht wirklich: Nach ein paar Pommes ist er satt.

Wir gucken uns heute die schönen Blumenbeete im Schrebergarten an. "Guck mal, die Kuh da hinten", zeigt uns Rolfs Vater eine Schwarz-Weiße auf einer kleinen Wiese. "Muh, Muh", macht er. "Muuuuuhhhhh" "Die macht ja gar nix, die bewegt sich nicht", ist er jetzt ziemlich enttäuscht. "Aber Papa, guck doch mal, wie klein die Kuh ist - sie ist nicht echt", klärt Rolf ihn auf. "Wirklich nicht?" Zuerst ist er ganz enttäuscht, aber dann lachen wir alle herzlich über die nicht muhende kleine Gipskuh und gehen weiter. Am Marktplatz essen wir ein leckeres Eis, bevor wir dann wieder zurückgehen.

Mir gefällt das Heim, in dem Rolfs Vater lebt, eigentlich ganz gut. Er hat ein kleines Einzelzimmer. Es finden sehr oft Spiele im Aufenthaltsraum statt, sogar eine Gymnastik-Trainierin gibt es für die Senioren. Rolfs Vater geht aber selten zu diesen Treffen. "Nä, da sin ja nur ahl Lüt - ke Lust", sagt der 98-jährige Mann dann in seinem schönsten Gladbacher Platt.

In der Cafeteria kann man gemütlich Kaffee trinken und Kuchen essen. Ein sehr schöner Garten gehört zu der Einrichtung. Die Kaninchen und Meerschweinchen dort sind echt – und die guckt er sich gerne an.

Wir treffen noch Frau H., die Leiterin des Altenheims. Mit ihr hatte ich vor zwei Tagen ein Gespräch wegen Tanja. Das Altenheim ist zwar keine Lösung – aber irgendwo muss sie ja hin, wenn sie aus der Reha kommt. "Ihre Tochter hat Anspruch auf vier Wochen Kurzzeitpflege, da können wir Ihnen vielleicht mit einem Platz helfen", sagt Frau H. mir jetzt. Ich bin der Frau sehr dankbar. Sie ist total nett und berät mich sehr gut. "Sprechen Sie mit dem Sachbearbeiter beim Amt für Altenhilfe und dann stellen Sie den entsprechenden Antrag," rät sie mir jetzt. "Normalerweise lehne ich es ab, so junge Menschen wie Ihre Tochter hier bei uns aufzunehmen. Wir sind ein Seniorenheim. Und ich finde es für solch junge Menschen nicht gut, in einem Altenheim untergebracht zu sein. Aber vorübergehend in der Kurzzeitpflege ist das kein Thema." "Leider sehe ich im Moment noch keine andere Möglichkeit für meine Tochter. Sie steht ja im DRK-Haus schon so lange auf der Warteliste...."

Mitte Juni 2013:

Am Mittwoch habe ich einen Termin in der Stadt beim Amt für Altenhilfe. Herr P., der zuständige Sachbearbeiter, empfängt mich sehr freundlich. Er hört geduldig zu. "Das ist ja furchtbar, was Ihrer Tochter und ihrer Familie da passiert ist. Es tut mir sehr leid." Herr P. ist sichtlich erschüttert, als ich ihm von Tanja erzähle. "Und was die Kurzzeitpflege in Eicken betrifft, da sehe ich gar keine Probleme. Wenn Frau H. Sie zu mir geschickt hat, gibt es ja auch von deren Seite her keine Bedenken, nicht wahr?" Ich bin erleichtert. "Wann ist es denn soweit?", fragt Herr P. weiter. "Ganz genau kann ich es gar nicht sagen. Tanja ist noch in Bonn in der Reha. Da soll sie auch bleiben, solange es geht. Ich denke mal, es kann Mitte bis Ende Juli werden." "Das ist natürlich die Hauptferienzeit. Da sind wir ziemlich belegt. Aber ich nehme Ihre Tochter ab Mitte Juli mit in die Belegungsliste auf." Die notwendigen Anträge machen wir zusammen fertig. Der Mann ist wirklich sehr nett. Ich unterschreibe noch sämtliche Ausfertigungen und verabschiede ich mich dann.

Nun war ich ein paar Tage nicht bei Tanja. Wir haben zwar jeden Tag telefoniert – aber ich freue mich sehr darauf, sie zu sehen und bin gespannt, ob sie Fortschritte gemacht hat.

Gerade ist die Therapie beendet. Ich treffe Tanja mit dem "gelben Engel" unten im Flur und nehme sie mit nach oben. Die "gelben Engel" sind Helfer – meist junge Leute – die die Patienten, die nicht alleine zu den Therapeuten kommen können, von den Stationen abholen und zu den jeweiligen Therapien bringen. So klappt das ganz reibungslos. Ich kenne die meisten schon, die Tanja betreuen. Total nett und herzlich, wie sie mit ihr umgehen.

"Hallo, mein Schatz, wie geht es dir?" "Gut", sagt Tanja. Sie lächelt – keine Tränen! "Ich glaube, ich muss dich erst mal umziehen, bevor wir nach draußen gehen." "Meins du?" So ganz ist sie nicht überzeugt, dass das nötig ist. "Ich denke schon." Seit Tanja selber isst, kann ich sehr oft auf ihrer Kleidung sehen, was es am Mittag zu essen gab....

Auch die Hose ist ziemlich in Mitleidenschaft gezogen – also erst einmal von dem Rolli aufs Bett, damit wir Hose und T-Shirt wechseln können. Ich bitte eine Schwester, mir zu helfen, da ich das alleine nicht schaffe. Keine zehn Minuten später sind wir wieder am Fahrstuhl – Tanja in frischen Sachen und neu frisiert!

Ich habe mir Tanjas Trainingsplan für diese Woche angeschaut: Es ist immer noch kein Schwimmen vorgesehen. Ich weise die Schwester darauf hin. Dr. K. ist heute nicht auf der Station. "Eigentlich war mit ihm abgesprochen worden, dass versucht werden sollte, mit Tanja ins Schwimmbecken zu gehen." "Hm, keine Ahnung!" Ja, wie auch! "Aber warum fragen Sie nicht direkt

Herrn H.? Er macht die Pläne und kann Ihnen bestimmt darauf eine Antwort geben. Sie finden ihn unten im Erdgeschoss – Zimmer 23." Sie guckt auf die Uhr. "Bis 17 Uhr müsste er noch dort sein."

Wir treffen Herrn H. in seinem Büro an. Er fragt auch sehr freundlich, was er für uns tun kann. Ich zeige ihm Tanjas Wochenplan. "Meine Tochter sollte eigentlich auch ins Schwimmbad gehen. Das war so mit Dr. K. abgesprochen", kläre ich ihn auf. "Tja, so einfach ist das leider nicht. Ihre Tochter ist inkontinent, da kann ich sie nicht einfach in einem Badeanzug ins Wasser lassen." "Aber.... sie hat doch ganz schlecht Verdauung – eigentlich nur alle paar Tage mit Hilfe eines Zäpfchens. Von alleine klappt das leider nicht, und den Katheter kann man doch abklemmen. Also wird da ganz bestimmt nichts passieren." "Bitte verstehen Sie mich nicht falsch – aber wenn das Schwimmbecken irgendwie durch Fäkalien verschmutzt wird, weil bei einem Patienten etwas passiert, müssen wir das ganze Wasser ablassen – es muss alles gesäubert und desinfiziert werden. Das Schwimmbad kann dann mindestens zwei Tage nicht benutzt werden. Es tut mir leid, solch ein Risiko kann ich nicht eingehen." "Warum haben Sie denn mit mir nicht darüber gesprochen?" Ich bin jetzt ziemlich sauer. "Es muss doch eine Möglichkeit geben – Babys und Kleinkinder gehen auch ins Wasser mit ihren Schwimmpampers." "Ich werde für Ihre Tochter entsprechende Windeln oder eine Neopren-Hose besorgen."

Er guckt auf seinen Terminkalender. "Morgen kommt jemand vom Sanitätshaus hierher. Ich werde das mit ihm besprechen und die entsprechenden Hilfsmittel beantragen. Ich rufe Sie an." Der nette Herr H. will uns loswerden. Er verabschiedet uns ziemlich zügig.

Leider hat es jetzt angefangen zu regnen. Es sah schon die ganze Zeit nach Gewitter aus. "Schade, jetzt können wir nicht mehr in den Park". Wir stehen in dem hellen Flur und gucken nach draußen. Schwere Tropfen klatschen gegen die Scheiben und auf den Boden vor der Klinik.

"Wie ist es mit einer Partie Scrabble?" "Ja, gut" – Tanja ist einverstanden. Ihr scheint es nichts auszumachen, dass sie nicht nach draußen kommt. Wir fahren nach oben auf Station C4 und setzen uns zum Scrabbeln an den Tisch, an dem es später das Abendessen gibt.

2013 – das Jahr des Abschiednehmens: Heute bin ich auf der Beerdigung meiner Cousine – auch sie musste sich dem Kampf gegen den Krebs geschlagen geben. Die Verbindung zu ihr war zwar nie so eng, aber trotzdem geht mir ihr Tod sehr nahe.

Nach der Beerdigung fahre ich zu Anna, die mit vielen Freunden ihren Geburtstag feiert. Wieder einmal ein Beispiel, wie nahe Freud' und Leid im Leben sind.

Auf dem Rückweg geht's dann noch zu Tina ins Krankenhaus. Leider geht es ihr gar nicht gut. Der Fuß heilt überhaupt nicht zu, nach wie vor muss sie dreimal wöchentlich an die Dialyse und zusätzlich hat sie auch noch einen Dekubitus am Po. Sie freut sich aber sehr über meinen Besuch und ist auch einverstanden, dass ich sie im Rollstuhl mit nach draußen nehme.

Nach einem Spaziergang sitzen wir noch eine Weile in der Cafeteria. Ich mache mir große Sorgen um Tina, spreche ihr Mut zu. Ich habe den Eindruck, sie will aufgeben, sie will einfach nicht mehr. Sie sieht ihr Leben als große Qual an, auch wenn sie das nicht wörtlich sagt, und sich selbst als Belastung für ihren Partner, ihre Kinder. Sie erkundigt sich auch nach Tanja, erzählt von ihren Enkelkindern, aber irgendwie ist alles nicht so wirklich, nicht echt. Es ist so traurig.

So geht der Juni dahin – zwei Wochen später bin ich noch einmal bei Tina. Da geht es ihr total schlecht, sie wirkt apathisch, nimmt mich gar nicht richtig wahr, guckt ganz unruhig hin und her, sie will nichts essen und nichts trinken.

Tina stirbt am 5. Juli, einen Tag vor ihrem 65. Geburtstag!

Juli 2013:

Auch Tanja nimmt Tinas Tod sehr mit – sie war ihre Lieblingstante. Immerhin hat Tina, die Schwester meines verstorbenen Mannes, lange bei uns mit im Haus gewohnt. Sie war ein Familienmitglied, war immer für uns da und auch Clara und Ramon hingen sehr an ihr.

Tanjas Reha läuft gut – auch wenn sie jetzt wegen Tinas Tod sehr traurig ist und immer noch diese komischen Atemprobleme hat. Dr. K. meint allerdings, das sei nichts Ernstes. "Die Nase scheint zu zu sein. Ihre Tochter liegt ja auch immer mit offenem Mund da, das wird das Problem sein. Wir geben ihr mal ein Nasenspray, vielleicht geht es dann besser."

Der Verlängerungsantrag wurde von der Krankenkasse genehmigt – bis zum 19. Juli kann Tanja noch in der Reha bleiben. Bis dahin wird wohl in der Kurzzeitpflege in dem Altenheim in Eicken ein Bett frei sein. Von dort wurde mir ja eigentlich Grünes Licht ab 15.7. gegeben.

Ich rufe auch noch einmal im DRK-Haus an. "Nein, leider kann ich Ihnen nichts Neues sagen – immer noch nichts frei." Herr Aziz, der Leiter des Hauses, ist am Telefon.

So muss ich das jetzt mit der Krankenkasse regeln und dort den Antrag auf Kurzzeitpflege stellen. Ja, es klappt! Dem steht nichts im Wege. Gott sei Dank!

Ich habe einen Termin bei der Sozialholding der Stadt – der zuständige Sachbearbeiter hat einen Vertrag für vier Wochen Kurzzeitpflege vorbereitet. Im Anschluss daran kann Tanja noch vier Wochen Verhinderungspflege in Anspruch nehmen. Auch dieser Vertrag liegt zur Unterschrift bereit. So gibt es viel zu lesen und zu unterschreiben. Ich bin unendlich dankbar, dass wir erst einmal diese Lösung gefunden haben.

Am Freitag soll Tanja aus der Reha entlassen werden. Alles in allem hat es ihr gut getan, auch wenn nicht alles so gelaufen ist wie wir uns das vorgestellt hatten. Das Schwimmbad hat Tanja nie zu Gesicht bekommen: Weder Schwimm-Pampers noch Inkontinenz-Badehose wurden bestellt. Das finde ich sehr schade.

Auch an der Inkontinenz hat sich nichts verändert. Für Blasentraining – das machen die Schwestern und Pfleger auf der Station – war kaum Zeit und hat so gut wie gar nicht stattgefunden. Das geht wahrscheinlich auch bei den Therapien sehr schlecht. Ob ich das Thema in der Kurzzeitpflege bei den Schwestern ansprechen kann, ist fraglich. Mal gucken!

Aber die PEG = Perkutane endoskopische Gastrostomie (das ist eine Magensonde durch die Bauchdecke, durch die Tanja künstlich ernährt wurde) konnte kurz vor Ende der Reha entfernt werden. Die Ärzte waren zwar zunächst der Meinung, dass Tanja nicht genug Flüssigkeit zu sich nimmt und so wurden jeden Abend mindestens 1000 ml Wasser durch PEG in den Magen geleitet. In den letzten zwei Wochen hat Tanja dann aber täglich trainiert, aus der Schnabeltasse oder mit einem Strohhalm zu trinken und man hat ihr gar keine Flüssigkeit mehr über die Sonde gegeben.

Zwischenstation Altenheim

Sprache und Bewegung sind auf jeden Fall besser geworden. Die Therapien gehen auch nach der Reha weiter. Dr. H. bleibt der Hausarzt und wird die Hausbesuche bei Tanja auch in Eicken machen. Er stellt die notwendigen Rezepte für Physio- und Ergotherapie aus und ebenso für die Logopädie. Das ist toll! So wird sie weiter umfassend betreut.

Leider muss ich für Tanja ein neues Therapeuten-Team suchen, da sie jetzt in einer ganz anderen Ecke der Stadt wohnt und es daher für das bisherige Team nicht möglich ist, Tanja weiter zu behandeln, zumal sie jeden Tag Krankengymnastik bekommen soll und jeweils zwei- bis dreimal wöchentlich Ergotherapie und Logopädie. Til will versuchen, sie in seinen Patienten-Plan mit aufzunehmen - aber es ist ihm dann doch zu weit. Er bekommt das zeitlich nicht hin und muss auch absagen.

Ich freue mich, dass Tanja wieder hier ist und auch Clara ist froh darüber, dass die Besuche bei ihrer Mama jetzt wieder etwas einfacher und weniger aufwendig geworden sind. Beide Kinder, auch Ramon, haben sich aber recht häufig nach Bonn aufgemacht, um ihre Mutter zu besuchen. Auch Tanjas Brüder waren des Öfteren dort, genauso einige meiner Freundinnen und sogar ehemalige Arbeitskolleginnen von Tanja.

Aber jetzt ist sie hier. Bei strahlendem Sommerwetter mit dreißig Grad Hitze haben Rolf und ich sie heute Mittag abgeholt und nach Eicken gebracht. Tanja hat hier ein Zweibett-Zimmer, dass sie sich mit einer alten Dame teilt. Rolf fährt nach Hause. Ich bleibe noch hier und räume Tanjas Sachen in ihren Schrank ein. Da kommt Schwester Helga mit dem Aufnahmebogen. Sie begrüßt Tanja sehr freundlich.... und die macht ihre Sache sehr gut: Alle Fragen beantwortet sie - fast - selbständig und alleine. Schwester Helga muss nur ganz selten nachfragen. Sie versteht Tanja anscheinend gut.

Ich zeige Tanja den schönen Garten mit Fischteich und Kaninchenstall. Und Rolfs Vater besuchen wir auch noch kurz. Dann möchte sie sich aber nur noch hinlegen.

Am Abend kommen Clara und David und am nächsten Tag fahren die beiden zusammen zu Ramon in seine neue Wohnung. (Nach Aussagen von Clara scheint es ganz gut zu klappen in diesen ersten Wochen.) Die drei fahren zusammen nach Gladbach und besuchen Tanja, die sich natürlich sehr freut.

Ihr gefällt es ganz gut in der neuen Umgebung. Sie ist gar nicht traurig darüber, dass sie nicht zurück nach Rheydt kann. Hier ist ja auch ein bisschen mehr Leben. Wenn sie will, kann sie sogar alleine nach draußen, aber so weit ist sie im Moment noch nicht.

Noch eine nicht so tolle Nachricht: Max und Hanna haben sich getrennt. Max musste das Restaurant, in das er so viele Ideen, so viel Arbeit und Energie gesteckt hat, aufgeben. Es ging einfach nicht mehr, wie er sagt. Er ist sehr traurig und ziemlich fertig. Im Moment wohnt er mal hier und mal da – bei uns oder bei Freunden und weiß nicht so recht, wie es mit ihm weitergehen soll. Wieder neue Sorgen, die auch mich nicht kalt lassen.

Erst einmal versuche ich allerdings, alle Sorgen zu verdrängen und zu vergessen, was gar nicht so einfach ist. Ich freue mich auf drei Tage Hamburg mit meinen Kölner Doppelkopf-Frauen! Es wird auch total schön. Hamburg ist wirklich eine tolle Stadt, die wir bei super Wetter und leckerem Essen genießen. Max ist sogar zu der Zeit auch hier – bei einem Freund. Wir treffen uns aber nicht.

Wieder zu Hause: Heute kommen Ramons Betreuer zu uns, Herr Wimmer und Herr Rath, zwei schon "ältere" Sozialarbeiter (mindestens Ende 50), die Ramon jetzt in seiner Wohnung betreuen. Wie sie sagen, läuft bei ihm alles gut. Es gebe keine Beschwerden. Aber der Lehrvertrag bei dem Gartenbaubetrieb ist immer noch nicht unterschrieben. Man bleibe dran, heißt es.

Wir fahren zusammen zu Tanja, die sehr emotional reagiert, als ich ihr die beiden Männer vorstelle. Tanja weint heftig. Ich kann sie kaum beruhigen und die beiden wissen gar nicht, wie sie reagieren und damit umgehen sollen. Sie loben Ramon jedenfalls und sagen zu Tanja, dass sie gut auf ihn aufpassen werden. (*Was ihnen leider so gar nicht gelungen ist!*)

Tanja lebt sich gut in Eicken ein und fühlt sich dort auch weitgehend wohl – Gott sei Dank! Denn unser Urlaub steht vor der Tür: Rolf und ich werden übermorgen mit dem Zug von Düsseldorf aus nach Lindau an den Bodensee fahren und von dort aus mit den Rädern am Rhein entlang zurückfahren.

Vorher gibt es aber noch eine kleine Abschieds-Gartenfete hier bei uns. Mit Clara, die Urlaub hat und hier das Haus hütet, während wir weg sind, hole ich Tanja ab. Wir gehen vom Altenheim zu Fuß bis zum Hauptbahnhof und von dort aus fahren wir mit dem Linienbus fast bis zu uns. Max ist auch hier – es geht ihm leider überhaupt nicht gut. Aber er erklärt sich trotzdem bereit, zu grillen. Tanja ist ganz happy darüber, alle zu sehen und hier zu sein. Max reißt sich zusammen – und so wird es noch ein ganz netter Nachmittag.

15.8.2013:

Nach 16 Tagen und 950 mit dem Rad zurückgelegten Kilometern (bis Koblenz – den Rest mit Schiff und Bahn) sind wir wieder zu Hause angekommen. Wir hatten eine superschöne Tour – außer einem Regenschauer nur schönes Wetter. Wir haben viel gesehen und sind trotz der vielen geradelten Kilometer gut erholt.

Es ist jetzt 23 Uhr – Clara ist noch wach und begrüßt uns. Wir sitzen noch lange draußen auf der Terrasse und reden. Ich weiß ja, dass hier zu Hause und auch bei Tanja alles in Ordnung ist. Hab' von unterwegs fast jeden Tag mit Clara oder mit Tanja telefoniert. Es gab keine besonderen Vorkommnisse – alles hat gut geklappt.

Nun hat uns der Alltag wieder: Wäsche waschen, einkaufen, Arzttermine für Tanja machen etc. Rolf kommt jetzt auch manchmal mit, wenn ich Tanja besuche. Er geht dann zu seinem Vater und oft gehen wir zusammen durch den Schrebergarten spazieren und später noch durch Eicken. Tanja findet den Opa total witzig – die beiden verstehen sich gut.

Überhaupt geht es Tanja gut, allerdings verschluckt sie sich des Öfteren ziemlich heftig; und dann will sie partout nicht weiteressen.

Und die komischen Atemprobleme hat sie auch noch immer. Aber auch der HNO-Arzt kann keine wirkliche Diagnose stellen und das Problem lösen. Tanja nimmt jetzt ein spezielles Nasenspray, aber wirkliche Erleichterung bringt das nicht. Wir sollen noch einen Termin im Krankenhaus in der HNO-Abteilung machen, um überprüfen zu lassen, ob die Krümmung der Nase wirklich für die Atemnot verantwortlich ist. Zunächst vermutete Polypen konnten jedenfalls nicht festgestellt werden.

Clara hat noch Urlaub – auch ihr Freund David ist jetzt hier. Die beiden sind oft bei Tanja oder auch bei Ramon. Clara, David und Ramon sind viel zusammen – entweder bei Tanja oder sie treffen sich in der Stadt.

26.8.2013:

Tanjas 41. Geburtstag! Gut geht es Tanja heute. Rolf und Clara holen sie mit dem Schulbus ab, während ich den Tisch auf der Terrasse decke, Geschenke und Blumen hinstelle.

Wir sind nur eine kleine Runde, aber es soll doch ein "großes" Fest für Tanja werden. Leider ist Ramon ja nicht hier, aber er war gestern bei seiner Mutter. Zusammen mit Clara und David waren sie irgendwo etwas essen und haben ein bisschen vorgefeiert. Tom ist krank und kann nicht kommen. Max hole ich später vom Bahnhof ab. Dem geht's immer noch nicht gut – er ist schlecht gelaunt und niedergeschlagen. Ich möchte mich heute aber nicht darum kümmern.

Wir haben trotzdem einen schönen Nachmittag zusammen – Tanja bleibt noch zum Abendessen, aber danach ist sie total platt und möchte "nach Hause", wie sie sagt.

Das Wetter ist momentan sehr schön, so dass wir mit Tanja und Rolfs Vater viel draußen im Schrebergarten sind, Eis essen oder auch nur im Garten sitzen. Der Opa ist nach einer Stunde meistens müde, aber mit Tanja sitze ich oft noch länger im Garten. Wir spielen dann Kniffel oder Scrabble.

Heute fahren Rolf und ich mit Tanja in die Wohngruppe in der Nähe vom DRK-Haus. Ich hatte dort schon einmal einen Termin im Juli. Da war Tanja aber noch in Bonn und ohne sie wollte ich mir das nicht anschauen, zumal auch kein Platz frei war. Gesprochen hatte ich ja schon mal mit einer Mitarbeiterin. Aber heute können wir uns die zweigruppige Wohngemeinschaft einmal genau angucken.

Dort leben zumeist körperbehinderte junge Menschen – fast alles Rollifahrer. Aber ehrlich gesagt: Ich bin doch ziemlich erschrocken – denn so schwer behindert hatte ich mir die Bewohner nicht vorgestellt. Sprechen können die wenigsten – und essen geht auch ganz schlecht! Ich weiß nicht, ob das für Tanja das Richtige ist. Sie soll doch ein bisschen aufgebaut werden....

Wir setzen uns mit an den Tisch und trinken mit den Bewohnern und den anwesenden Betreuern Kaffee. Dazu gibt's Kekse. Nur ganz wenige können selbständig mit Strohhalm oder aus der Schnabeltasse trinken. Fast alle brauchen Hilfe, und das nicht zu knapp.

Frau Kötter unterhält sich mit uns und mit den Bewohnern über alles Mögliche: Das Wetter – es ist wunderschön – die Sonne scheint. "Da können wir doch gleich noch einen Spaziergang machen", schlägt sie vor und guckt in die Runde. Es gibt kaum Reaktionen von den anwesenden jungen Leuten. Aber ein paar freuen sich, lachen uns an und schlagen – wohl vor Freude – wild mit den Händen um sich, ob über unsere Anwesenheit oder über den Vorschlag zum spazieren gehen – das kann ich nicht beurteilen.

Dann geht Frau Kötter auch auf den Vormittag und die "Arbeit" in der Werkstatt ein. Sie spricht wirklich von Arbeit, obwohl es wahrscheinlich nur ein "Ortswechsel" für die Bewohner hier ist.

Wir verabschieden uns, nachdem Frau Kötter uns die Küche, den Wasch- und Trockenraum sowie die Therapieräume gezeigt hat. Es sieht alles sehr freundlich aus, aber ob das für meine Tochter das Richtige ist?

Frau Kötter merkt wohl, wie skeptisch und zurückhaltend ich bin. Auch Rolf wirkt nicht sehr begeistert. Nur Tanja scheint nicht abgeneigt zu sein. "Find schisch nisch lecht hier", meint sie. "Sie können es sich ja in Ruhe überlegen", sagt Frau Kötter. "Ich denke, in den nächsten zwei bis drei Monaten könnte ein Platz frei werden. Es ist noch nicht entschieden. Ich kann Sie auf die Warteliste setzen, wenn Sie möchten." Tanja nickt: "Ja, möscht ich". Sie lacht! "Is doch besser wie im Altenheim".

September 2013:

Das Thema "Wohnung suchen für Tanja" wird natürlich im Moment bei uns ganz groß geschrieben. So warte ich heute auf den Rückruf eines Sozialarbeiters, der in einem Haus arbeitet, in dem nur Menschen mit "erworbenen Hirnschäden" leben. Die also alle – wie Tanja – früher gesund waren und ein eigenständiges Leben führten. Aber frei ist dort wohl auch im Moment nichts.

Mit Herrn Aziz vom DRK-Haus hab' ich noch ein längeres Telefongespräch. Leider ist auch hier immer noch nichts frei, aber Tanja steht jetzt ziemlich weit oben auf der Warteliste.

Acht Wochen gehen wirklich schnell rum – Tanja kann vorerst in Eicken bleiben. Wir haben gestern lange mit der Pflegedienstleitung gesprochen, und Frau H. ist jetzt auch einverstanden.

"Aber bitte kümmern Sie sich weiter um eine andere Möglichkeit für Ihre Tochter", legt sie mir ans Herz. "Es ist wirklich nicht gut für sie, wenn sie auf Dauer hier bei den alten Menschen bleibt. Ich weiß, dass Tanja sehr beliebt ist – bei den Pflegern und auch bei denen, die mit ihr in der Kurzzeitpflege waren, aber es ist nicht der richtige Platz für sie." Na klar, das weiß ich auch. Es ist ja auch nicht unsere Wunsch-Unterkunft für Tanja, aber irgendwo muss sie doch leben.

Es gibt viel zu wenige Pflegeplätze oder betreute Wohnmöglichkeiten für junge Menschen, die wie Tanja, auf einmal nicht mehr für sich selbst sorgen können und sogenannte Pflegefälle werden – wegen Schlaganfällen, eines Aneurysmas, Hirn- und Herzinfarkten, schweren Unfällen oder oder.... Es gibt so furchtbar viele schlimme Ereignisse, die passieren können und die von jetzt auf gleich aus einem jungen, gesunden Menschen einen Pflegefall machen können. Solange man gesund ist, denkt man über so etwas ja gar nicht nach.

So zieht Tanja am Montag in ein schönes helles Zimmer mit Gartenblick am Ende des Flures auf Station 1 – Münsterplatz – im Erdgeschoss ein. Alle Stationen tragen Namen von Straßen oder Plätzen in Gladbach. Tanja freut sich, dass sie wieder ein Einzelzimmer hat. In den acht Wochen Kurzzeitpflege musste sie ihr Zimmer ja mit immer mit einer anderen Frau teilen.

Frühstück, Mittag- und Abendessen gibt es gemeinsam mit den anderen Bewohnern – soweit es möglich ist – im Aufenthaltsraum am anderen Ende der Station. Tanja möchte das allerdings nicht immer. Sie ist doch relativ bequem, und es muss ein langes Stück

Flur überwunden werden. Wenn sie das alleine macht, muss sie sich sehr anstrengen. Meistens hilft ihr jemand vom Pflegepersonal. Aber ich finde es gut, wenn sie nicht immer alleine in ihrem Zimmer isst.

Oft bin ich mittags da und setze mich zu Tanja an den Tisch. Manchmal helfe ihr dann beim Essen. Es sind ein paar sehr nette Damen mit am Tisch - aber einige können auch richtige Zicken sein.

Die Therapien laufen weiter - ich habe ein nettes Team gefunden, das mit Tanja Physio- und Ergo-Therapie sowie logopädische Übungen macht. Auch Tanja findet die Leute sehr nett und macht meistens gut mit.

Da es inzwischen mit dem Telefonieren so gut klappt, soll Tanja auch ein eigenes Telefon bekommen. In der Kurzzeitpflege gab es Telefonanschlüsse mit eigenen Nummern. Auf der Station ist das anders. Hier ist nur der Anschluss vorhanden und wir müssen ein Telefon für Tanja besorgen, eine Nummer es gibt es noch nicht.

So gehe ich also am Nachmittag in die Stadt in einen Telefonladen. Es gibt nicht viel Auswahl. Tanja benötigt große Tasten, ein Telefonbuch, in dem ich die Nummern speichern kann, die sie braucht, ansonsten keinerlei Schnick-Schnack. Ich bekomme auch ein entsprechendes Gerät für's Festnetz.

Heute gibt es diese Telefone/Handys ja schon als All- Net- Flatrate, aber vor drei Jahren war das noch nicht an der Tagesordnung. Da musste ich noch genau überlegen, welcher Vertrag der beste und günstigste für Tanja ist. Zumal jetzt alles viel teurer wurde - Tanja hat nur noch ungefähr 100 Euro Taschengeld im Monat. Da kann man keine großen Sprünge machen. Der Heimplatz wird aus drei Töpfen bezahlt: Tanjas Erwerbsunfähigkeitsrente, der Pflegeversicherung (Stufe 3), und von der Altenhilfe der Stadt Mönchengladbach. Wir sind jedenfalls froh und dankbar, dass es so funktioniert.

Das Telefonieren mit dem Handy findet Tanja toll. Sie hat schon dreimal angerufen und heute Abend hat sie sogar auf den AB gesprochen!

Ein neuer Personalausweis muss beantragt werden – bisher hat Tanja nur den Schwerbehindertenausweis von der Stadt; und umgemeldet ist sie auch noch nicht. Also auf zum Bürgeramt!

Mit dem Bus klappt das prima – die Verbindungen von Eicken aus sind sehr gut. Wir haben allerdings kein Passbild dabei. Also müssen wir den Automaten nehmen, der im Vorraum der Einwohnermeldeamtes steht – mit Rolli keine einfache Angelegenheit, denn der passt nicht hinter den Vorhang und so muss Tanja aus dem Rolli auf den kleinen Hocker in die enge Kabine.

Dass ich aber auch nicht daran gedacht habe, zum Fotografen zu gehen – echt blöde. Nun sind wir aber hier, haben die Wartenummer gezogen, und Tanja will auch nicht mehr weg. "Isch schaff das", meint sie, und wir schaffen es wirklich – mit gemeinsamen Kräften sitzt sie in der engen Kabine und bedient alleine die automatische Kamera – die Fotos sind genehmigt und zieren nun ihren neuen Personalausweis.

Ein Besuch in Rheindalen steht an – in dem Haus, in dem zwölf Menschen mit "erworbenen Hirnschädigungen" in drei Wohngemeinschaften leben. Hier wird demnächst ein Platz frei. Ein Betreuer zeigt und erklärt mir alles. Es ist schön hier – die Räume sind hell und freundlich eingerichtet. Ein großer Garten umgibt das Haus, das in einem normalen Wohngebiet steht. Schön! Gefällt mir!

Die Menschen, die wir hier kennenlernen, sind schon relativ selbständig. Sie scheinen doch um einiges weiter zu sein als Tanja. Das sage ich auch dem Betreuer, der mich durchs Haus führt. "Das ist nicht unbedingt ein Kriterium", sagt er mir. "Es kommt darauf an, wie sich die einzelnen Personen in den Wohngemeinschaften fühlen, wie sie miteinander klarkommen, ob sie sich verstehen. Die Bewohner helfen sich untereinander und wir sind ja auch noch da.

Unsere Erfahrung zeigt, dass sie auch nach langer Zeit noch lernen, in ein selbständigeres Leben zurückzukommen." Das Haus ist wesentlich teurer als das Altenheim, in dem Tanja jetzt lebt oder auch als das DRK-Haus, das ähnlich teuer ist wie die Altenheime der Sozialholding.

Hier in dem Haus werden allerdings die Kosten vom Landschaftsverband getragen – da müsste man eine Kostenzusage beantragen. "Wir melden uns bei Ihnen, dann kann Tanja sich das auch einmal anschauen und vielleicht auch einen Tag zur Probe hier wohnen," erklärt mir der Betreuer. "Ja, das hört sich gut an. Dann warte ich also auf Ihren Anruf." Ich verabschiede mich und fahre noch zu Tanja, um ihr von meinem Besuch in Rheindalen zu berichten.

"Möscht isch mal hin, is vielleisch für misch gut." "Wir müssen abwarten", erkläre ich ihr, "das hängt jetzt von den Betreuern dort ab. Auch wird es noch andere Bewerber geben", dämpfe ich ein bisschen ihre Euphorie. "Außerdem wissen wir ja gar nicht, ob es dir gefällt." Ich zwinkere ihr zu.

Rolf ist oben bei seinem Vater. Zu viert sitzen wir später im Garten und genießen den schönen Spätsommertag bei Eis und Kaffee.

Während Rolf seinen Papa zurückbringt, übe ich mit Tanja am Geländer das Aufstehen aus dem Rolli. Super! Toll, wie sie sich alleine hochzieht und steht! Dann ein paar Schritte zur Seite. "Das machst du richtig gut", ermuntere ich sie zum Weitermachen. "Jetzt wieder zurück." Sie macht die Schritte zurück und setzt sich in den Rolli. "Nomal", sagt meine Tochter und zieht sich noch einmal hoch. Ist wirklich toll, was sie jetzt schon alles kann. "Super", auch Rolf ist begeistert, als er wieder in den Garten kommt. Tanja strahlt. Auch mit dem Sprechen und Essen ist es viel besser geworden. Da ist bestimmt noch ganz viel Potential bei ihr.

Heute ist Donnerstag – ich bin in der Stadt und kaufe für Tanja ein. Eigentlich wollte ich sie mitnehmen, aber sie hat jetzt doch keine Lust. Duschen und Haare waschen hat sie schon hinter sich, als ich komme. Auch der Physiotherapeut war schon da – aber sie hat noch nicht gefrühstückt! Alles ist ein bisschen durcheinander geraten. "Ok, dann geh' ich alleine – wenn dir die Sachen nicht gefallen, können wir sie ja umtauschen." Tanja nickt, es scheint ihr wirklich egal zu sein.

Es geht ja auch hauptsächlich um Unterwäsche, T-Shirts, ein paar bequeme Hosen wären auch nicht schlecht. Ich bin natürlich alleine viel schneller – aber ich finde es auch immer schön, wenn Tanja mitkommt und schon im Geschäft sagt, was ihr gefällt und was nicht.

Egal, ich kaufe einiges ein und fahre dann nach Hause. Wir nehmen die Sachen am Abend mit, denn heute ist von 18.00 bis 20.00 Uhr Dämmerschoppen im Altenheim. Tanja will es sich überlegen, ob sie daran teilnimmt, hat sie mir gestern gesagt. Heute Morgen hab ich vergessen, danach zu fragen. "Ja, isch geh mit", sagt sie dann aber, als ich zur Tür hereinkomme und nach dem Dämmerschoppen frage. Die Einkaufstüte mit Hosen und T-Shirts lege ich erst einmal in den Schrank. Darum muss ich mich dann morgen kümmern.

Rolf geht in der Zeit hoch auf die 1. Etage zu seinem Vater, aber der will nicht mit: Er hat keine Lust auf Dämmerschoppen. Schade! Dabei ist die Musik – alte Volks- und Karnevalslieder – wirklich eher etwas für ihn als für Tanja. Aber die findet es ganz lustig! "Isch bin aber nur wegen dem Bier mitgekommen", sagt sie mir. "Schmeck lecker". Sie lacht und zieht an ihrem Strohhalm. Das zweite Glas verweigere ich ihr. Bitte nur noch alkoholfrei! "O.k.", Tanja ist einverstanden.

"Morgen gehen wir ja schon wieder feiern", erinnere ich meine Tochter daran, dass sie mit will zu einem Revival-Konzert der Shadows. "Ah ja – morgen? – oooh, da geh isch jetzt aber besser na oben". Wir bleiben noch eine viertel Stunde, dann bringe ich sie auf ihr Zimmer.

Am nächsten Tag dann das Konzert der Shadows hier in Eicken. Wir fahren mit den Rädern zu Tanja und gehen dann mit ihr zu Fuß. Das Theater ist gleich um die Ecke! Es wird ein langer Abend, denn wir sind schon relativ früh da und die Hauptband spielt erst ab 21 Uhr. Aber Tanja gefällt es gut, obwohl es heute nur alkoholfreies Bier gibt! In der Pause um 22 Uhr bringe ich sie zurück. Jetzt ist sie aber auch richtig müde. Rolf und ich bleiben noch eine Stunde – auch wir sind beide relativ k.o., als wir wieder zu Hause ankommen.

Und das Feiern geht weiter: Heute ist Claras 19. Geburtstag. Sie ist gestern mit David gekommen und fährt jetzt gleich mit Rolf nach Eicken, um ihre Mama abzuholen. Ganz schön viel Action für Tanja in den letzten Tagen! Aber sie scheint sich ganz wohl dabei zu fühlen.

Das Wetter spielt immer noch mit – wir können draußen auf der Terrasse sitzen. Tom, Reni und Alina sind auch da. Es gibt Kaffee und Kuchen und später wieder Claras Lieblingsgericht: überbackene Muscheln. Bei der Zubereitung hat sie mir heute Morgen geholfen. Ist nämlich ganz schön viel Arbeit, die sich aber lohnt! Hmmmh, echt lecker!

Heute – es ist Sonntag – sind nur die Kinder bei Tanja. Ich fahre Clara und David am Mittag nach Eicken. Ramon sei auch später noch gekommen, sagt Clara mir heute Abend am Telefon. Rolf und ich genießen das schöne Wetter und machen eine ausgedehnte Fahrradtour.

Oktober 2013:

Ansonsten bin ich eigentlich jeden Tag bei Tanja – außer es ist irgendetwas Besonderes und ich kann nicht oder wenn die Kinder am Wochenende bei ihr sind. Es geht ihr gut – sie weint nur noch selten und scheint sich in Eicken ganz wohl zu fühlen. Manchmal zu gut, dann will sie nämlich gar nicht raus aus dem Bett und nur fernsehen!

Aber meistens – wenn das Wetter es zulässt – gehen wir nach draußen, manchmal besuchen wir auch Rolfs Vater und oder gehen zusammen mit Rolf und dem Opa spazieren. Oft scrabbeln oder kniffeln wir auch unten bei einer Tasse Kaffee in der Cafeteria oder im Aufenthaltsraum der Station.

Inzwischen war ich auch mit Tanja bei meiner Frauenärztin – die nun auch ihre ist! Es war nicht ganz einfach. Schon mit dem Rolli in den kleinen Aufzug zu kommen, war total schwierig für mich – aber wir sind dann doch oben in der Praxis angekommen. Nun konnten wir uns auch ausruhen. Eine gute Stunden mussten wir nämlich noch warten, aber dann hat sich die Ärztin sehr viel Zeit für Tanja genommen. Es war ziemlich schwierig für sie, auf den Untersuchungsstuhl zu kommen. So ein Untersuchungszimmer ist halt nicht sehr geräumig, aber es hat dann doch geklappt; und das Wichtigste: Es scheint alles o.k. zu sein – das Ergebnis des Abstrichs wird ja erst später vorliegen.

Als ich heute komme, erzählt die Schwester mir schon auf dem Flur, dass es über ein Erfolgserlebnis zu berichten gebe. Das solle Tanja mir aber selbst sagen. "Hallo", begrüße ich sie: "Was ist denn los?" "Nix", sagt sie allerdings. "Och, da muss aber doch etwas sein. Schwester Mona hat mir nämlich gerade etwas von einem Erfolgserlebnis erzählt. Was ist das denn?" "Ah ja – isch war aufm Klo." "Wie du warst auf dem Klo? " "Ja, isch merk jetzt, wenn isch muss un dann klingel isch." "Na, das sind ja wirklich Neuigkeiten! Super!"

Das hab' ich ja gar nicht mehr zu hoffen gewagt. Das wäre wirklich zu toll, wenn das wieder klappen würde! Sie war zwar nicht auf dem Klo, aber auf dem Toilettenstuhl. Und es war nicht das erste Mal, dass sie den Stuhlgang halten konnte, bis sie nach dem

Klingeln auf der Bettpfanne oder auf dem Toilettenstuhl saß. Tolle Neuigkeiten! Dann könnte der nächste Schritt ja vielleicht sein, wieder mit dem Blasentraining anzufangen. Wär' das toll, wenn der Katheter weg käme! Wir freuen uns beide sehr – und alle anderen auch, denen ich von dem freudigen Ereignis erzähle!

Clara hat Ferien! Sie ist jetzt für eine Woche bei uns. In der vorigen Woche war Max ein paar Tage hier – einen Job hat er leider immer noch nicht, aber er hat jetzt jede Menge Bewerbungen geschrieben und abgeschickt. Das macht er von hier aus, weil er bei seinem Freund, wo er jetzt meistens wohnt, keinen Drucker hat.

Seit vorgestern ist Max aber wieder dort. So hat er den schönen Spaziergang verpasst, den wir mit Tanja gemeinsam gemacht haben – und besonders die leckeren Hähnchen, die wir anschließend im "Fuchsbau" gegessen haben. Wir sind alle vier begeistert, vor allem Tanja genießt es, mit uns und ihrer Tochter zusammen aus essen zu gehen.

Am nächsten Tag ist wieder lecker Essen angesagt – diesmal bei der Geburtstagsfeier von Wolfgangs Papa im Altenheim: Er wird 99! Ich backe für die Feier Käsekuchen, den er so gerne isst. Wolfgangs Schwester hat den Tisch im Aufenthaltsraum feierlich gedeckt und schön dekoriert. Später kommen noch Isa, Mike und Urenkel Niko aus Köln. Natürlich sind auch Rolf und sein Sohn Chris da – und Tanja und Clara. Es ist ein richtig netter Nachmittag. Wir sind alle gut aufgelegt und der alte Herr ist supergut drauf und macht seine Scherze. Der Kuchen schmeckt ihm – und uns auch.

Es ist sein letzter Geburtstag – die 100 hat er nicht mehr geschafft. 2013 – das Jahr des Abschiednehmens – Rolfs Papa verlässt uns an Silvester.

Heute heißt es früh aufstehen – obwohl Herbstferien sind und wir keine Schulkinder fahren müssen. Um halb zehn sind wir schon bei Tanja, mit der wir heute einen gemeinsamen Termin in der Wohngemeinschaft in Rheindalen haben. In der letzten Woche hatte sich Herr Huber, der Leiter des Hauses, gemeldet und den Termin mit uns vereinbart.

Als wir ins Zimmer kommen, liegt Tanja noch im Bett. Dabei hatte ich den Termin im Kalender eingetragen und auch am Wochenende noch einmal einem Pfleger auf der Station Bescheid gesagt, genauso wie Tanja. Scheint aber untergegangen zu sein und Tanjas Kurzzeitgedächtnis ist nicht das Beste. Sie vergisst solche Termine einfach!

Das passiert ihr auch heute noch sehr oft – obwohl ihr Kurzzeitgedächtnis noch wesentlich besser funktioniert als das anderer Menschen mit dem gleichen Krankheitsbild. Wenn ich sie dann erinnere, fällt es ihr auch meistens wieder ein. "Ach ja...."

Nun ist also Beeilen angesagt! Pfleger Dieter hat Dienst – er hilft uns: den Beinbeutel des Katheters befestigen, Hose an und in den Rolli. "Wo ist denn die Jacke?" "Ahh, da ist sie ja." Rolf wartet mit dem Bus vor dem Haus – er ist schon ganz ungeduldig.

Herr Huber ist dann aber leider nicht da – er musste kurzfristig mit seiner Tochter ins Krankenhaus. Ein Betreuer zeigt uns alles. (Ich kenne das Haus ja schon!) Rolf gefällt es auch gut und Tanja ist ganz angetan "Toll is das hier". Es wird tatsächlich in Kürze ein Platz frei, der natürlich schnellstmöglich wieder besetzt werden soll. Wir vereinbaren für Donnerstag, also in drei Tagen, für Tanja einen Termin zum Probewohnen.

Die ist dann auch entsprechend aufgeregt, als es losgeht. Eigentlich wollte Clara auch mitfahren und sich das Haus einmal angucken. Ramon war aber gestern bei seiner Mutter und da ist Clara kurz entschlossen mit ihm in seine Wohnung gefahren und hat dort übernachtet. Sie hatte nicht an den Termin gedacht. Ich tröste sie am Telefon: "Du kannst dir das Haus ja immer noch angucken, wenn es mit der WG dort klappt." Ist ja jetzt auch nicht mehr zu ändern!

Wir fahren Tanja hin. Der Betreuer von Montag ist wieder da und ein paar der Bewohner. "Die anderen sind in der Werkstatt", erklärt uns der junge Mann. Wir fahren mit dem gläsernen Aufzug in die erste Etage. "Hier würdest du wohnen," sagt er zu Tanja und zeigt uns einen ca. zwölf Quadratmeter großen Raum. "Das Zimmer ist schon frei. Es wird jetzt noch gestrichen, dann ist alles für den Einzug fertig." "Das geht aber schnell", sage ich. "Wir müssen doch noch so viel regeln und beantragen." "Das können Sie dann mit Herrn Huber besprechen, der kommt ja gleich mit Eva". Ich gucke ihn fragend an. "Das ist die stellvertretende Leiterin". Ach so! Wir verabschieden uns von Tanja. Sie ist ziemlich aufgeregt. "Viel Spaß und toi, toi, bis später." "Ja, schüss!"

Pünktlich um 18 Uhr sind wir wieder da. Diesmal ist eine junge Frau da. "Petra", stellt sie sich vor. "Es hat alles gut geklappt. Ich glaube, es hat Tanja gefallen." Sie lacht meine Tochter an. "Tanja hat allerdings sehr wenig gegessen, aber sie hat durchgehalten." "Isch hatt kein Unger", meint die jetzt.

"Herr Huber hat schon Feierabend", sagt Petra weiter. "Er wird Sie bis Mittwoch anrufen. Es kommen noch zwei andere Bewerber. Wir werden uns beraten und gemeinsam entscheiden, wer am besten zu denen passt, die schon hier wohnen." Tja, o.k. - dann müssen wir warten! Tanja scheint sehr müde zu sein. "Is schön da, isch möscht da wohnen".

Das hat aber leider nicht geklappt. Das Team um Herrn Huber hat sich für einen anderen Bewerber entschieden. Hauptsächlich begründet man das damit, dass Tanja zu fit, zu optimistisch für die Etage sei, wo der freie Platz ist. Die anderen würden sie runterziehen und ihr den Lebensmut nehmen. Wie bitte? Sehr komisch finde ich das.

Herr Huber meint, man könne aber grundsätzlich über ein

betreutes Wohnen nachdenken. Man sei gerade dabei, noch ein weiteres Projekt dieser Art zu entwickeln – oder auch alleine! Ich hab mich nicht verhört! Der meinte wirklich alleine – mit Betreuung.

Und dann gebe es auch noch eine Werkstatt für Menschen mit erworbenen Hirnschäden. Vielleicht sei das ja etwas für Tanja. Ich werde hellhörig. Eine Werkstatt? Arbeiten? Das kann ich mir ja nun überhaupt nicht vorstellen. Ja, wir scrabbeln, und ein wenig kann sie sich im Rolli selbständig bewegen, aber arbeiten?

Herr Huber fragt, wann Rolf und ich in der kommenden Woche mal Zeit hätten. Er käme dann zu uns und würde uns noch einmal die verschiedenen Möglichkeiten erläutern, die es vielleicht für Tanja noch geben könnte; und uns genau erklären, warum man sich im Team gegen die Aufnahme von Tanja entschieden habe.

Tanja nimmt die Absage ziemlich gelassen hin – dass sie allein wohnen und tagsüber arbeiten soll, findet sie jedenfalls sehr lustig.

Ich rufe in der Werkstatt an – angucken können wir uns die ja mal – und bekomme in drei Wochen einen Termin.

November 2013:

Ja, es ist tatsächlich schon November geworden. In der vorigen Woche war ich ziemlich heftig erkältet. Ich huste immer noch und versuche aufzupassen, damit ich Tanja nicht anstecke.

Max ist seit ein paar Tagen bei uns. Er hatte ein Bewerbungs-gespräch, das wohl nicht so gut gelaufen ist, weil er mit seinem Englisch nicht so doll glänzen konnte. Und sowieso ist er total schlecht drauf: Es geht ihm überhaupt nicht gut, er ist ständig lustlos, schlecht gelaunt und unzufrieden. Ich weiß nicht, wie ich damit umgehen soll.

Heute will eigentlich Herr Huber kommen, aber er lässt sich entschuldigen, da er einen anderen wichtigen Termin hat. Statt dessen kommt Frau Meyer. Sie ist sehr nett und erklärt uns noch einmal, dass man sich die Entscheidung gegen die Aufnahme von Tanja nicht leicht gemacht habe. "Ich möchte Ihnen Mut machen, bleiben Sie dran, geben Sie nicht auf und kämpfen Sie für Ihre Tochter – wir planen noch ein anderes Wohnprojekt; und vielleicht gibt es ja auch die Möglichkeit der ambulanten Betreuung." "Ehrlich gesagt kann ich mir das für Tanja überhaupt nicht vorstellen. Ich hätte dann keine ruhige Minute, wenn ich wüsste, dass nicht ständig jemand in der Nähe meiner Tochter ist. Ne, ambulante Betreuung zum jetzigen Zeitpunkt – auf keinen Fall." Wie soll das denn gehen?

"Aber in der Werkstatt haben wir in zwei Wochen einen Termin, die gucken wir uns an. Eine Tagesstruktur täte Tanja bestimmt gut." Frau Meyer sagt mit noch, dass es in zwei Tagen eine Info-Veranstaltung zu dem Thema gibt. "Ja, ich hätte Zeit." Ich notiere mir Uhrzeit und Adresse.

Am Nachmittag bin ich mit Tanja in der Stadt. Das macht sie ganz gerne, wenn es das Wetter zulässt. Wir fahren dann meist mit dem Linienbus bis hoch zum Anfang der Fußgängerzone. Den Berg herunter mit dem Rolli ist für mich kein Problem, aber hoch-schieben, puh!! Wir essen oft unterwegs eine Kleinigkeit oder trinken auch nur einen Kaffee.

Heute ist Tanja irgendwie traurig – das war sie lange nicht mehr. "Ich geh' morgen zu dem Vortrag über alternative Wohnmöglichkeiten", erkläre ich ihr. "Ich weiß zwar noch nichts Genaues, aber dort sollen hauptsächlich junge behinderte Menschen leben können, so wie in Rheindalen, wo du letzte Woche warst." "Die alten Zankweiber nerven auch total", verstehe ich aus dem doch heute recht unklaren Genuschel meiner Tochter. "Die hetzen immer so viel übereinander." "Ja, das verstehe ich – aber zu dir sind sie doch immer sehr nett – meistens jedenfalls." "Ja, das stimmt, aber trotz-dem."

Mir fällt auf, dass Tanja sprachlich immer besser wird (auch wenn sie gerade ziemlich genuschelt hat). Ich verstehe sie jedenfalls meistens gut – andere haben immer noch große Schwierigkeiten. Aber wenn Tanja aufgeregt ist, wenn sie schnell spricht, konzentriert sie sich nicht – ihre Sprache wird dann verwaschener, undeutlicher, und dann fällt es auch mir schwer, sie zu verstehen. Wenn sie sich jedoch konzentriert, sich beim Luftholen an die Tipps der Logopädin hält, ist das Sprechen richtig gut.

Der Vortrag ist für mich sehr ernüchternd, jedenfalls was den Zeitraum bis zu einem eventuellen Einzug angeht. Es wird über die Gründungen neuer Wohngemeinschaften und auch behinderten-gerechter Häuser gesprochen – oder über ähnliche Projekte. Für Tanja wird sich hoffentlich vorher eine Lösung abzeichnen.

Dass mehr in dieser Richtung gemacht werden muss, ist allen Anwesenden klar, denn es sind immer mehr junge Menschen von solchen Schicksalsschlägen betroffen. Warum auch immer!

Tanja und ich haben noch weitere wichtige Termine: der erste ist in der Uniklinik in Köln. Wegen einer familiären Krebsgeschichte sind wir hier in einem besonderen Vorsorgeprogramm. Leider haben zwei meiner Schwestern und ich dieses Gen, und auch Tanja hat es geerbt. Wegen ihrer Erkrankung war sie aber mindestens zwei Jahre nicht zur Untersuchung. Jetzt können wir wieder daran denken.

Tanja macht das wirklich gut. Sie hat eine mehr als 20-minü-tige MRT-Untersuchung, d.h. ganz still in der Röhre liegen, ohne sich zu bewegen, ohne zu sprechen. Ich bleibe bei Tanja. Kenne ja diese Untersuchung – und finde sie ganz schrecklich. Aber Tanja beklagt sich nicht, sie nimmt alles auf sich, ohne einen Mucks.

Es dauert immer alles sehr lange in der Uniklinik, so ist Tanja froh und glücklich, als wir am späten Nachmittag endlich wieder in Gladbach sind und sie todmüde ins Bett fällt.

Der andere Termin ist in der Werkstatt. Ich bin ein bisschen aufgeregt, als ich Tanja um elf Uhr abhole. Rolf fährt uns mit dem Schulbus hin. Auch Tanja findet es ganz spannend, die Leute in der Werkstatt kennenzulernen. Frau Schönen zeigt uns die Räume und erklärt uns, was an den einzelnen Tischen gemacht wird: "Hier werden Gläser etikettiert." Wir gehen weiter. In einer anderen Ecke werden Schrauben mit Schaufeln in Päckchen gefüllt und diese werden in größeren Chargen verpackt. An wieder einem anderen Tisch wird Zigarettenpapier eingepackt. "Wir haben immer unterschiedliche Aufträge von verschiedenen Firmen, deswegen wird es eigentlich auch nicht langweilig, weil die Arbeiten doch ganz verschieden sind."

"Ich fände es ganz toll, wenn meine Tochter hierher kommen könnte." Die Menschen hier sind allerdings ganz schön fit. "Ich kann mir aber gar nicht vorstellen, dass Tanja das hier einen ganzen Tag durchhält," gebe ich zu bedenken. "Doch, kannisch", meint Tanja. "Da machen Sie sich mal gar keine Sorgen", meint Frau Schönen. "Nach unserer Erfahrung wird das eh noch dauern, bis der Antrag durch ist. Und wenn Tanja dann hier ist, werden wir weitersehen. Es gibt eine dreimonatige Einarbeitungsphase, dann wird entschieden, ob sie den ganzen Tag hierbleibt oder vielleicht auch nur eine Halbtags-Beschäftigung bekommt." "Ja, das könnte ich mir vorstellen. Aber so viele Stunden – und dann das frühe Aufstehen." "Das ist hier aber ganz easy. Sie können das natürlich nicht mit einem normalen Betrieb vergleichen, jedenfalls nicht was die Pausen anbelangt. Da sind wir doch ziemlich großzügig."

Wir gehen in einen anderen Bereich. "Hier ist der Ruheraum, da können sich die Beschäftigten auch mal ausruhen, wenn es nötig ist." In dem Raum steht eine breite Liege mit einer Decke. "Also wenn Ihre Tochter das braucht...." Jetzt guckt sie Tanja an. "Dann können Sie auch eine Mittagspause hier machen und danach geht es weiter. Aber wie gesagt, es werden mindestens noch drei Monate vergehen, bis alle Formalien erledigt sind." O.k.!

Im Nebenraum ist der Tisch gedeckt: Hier trinken wir Kaffee, es werden uns Kekse angeboten, während Frau Schönen mir erklärt, welche Formulare ich im Internet auf welcher Seite runterladen kann. Wo ich was hinschicken muss.... und so weiter.

Es gibt also mal wieder viel zu tun! Rolf müsste schon warten! Er ist in der Zwischenzeit zum Baumarkt gefahren.

Dezember 2013:

Wie die Tage sich ähneln: Aufstehen – Schulkinder fahren – Frühstücken – zu Tanja fahren – Kochen-Waschen-Putzen – Schulkinder abholen – Essen. Und jetzt haben wir Freizeit.

Ich treffe Ramon unten im Flur des Altenheims. Bei den letzten Malen als wir uns gesehen haben, hat er nicht mit mir gesprochen. Aber heute lächelt er ein wenig verlegen. Er spricht mit mir, aber er wirkt total verletzt – eine Aussprache kommt nicht zustande. Schade!

Tanja geht es gut. Und besonders gut geht es ihr, wenn ihre Kinder zu Besuch sind oder waren – oder wenn sie wieder von Fortschritten berichten kann, so wie heute: "Seit vorgestern is der Katheter ganz abgeklemmt – geht gut." "Wirklich, spürst du denn jetzt immer, wenn du aufs Klo musst?" "Ja, klapp gut." Tanja trägt Vorlagen, aber Schwester Dana erzählt mir, dass Tanja klingelt, wenn sie aufs Klo muss, und dass es auch ganz gut klappt, zumindest tagsüber.

Nach Rücksprache mit dem Urologen soll der Katheter über längere Zeit abgeklemmt und dadurch erreicht werden, dass die Blase wieder ihre "normale Arbeit" aufnimmt. Pfleger Dieter sagt mir allerdings am nächsten Tag, dass Tanja nachts sehr nass ist. "Aber sie fängt ja auch erst mit dem Training an", erwidere ich ihm. "Die Blase ist jetzt fast zweieinhalb Jahre an diesen Zustand gewöhnt. Da kann man doch nicht erwarten, dass nach ein paar Trainingstagen sofort wieder der Normalzustand hergestellt ist." "Es wäre wie ein kleines Wunder." Er seufzt. "Ich drücke ganz fest die Daumen, dass es bald klappt."

Nun steht schon wieder Weihnachten vor der Tür. Ich bin mit Tanja in der Stadt. Wir besorgen noch ein paar Geschenke für die Kinder. Um halb fünf sind wir mit den beiden am Bahnhof verabredet. Clara hat jetzt Ferien – sie hat sich mit Ramon getroffen und nun sind beide hier. Wiedersehensfreude auf allen Seiten – es ist eine schöne Stimmung – eben Weihnachten. Ich muss schlucken. Warum kann es nicht so bleiben?

In zwei Tagen ist Heiligabend. Rolf ist bei seinem Vater, der in den letzten Wochen sehr schwach geworden ist. Ich bin bei Tanja. Ich erzähle ihr von Max, um den ich mir im Moment sehr große Sorgen mache. Eben habe ich mit ihm telefoniert. Es geht ihm gar nicht gut: Er hat oft Kopfschmerzen und Probleme mit den Augen. Auf einem Auge sieht er ganz verschwommen und hat auch einen großen Druck hinter dem Auge. Außerdem hat er Magenprobleme, starkes Sodbrennen – alles nur schlecht. Aber beim Arzt war er noch nicht!!

Ich hole ihn am späten Nachmittag vom Bahnhof ab – er sieht wirklich total schlecht aus. Dünn war er ja schon immer, aber jetzt ist er rappeldürr und leichenblass! Ne, das kann doch nicht wahr sein. "Du musst unbedingt zum Arzt", empfange ich ihn. "Geht schon wieder besser", meint mein Sohn und versucht ein Lächeln, das ihm nicht so ganz gelingt.

Das Weihnachtsfest ist schön. Es verläuft ganz friedlich. Am Heiligen Abend koche ich lecker. Am Abend gehe ich mit meinen Nachbarn in die Christmette.

Tanja, Clara, Ramon und Max sind hier. Ich habe Rolf überzeugen können, dass es für unsere Familie sehr wichtig ist, wenigstens an Weihnachten ein bisschen "heile Welt" zu haben. Er sperrt sich nicht – und so sind meine beiden Enkelkinder hier. Mit Ramon waren wir ja lange nicht zusammen – und er kommt auch am 2. Weihnachtstag zu unserem Familientreffen. Wie im letzten Jahr findet es in der Gaststätte hier in der Nachbarschaft statt. Alle sind dabei. Tanja bleibt an beiden Tagen ungefähr vier Stunden. Dann ist sie müde und möchte nach Hause.

Heute hat sie Pampers an – denn die Toilette ist im Keller – und da kommen wir mit dem Rolli nicht hin. Aber bei uns zu Hause ist sie zweimal auf der Toilette gewesen, nicht ganz einfach, aber mit männlicher Unterstützung hat Tanja es auf ihren zwei Beinen durch die Türe geschafft und im Bad sind wir beide dann alleine zurecht gekommen.

Silvester 2013:

Rolf und ich sind seit drei Tagen mit unseren Freunden in einem sehr schönen Haus in Nordhessen. Wir machen in dieser Clique des Öfteren zusammen Urlaub – diesmal über Silvester. Wir sitzen gerade beim Frühstück, als Rolfs Schwester anruft: In den frühen Morgenstunden des letzten Tages im Jahr 2013 ist der Vater gestorben. Sie will jetzt nach Gladbach ins Altenheim fahren, den Papa noch einmal sehen. Wir bleiben noch bis zum nächsten Tag in Burgsinn, stoßen mit unseren Freunden aufs Neue Jahr an und fahren nach dem Frühstück an Neujahr nach Hause. Rolf und seine Schwester fahren ins Altenheim, um alles weitere Notwendige zu besprechen und um sich von ihrem Vater zu verabschieden.

Der letzte Schlauch muss weg!

27.1.2014:

Heute war der Urologe im Altenheim. Pfleger Dieter hatte letzte Woche mit ihm telefoniert und gefragt, ob bei Tanja der Katheter nicht gezogen werden könnte, da sie ja seit längerer Zeit quasi "trocken" ist. Der Arzt war einverstanden – und der Termin wurde für heute Vormittag angesetzt.

Tanja hatte ein wenig Angst vor dem Eingriff. Aber als ich heute in ihr Zimmer komme, strahlt sie mich an: "Alles is gut gegangen." Ich nehme sie erleichtert in den Arm. "Ach ist das toll – nun ist auch der letzte Schlauch weg." Ich muss ein wenig schlucken – ich bin so glücklich! "Hat es denn weh getan?" "Ne, nu ein bischen." Gott sei Dank! "Komm, wir gehen in die Küche, mal gucken, was es Leckeres zum Essen gibt."

Nach dem Mittagessen spielen wir noch eine Partie Scrabble. Der Ergotherapeut kommt auch noch.

Tanja ist auch total happy, den Katheter los zu sein. Überhaupt fühlt sie sich nach den anfänglichen Schwierigkeiten ganz wohl auf der Station Münsterplatz. Das Personal ist aber auch total nett. Ich bin fast jeden Tag da und unterstütze Tanja oft beim Essen, Anziehen oder Umsetzen in den Rolli. Bei gutem Wetter gehen wir nach draußen – ansonsten spielen wir ein bisschen. Jeden Tag hat Tanja Therapien, oft auch zwei: Dann kommt zu den Physiotherapeuten noch die Logopädin oder der Ergotherapeut.

Nach Köln fahre ich in den ersten Monaten des Jahres 2014 auch sehr oft – denn Max liegt seit Anfang Januar in der Augenklinik – später wird er in die Uniklinik verlegt. Lange Zeit wissen die Ärzte nicht, was genau mit ihm bzw. was mit seinem Auge los ist. Nach endlosen bangen und für Max sehr schmerzhaften Wochen wird eine Tuberkulose im Auge festgestellt, die sich später im ganzen Körper ausbreitet. Wieder mal schlimme Monate für uns alle!

Max verliert dieses Auge – er kommt inzwischen mit der Prothese gut zurecht – aber das ist auch eine ziemlich lange Geschichte!

Februar 2014:

Der Katheter ist raus, aber leider schließt sich das Loch in der Bauchdecke nicht richtig – Tanja ist oft sehr nass, weil Urin aus diesem Loch herausläuft – total unangenehm. Keiner kann sich erklären, warum das so ist. Pfleger Dieter sagt mir, dass sich die Blase normalerweise innerhalb von ein paar Stunden schließt und das Loch in der Bauchdecke dann auch schnell zuwächst. Warum es bei Tanja anders ist?? Keine Ahnung!

Der Urologe kommt am Donnerstagabend. Schwester Dana ist mit dabei. Ich telefoniere später mit ihr. "Wir sollen morgen noch einmal einen Katheter legen – für eine Woche", erklärt sie mir, "aber ganz normal von unten." "Wie bitte?" Hab ich mich verhört? "Ja, das stimmt. Dr. Z. meint, dadurch werde die Bauchdecke entlastet. Die Blase kann sich besser schließen, wenn sich kein Urin in ihr sammelt und das Loch kann besser zuheilen." Ja, das erscheint mir logisch. "Aber alle meinten doch, es sei ganz problemlos. Das Loch würde sich schnell schließen." "Tut es normalerweise auch – warum das bei Tanja anders ist? Sorry, ich weiß es auch nicht."

Ich rufe Tanja noch einmal an. Sie ist auch ein wenig geknickt. Ich versuche mal wieder, sie zu trösten: "Ist ja nur für eine Woche – dann bist du den Katheter wieder los. Du weißt doch, dass es kein Problem ist, einen Katheter zu legen, hast du ja selber oft genug gemacht." "Ja, isch weiß – is trotzdem doof." "Lass dich nicht unterkriegen – du schaffst das – dieses blöde Loch wird auch noch zugehen." Leider ist das nicht Fall. Wie mit dem Urologen besprochen, wird nach einer Woche der Katheter gezogen. Wenn ich bei Tanja bin, kontrolliere ich, ob Unterhemd und Hose noch trocken sind. Doch zwei Tage später läuft schon wieder Urin aus dem Loch im Bauch. Oh Mann, was für ein Mist! Ich telefoniere mit dem Urologen: "Kann man denn nicht einfach das Loch zunähen?" "Ich komme morgen und sehe mir das noch einmal an", ist seine Antwort.

Das Ergebnis der Untersuchung ist, dass der Katheter jetzt noch einmal gelegt werden soll – diesmal für zwei Wochen. "Dann ist das Loch mit Sicherheit zu", sagt jedenfalls Herr Dr. Z. Sein Wort in Gottes Ohr! Diesmal muss ich mehr wie Tanja getröstet werden. Es muss doch auch mal etwas klappen.

März 2014:

Max ist gestern aus dem Krankenhaus entlassen worden. Ich habe ihn erst einmal zu uns geholt. Er ist immer noch sehr krank und muss Unmengen an Medikamenten nehmen. Ich hoffe, dass wir ihn irgendwie wieder aufpäppeln können und dass es ihm bald besser geht.

Es ist Karneval – Tanja nimmt als "Eicker Blömchen" mit vielen Bewohnern, Pflegern und Betreuern des Seniorenheims am Karnevalszug teil. David und Clara sind schon seit Freitag hier. Sie haben die Karnevalskiste aus dem Keller durchwühlt und sind fündig geworden. Auch Ramon ist da.

Alle zusammen – Rolf und ich als Indianer – David und Ramon als Harlekin und Clara als rosa-silberne Discoqueen – stehen wir bei strahlendem Sonnenschein am Straßenrand, winken und sammeln Strüßjer und Kamelle, obwohl mir nicht so wirklich nach Karneval ist! Tanja verteilt strahlend bunte Bonbons. Zum Abschluss gibt es leckere Gulaschsuppe in der Cafeteria des Altenheims. Danach will meine ziemlich müde Tochter nur noch ins Bett.

Es ist ein sehr unruhiger Monat für mich: Nach zwei Wochen bei uns muss ich Max wieder ins Krankenhaus bringen: Er kann so gut wie nichts essen – statt zuzunehmen hat er zehn Kilo abgenommen!

Ramon wird vermisst und irgendwann von der Polizei aufgegriffen. Mit Clara und Ina hat er aber zwischendurch Kontakt – und sogar bei Tanja, die sich natürlich große Sorgen macht, taucht er mal auf. Eine neue Wohngruppe wird für ihn gesucht! Es sind jedenfalls schlimme Wochen für uns.

Das Loch an Tanjas Bauch will immer noch nicht zuwachsen! Noch einmal wird ein Katheter gelegt – diesmal soll er vier Wochen liegen bleiben. Dr. Z. ist immer noch der Meinung, dass sich das Loch von selbst schließt, wenn die Blase genug entlastet wird. Ich glaube nicht mehr daran!

April 2014:

Tanja ist im DRK-Haus eingezogen! Ja, es hat geklappt! Wir haben in der letzten Woche Bescheid bekommen. Das Zimmer wurde noch renoviert. Tanja hat sich selbst die Farbe ausgesucht. Eine Wand und die Ecke bis zur Türe leuchten in einem etwas grellen Pink-Rot, vielleicht ein Stich ins Lila – aber sehr schön! Findet Tanja jedenfalls!

Wir haben Tanjas Schrank aus dem Keller geholt und aufgebaut, Spiegel und Uhr aus ihrer Mucher Wohnung hängen an der Wand. Von meiner Schwester Petra hat Tanja zwei zierliche schwarze Ledersessel bekommen. Ein kleiner Tisch mit zwei lila Stühlen stehen in der Ecke gegenüber dem Bett! Rolf besorgt noch einen Tisch in einem frischen Lila für das Balkongeländer – sehr schön sieht alles aus. Tanja ist begeistert von ihrem neuen Reich.

Auch das Wetter stimmt – ein toller Frühling ist das bisher.

Tanja gewöhnt sich gut in ihrem neuen Zuhause ein - sie ist zufrieden - es gefällt ihr in dem Haus. Oft sind wir draußen, genießen den Sonnenschein auf der Terrasse des DRK-Hauses oder machen einen Spaziergang im Volksgarten.

Die vier Wochen sind rum! Heute wird mal wieder der Katheter gezogen. Auch zwei Tage später sieht es noch gut aus. Die Fistel scheint zu zu sein - jedenfalls ist im Moment noch alles trocken.

Rolf und ich machen eine kleine Auszeit im Osten unserer Republik. Wir haben ein paar schöne Tage in Erfurt, Leipzig, Dresden und Chemnitz. Es sind alles sehr schöne Städte. Ich bin ja Fan des Ostens - konnte auf etlichen Radtouren schon viel dort erkunden. Rolf ist vor allem von Erfurt angetan, eine sehr hübsche Kleinstadt, in der ich schon zweimal war. Dresden empfinden wir eher als Touristen-Treffpunkt, vor allem in der Altstadt wimmelt es von - wahrscheinlich fremden - Menschen. Trotzdem lohnt sich ein Besuch dort, ebenso in Leipzig.

Zu Hause ist alles in Ordnung - David, Clara und Max hüten das Haus und sind auch oft bei Tanja.

"Mir gehs nich so gut", begrüßt sie uns. Trotzdem erklärt sie sich bereit, eine Runde mit uns um den See zu drehen, nachdem ich David und Clara mit ihrem Gepäck zum Bahnhof gefahren habe. Für die beiden sind die Osterferien zu Ende, genau wie für Rolf und mich.

Mai 2014:

Tanja hat im Moment ein Tief: Sie weint ziemlich viel und lässt sich kaum zu irgendetwas motivieren. Keine Lust zum Spielen, auch die Therapien macht sie nur sehr lustlos.

Hauptgrund ist wohl, dass die blöde Fistel immer noch nicht zu ist. Der Katheter ist zum xten Mal gelegt und wieder gezogen worden, aber nach zwei Tagen nässt es wieder aus dem Loch heraus.

Natürlich wird das Loch immer mit Mull abgeklebt, aber der Urin suppt durch. Das kann nicht die Lösung sein. Heute treffe ich den Urologen: "Vielleicht versuchen wir doch, die Fistel zuzunähen, sie scheint sich ja von alleine nicht zu verschließen", meint er. Tolle Erkenntnis!

Juni 2014:

Nach weiteren vier Wochen ist es dann endlich soweit: Tanja hat die Einweisung für das Krankenhaus, nachdem vorher beim Hausarzt das EKG gemacht worden ist. Es sind doch relativ lange und schwierige Wochen für Tanja – und auch für mich.

Einmal ist Tanja im Bad mit der Schwester gestürzt. Beide haben das Gleichgewicht verloren – aber Gott sei Dank ist Tanja außer einer Rippenprellung und ein paar blauen Flecken nichts passiert – Schwester N. kommt mit dem Schrecken davon.

Heute ist um neun Uhr das Vorgespräch im Krankenhaus für Tanjas Untersuchung und die hoffentlich anstehende Operation zum Fistel-Blasen-Verschluss, wie es der Arzt bezeichnet. Die Aufnahme soll in zehn Tagen sein. Leider ist der Quickwert viel zu niedrig und muss am nächsten Tag noch einmal überprüft werden. Ansonsten ist alles in Ordnung.

Noch sieben Tage bis zur angesetzten OP: Der Quickwert ist etwas höher – der Hausarzt meint, erst mal so lassen und dann am Tag vor der Operation noch einmal einen Test machen. Das Macumar ist abgesetzt und nun bekommt Tanja jeden Tag eine Spritze gegen Thrombose und eventuelle Blutgerinsel. Gerne operieren die Ärzte nicht in Tanjas Zustand.

18.6.2014:

Heute ist die Aufnahme im Krankenhaus. Tanja soll schon um

acht Uhr hier sein und wird mit einem Bus vom DRK-Haus gebracht, da wir ja noch die Kinder zur Schule bringen müssen. Jetzt bin ich auch hier. Da kommt eine Schwester zum Blut abnehmen. Hoffentlich stimmt der Gerinnungswert!

Nun müssen wir warten, bis wir in die Kontinenz-Abteilung gerufen werden. Um elf Uhr ist es so weit, aber in der Abteilung warten wir dann noch eine Stunde, bis die Ärztin Tanjas Namen aufruft. Sie ist sehr nett und erklärt uns ruhig, dass zunächst eine Messung der Blasenfunktion und dann wahrscheinlich noch eine Blasenspiegelung gemacht werden müssen.

Aber dazu kommt es gar nicht, denn schon die erste Untersuchung zeigt, dass eine Blasenentzündung vorliegt. "Tut mir leid, so können wir die Tests nicht durchführen." Mir geht die Kinnlade runter – Tanja sagt gar nichts. "Sie bekommen jetzt Antibiotika und dann versuchen wir das Ganze in zwei Tagen noch einmal."

Tanja bleibt auf der Station. Statt im DRK-Haus besuchen wir Tanja jetzt im Krankenhaus – aber sie fühlt sich ganz wohl dort. "Alle sind hier nett und freundlich zu mir."

20.6.2014:

Wieder Untersuchungstermin in der Kontinenzabteilung des Krankenhauses. Es sieht alles gut aus: Tanja kann die Blasenfunktion vom Gehirn aus selbst steuern – was ja eigentlich klar war! "Ganz ehrlich", sagt die Ärztin: "Ich hätte das nicht geglaubt. In den meisten Fällen klappt das nach so langer Inkontinenz nämlich nicht mehr."

"Ich freue mich für Sie", jetzt wendet sie sich an Tanja. "Dann können wir am Montag die Operation zur Entfernung der Blasenfistel ansetzen. Das kleine Loch im Bauch wird zugenäht und dann sollten Sie endlich Ruhe haben." Hoffentlich klappt alles. Es muss eine Vollnarkose gemacht werden und das ist ja immer mit Risiken verbunden.

23.6.2014:

Ich bin total nervös. Hab' die halbe Nacht nicht geschlafen. Ich rufe auf der Station an. "Ihre Tochter ist schon im OP. Es wird bestimmt zwei bis drei Stunden dauern, bis sie wieder hier bei uns ist", sagt die freundliche Schwester am Telefon. Nach zweieinhalb Stunden ist sie noch nicht da. Nach einer weiteren Stunde fahre ich hin.

Tanja ist im Aufwachraum. Meine Anspannung wächst. Mein Gott, wie lange dauert das denn noch? Ein Pfleger sagt mir, dass er Tanja jetzt holt. Endlich! Sie kommt hier auf der Station in einen Überwachungsraum. Tanja lächelt mich an. "Alls gut?" "Ja, mein Schatz, alles ist gut. Du hast die OP überstanden." Tanjas Augen fallen schon wieder zu. Komisch, sie hat schon wieder einen Bauch-Katheter! Morgen muss ich unbedingt mit dem Arzt sprechen.

24.6.2014:

Ich fahre mit dem Rad ins Krankenhaus. Tanja ist wieder auf ihrem Zimmer, sie darf etwas Joghurt essen und auch ein bisschen trinken. Aber es wird ihr sofort übel und sie muss sich übergeben. "Hab kei Unger", erklärt sie mir.

Der Arzt will gleich zur Visite kommen. Aber wir müssen noch recht lange auf ihn warten. "Oh, je! Ist Ihnen sehr übel?" fragt er Tanja. "Das wird von der Narkose sein. Es ist alles wie vorgesehen gelaufen", sagt er uns dann. "Der Katheter in der Bauchdecke muss aber noch eine Zeit lang bleiben – aber machen Sie sich keine Sorgen, diesmal wird die Entfernung nicht so kompliziert sein." Na hoffentlich!

Tanjas Genesung geht ein wenig schleppend voran. Sie ist relativ schlapp. Heute Morgen wurde Tanja geduscht, die Haare sind gewaschen – und nun sieht sie wieder fit aus. Viel Hunger hat sie immer noch nicht. Was aber nicht so wirklich schlimm ist – denn sie hat ja noch so einiges zuzusetzen :-))

Die Logopädin kommt zur Therapie ins Krankenhaus – so verpasst Tanja nicht alle Therapien.

Ramon, der jetzt in Gladbach bei einem Freund wohnt, ist oft bei seiner Mutter. Es scheint ihm gut zu gehen.

Clara hatte sich im DRK-Haus um ein Praktikum als Servicekraft in der Küche beworben. Sie hat den Job bekommen und arbeitet nun eine Etage über ihrer Mutter.

30.6.2014:

Tanja ist seit heute Morgen wieder in ihrem Zimmer im DRK-Haus. Soweit hat alles ganz gut geklappt, aber so richtig wohl fühlt Tanja sich nicht, sie ist immer noch ein bisschen schlapp – essen kann sie nur sehr wenig. Aber – welch eine große Erleichterung – die OP ist gelungen: Das Loch in Bauchdecke ist zu – alle Schläuche sind weg! Endlich!

In den nächsten Tagen liegt Tanja viel im Bett. Sie mag nicht aufstehen oder sich an irgendetwas beteiligen. Sogar zum Essen fehlt ihr die Lust oder die Energie – keine Ahnung. Ich versuche sie aufzumuntern.

Der Urologe meint, die OP sei für Tanja sehr anstrengend gewesen. Davon müsse sie sich erst erholen. Die Wunde sei ja auch noch nicht richtig verheilt.

Mitte Juli:

Wir haben einen Termin in der Rentenberatungsstelle wegen des Antrags zur "Teilhabe am Arbeitsleben für behinderte Menschen" – so heißt der genau! Es sieht jetzt so aus, als ob Tanja die Kostenzusage bekommen würde. Einmal hatte ich schon Widerspruch gegen die Ablehnung dieses Antrags eingelegt.

Mal abwarten, ob es jetzt wirklich klappt. Es wäre so wichtig für Tanja, wieder einen strukturierten Tag zu haben. Ich bin überzeugt davon, dass sie sich dann auch wieder wohler fühlt und selbstbewusster wird.

Es ist sehr heiß geworden – ist ja schließlich auch Hochsommer! Bin mit dem Rad zu Tanja gefahren.

Sie liegt im Bett, als ich komme. "Hallo, mein Schatz – geht's dir noch immer nicht besser?" "Doch", meint meine Tochter, "eientlisch anz gut". Da kommt auch Clara zur Türe herein. "Hallo, ich hab Pause. Wie geht es dir, Mama?" Ein Kuss zur Begrüßung. "Eigentlich geht es ihr ganz gut", antworte ich für Tanja. "Aber irgendwie hat deine Mutter keine Lust aufzustehen." "Ach, komm Mama, unten wird gegrillt – ich bin auch gleich dort mit den Bewohnern von der zweiten Etage."

Jetzt kommt Herr Sieber, der Leiter der Station, ins Zimmer. "Hallo, Tanja, wolltest du nicht zum Essen aufstehen?" "Ja, mach isch". "Na, geht doch!" "Ich glaube, wir handeln jetzt mal einen Deal aus", meint Herr Sieber weiter. "Morgens und abends wird hier oben in der Stationsküche gegessen." "Das hatten wir ja auch eigentlich so abgemacht, nicht wahr?" Ich zwinkere Tanja zu. "Finde ich sehr gut, dann lernst du auch die anderen Bewohner hier auf der Station besser kennen", pflichte ich Herrn Sieber bei.

Tanja sagt erst einmal gar nichts. "Zum Mittagessen wirst du nach unten in den großen Speisesaal begleitet. Und nach dem Mittagessen kannst du dich dann ausruhen – wenn du möchtest, jeden Tag." Tanja guckt ein wenig skeptisch. Aber dann nickt sie. Clara ist schon wieder weg. "Abgemacht!", Herr Sieber hält meiner Tochter seine Hand hin. "O.k.", Tanja grinst und schlägt ein. "Das hört sich ja gut an", sage ich. "Ist doch für dich bestimmt auch besser, mit den anderen gemeinsam zu essen als immer alleine im Zimmer zu sein und dann wieder im Bett zu liegen."

"Wir können dich natürlich nicht zwingen", sagt Herr Sieber. "Aber wenn wir jetzt diese Abmachung haben, werden wir dich auf jeden Fall morgens nach dem Waschen in die Küche bringen.... und abends dann auch. Aber nach dem Mittagessen kannst du immer ein paar Stunden liegen. Dann kommst du in den richtigen Rhythmus." Tanja nickt gnädig.

"O.k., dann machen wir jetzt den Anfang", sage ich, "ist ja eh schon fast Mittag." "Und eine Bratwurst vom Grill mit Kartoffel- oder Nudelsalat? Hmmm, das ist doch was für dich - oder?" "Hab aber so oft Bauchweh", sagt sie dann. "Das ist wahrscheinlich noch von der OP", Herr Sieber guckt Tanja an. "Wenn es zu schlimm wird, kann ich dir ein Schmerzmittel geben - das ist mit dem Urologen so abgestimmt." Jetzt guckt er mich an: "Wir dürfen auch nicht zu viel von Tanja verlangen. Es muss ja alles erst verheilen." "Isch geh mit runter." Das ist doch super! Tanja isst eine Wurst - wenn auch ziemlich langsam. "Schmeckut", sagt sie.

So gewöhnt sich Tanja langsam an das Leben im DRK- Haus. Wenn sie alleine ist, bleibt sie aber am liebsten in ihrem Zimmer, guckt fern oder sitzt auf dem Balkon.

Zu einer Runde um den See im Volksgarten mit mir oder den Kindern ist Tanja jedoch fast immer bereit - wenigstens bei schönem Wetter. Dann hat sie ja auch nach wie vor ihre Therapien - und ich finde, die Fortschritte sind deutlich zu sehen.

2.11.2014:

Ein ganz besonderer Tag und ein neuer Lebensabschnitt: Tanja hat ihren ersten Arbeitstag in der Werkstatt für Menschen mit erworbenen Hirnschäden. Am Morgen wird sie von einem Bus abgeholt - wie mehrere andere Bewohner im DRK-Haus auch. Natürlich mache ich mir so meine Gedanken: Wird sie den Tag durchhalten? Vielleicht ist sie ja auch zu müde oder zu schlapp.

Kann sie überhaupt die verlangten Arbeiten verrichten?

Aber meine Bedenken sind ganz unnötig. Alles klappt wunderbar. Glücklich und stolz kommt sie gegen 17 Uhr zurück und erzählt von ihrer Arbeitswelt.

Ausblicke:

Inzwischen sind mehr als anderthalb Jahre vergangen – Tanja geht sehr gerne in die Werkstatt und fühlt sich dort wohl. Sie arbeitet fleißig, erledigt das, was für sie möglich ist. Noch kein einziges Mal hat sie sich mittags hingelegt!! Ihre Therapien macht sie weiter – Logopädie meistens in der Werkstatt und die Physiotherapie viermal in der Woche nach Feierabend – also nach 17.00 Uhr! Eine tolle Leistung!

Und noch etwas haben wir uns seit dem Dezember 2014 angewöhnt: An fast jedem Samstag gehen Tanja und ich ins Schwimmbad – manchmal kommt auch Rolf mit. Es ist für Tanja und mich ein fester Termin, den wir nur ganz selten ausfallen lassen. Tanja genießt es, sich im Wasser treiben zu lassen, Schwimmversuche zu machen oder durchs Wasser zu gehen.

Clara und Ramon besuchen ihre Mutter nach wie vor häufig – nur unser Verhältnis ist immer noch etwas getrübt und ich hoffe sehr, dass sich das irgendwann wieder bessert und wir alle als eine Familie zusammenhalten, an den Freuden der anderen teilnehmen und auch am Leid und versuchen, einander zu trösten und füreinander da zu sein – wie wir es ja eigentlich auch sind!

Anmerkung: Brück = Stadtteil von Köln

Rheydt, Eicken = Stadtteile von Gladbach (Mönchengladbach-MG)

Mönchengladbach, Juni 206 – vorläufiges Manuskript fertiggestellt

Nachtrag

Von den ersten Seiten bis zur Vollendung des Buches sind nun fast zwei Jahre vergangen, oft von großen Zweifeln begleitet.

Bedanken möchte ich mich bei Inga Lücke, die bei und mit den "Siebenschreibern" wunderbare Gedichte veröffentlicht hat.
Sie hat mich ermuntert, an Tanjas Geschichte weiterzumachen, nachdem ich sie die ersten 30 DIN-A-4-Seiten "Tagebuch" gelesen hatte. Ich hatte einen Stillstand – wusste nicht mehr weiter.... Sie hat mir Tipps gegeben und mir Mut gemacht, "dranzubleiben". Sie wäre bestimmt eine tolle Lektorin für mich gewesen, doch war ihr das nicht möglich, da sie sich um ihren schwer erkrankten Mann gekümmert hat, der dann im vorigen Jahr leider verstorben ist.

Bedanken möchte ich mich auch bei meiner "Laufreundin" Petra, die als zweite mein Manuskript gelesen, etliche Fehler gefunden und mich ermuntert hat, weiterzusuchen, nicht nur nach Fehlern, sondern nach einem Verlag, der meinen Text veröffentlicht, nachdem etliche Verlage meine Leseproben mit sehr "netten" Kommentaren abgelehnt haben.

Und nicht zuletzt möchte ich meinem lieben Mann danken, der als erster das Manuskript gelesen und auch jetzt das Ansichtsexemplar vor der Freigabe noch einmal mit gelesen und immer noch Fehler gefunden hat.... und der sehr viel Geduld mit mir haben musste, wenn ich – gerade zum Schluss – stunden- und tagelang über dem Text gesessen, habe, manchmal verzweifelt, weil die Formation wieder nicht stimmte, weil auf einmal die Seitenzahlen verschwunden waren.......

Im Voraus entschuldigen möchte ich mich für alle Fehler, die trotzdem noch auftauchen, da ich mit BoD nun einen Verlag gefunden habe, bei dem mein Buch "Tanja" erscheint. Aber für Text und Gestaltung bin ich selbst verantwortlich – und somit auch für alle Fehler. Und erfahrungsgemäß wird in eigenen Texten schnell etwas übersehen !

Da ich nach meinem Tagebüchern geschrieben – oft auch direkt daraus zitiert habe, kommt es zu Wiederholungen – weil meine Gedanken, meine Empfindungen natürlich auch ganz oft dieselben waren – das kann ich nicht ausblenden, wenn ich über diese Zeit schreibe – auch wenn ich versucht habe, zu viele Wiederholungen zu vermeiden!

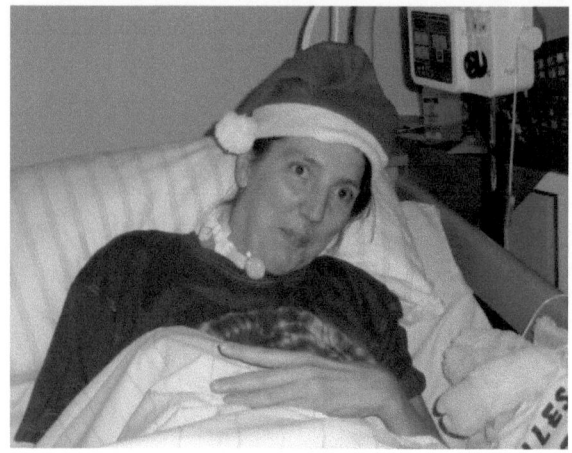

Tanja Weihnachten 2011

Spaziergang mit den Kindern
Frühjahr 2012

Tanja und ihre Mutter 2013